KB083988

RICCARDO CASSIN

RICCARDO CASSIN

리카르도 캐신 지음 **김영도** 옮김

∧하루재클럽

RICCARDO CASSIN

등반의 역사를 새로 쓴 리카르도 캐신의 등반 50년

초판 1쇄 2017년 7월 20일

지은이 리카르도 캐신Riccardo Cassin
옮긴이 김영도

펴낸이 변기태
펴낸곳 하루재 클럽
주소 (우) 06524 서울특별시 서초구 나루터로 15길 6(잠원동) 신사 제2빌딩 702호
전화 02-521-0067
팩스 02-565-3586
홈페이지 www.haroojae.co.kr
이메일 book@haroojae.co.kr
출판등록 제2011-000120호(2011년 4월 11일)

윤문 김동수
편집 유난영
디자인 장선숙

ISBN 978-89-967455-8-7 03900

등반의 역사를 새로 쓴 리카르도 캐신의 등반 50년

RICCARDO
CASSIN

"리카르도, 책 한 권 쓰지 그래요? 모험적인 등반에 대해 할 이야기가 많지 않습니까? 초창기 알프스 개척시대부터 알프스와 돌로미테에서의 활약과 성공적인 해외원정까지."

나는 자주 이런 말을 들어왔고, 흥미가 그리 끌린 것은 아니었지만 생각이 없었던 것도 아니었다. 그러다가 1975년 로체 남벽 원정등반에 실패하고 고국으로 돌아오는 군용 비행기 안에서 이 생각을 다시 떠올렸다. 사실, 비행기 안에서 조용한 사색의 분위기에 빠져있었다. 그런데 자서전을 써볼까 하고 생각하기 시작하자 점점 더 부담되기 시작하더니 마음을 심란하게 만드는 단계로까지 발전했다.

하필이면 왜 그때 이런 생각이 났을까? 클라이머로서 내 생애 처음으로 좌절을 맛봤던 그때 이런 생각이 났다는 것은 아이러니가 아닐 수 없었다. 나는 깊은 복수심에 불타올랐고, 강력하고 복잡한 감정이 내 마음 속을 휘젓고 있었다. 한편으로는 수많은 위험과 어려움을 이겨내고, 원정대원 전원과 함께 집으로 돌아간다는 기쁨과 더불어 고향의 옛 친구들이 보고 싶다는 생각이 들었다. 그리고 이런 생각도 들었다. 단조로운 일상으로 돌아가게 되면 남벽에서의 좌절이 더 고통스러워질까, 아니면 그래도 최선을 다했다는 데서 위안을 받고 실패의 씁쓸함이 어느 정도 달래질 수 있을까?

그러나 이런 상념들도 그때뿐이었다. 지금 나의 성격은 내 인생의 대부분을 산에 바치면서 형성되었을 뿐만 아니라 긍정적이고 실용적인 바탕에서 스스로 깊은 성찰을 할 수 있게 된 것이다. 그런 가운데 어려운 등반을 성공해 가면서 스스로 확신과 힘을 가질 수 있었다. 하지만 철저히 준비한 로체 남벽 원정등반의 실패를 통해서 인간이 온전한 의지만으로 한계상황을 뛰어넘지 못할 수도 있다는 사실을 명확히 깨달았다.

산은 인간에게 손을 내밀고, 가르치며, 언제나 절대적인 인간의 주인으로 그 자리에 있었다.

나의 오랜 등반 기록인 이 책에는 산과 산에 관련된 모든 것을 변함없이 그리고 열정적으로 생명같이 사랑해온 소중한 내 경험이 담겨있다.

제1부

젊은 시절

1

1929년의 등반
레세고네, 그리네타, 푼타 체르메나티와
굴리아 안젤리나

레코의 산들

클라이머는 시인이나 선원처럼 타고나는 것이지 만들어지는 것이 아니다. 설사 육지 한가운데서 자랐더라도 바다를 그리워하는 천성이 있다면, 본능적으로 바다에 가게 될 것이다. 산도 마찬가지다. 산이 그리운 사람은 언젠가는 거부할 수 없는 유혹에 이끌리는 자신을 발견하게 된다.

바로 그런 일이 오스트리아의 비엔나에서 살던 프리츠 카스파레크Fritz Kasparek에게 일어났는데, 그는 아이거 북벽을 초등한 네 사람 가운데 하나였다. 그는 클라이머가 되리라고는 꿈에도 생각하지 못했다. 하지만 어느 일요일, 그가 사랑하는 한 여성이 지역 암장인 필스텐Pilsten ― 롬바르디Lombardy

지방에 그리냐Grigna가 있다면, 비엔나 인근에는 바로 이곳이 있는데 — 에 가보자고 꼬드겼다. 산에 푹 빠지는 데 한 번이면 충분했다.

돌로미테의 시인이라 불리는 에밀리오 코미치Emilo Comici에게도 똑같은 일이 일어났다. 트리에스테Trieste 태생인 그는 처음에는 동굴탐사에 취미가 있었다. 하지만 줄리안 알프스Julian Alps에서 마드레 데이 코모시Madre dei Comosci 북벽을 본 순간, 일찍이 느껴본 적이 없는 잠재된 열정이 폭발해 인생의 항로가 바뀌고 말았다.

나는 종종 클라이머와 선원을 시인에 비유하곤 했었다. 나는 책벌레도 아니고 시를 읽는 편도 아니지만, 시인은 재미없는 일상에서 벗어나 생생한 창의력에 의해 창조되는 세계로 탈출한다는 것쯤은 알고 있다. 이를테면 그들은 몽상가나 다름없으며, 금전적 이득과는 관계없는 이상을 좇는 사람들이다. 따라서 시적 감수성이 없는 사람들은 특히 거대한 벽에서 겪게 되는 불안과 탈진, 위험을 견뎌낼 수 없다. 물론 이들은 바다에서의 생활도 이겨낼 수 없다. 클라이머와 선원 그리고 시인은 단조로운 일상에서 벗어나려 하고, 알 수 없는 위험과 싸우며, 걷잡을 수 없는 정열에 이끌리기도 한다. 그렇다 하더라도, 클라이머가 격렬한 등반을 할 때는 모든 동작이 치밀하게 계산되어야 하므로 한눈 팔 시간조차 없다.

그때 그는 미묘한 균형을 깨뜨리지 않으면서 온힘을 다해 가능성을 찾아야 하고, 중력의 법칙을 궁극의 한계까지 밀어붙여야 한다. 그렇게 하지 않으면 추락하게 되고, 추락은 언제나 기분이 나쁘다. 피톤piton과 로프가 단단히 잡아주고, 파트너가 재빠르고 정확하게 반응을 한다 하더라도 바위는 언제나 딱딱하다. 하지만 이렇게 추락하다 멈추게 되면, 순간 긴장이 풀리면서 생각이 상상의 나래를 편다. 그리고 아주 잠깐 동안이지만, 마음 깊숙한 곳에서 올라오는 이미지와 추억이 주마등처럼 스쳐 지나간다.

산에는 헤아릴 수 없을 만큼 많은 모습이 있다. 감수성이 조금 부족한 사람이라 할지라도 그 모습 앞에서 놀라지 않을 수 없다. 태양 앞을 지나가는 구름은 금빛을 두르고, 구름을 뚫고 나오는 햇빛은 날카로운 검처럼 바위를 내리치며, 산을 변화무쌍하게 수놓는다. 바람에 쿨르와르couloir 위쪽으로 밀려 올라가는 안개는 독특한 내음을 남기기도 한다. 광활한 지평선에 수많은 봉우리들이 줄지어 뻗어있고, 모든 것을 빨아들일 것 같은 돌로미테Dolomite 분지의 밀실공포증과 벽에서의 비박이 산에는 있다.

비박을 준비하는 데는 시간이 걸린다. 때로는 어둠에 맞서 싸우는 전투이기도 한데, 일단 모든 준비가 끝나면 누구나 더 편한 잠자리를 만들려 한다. 물론 비박은 거의 언제나

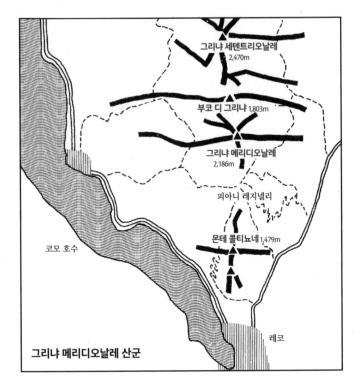

그리냐 세텐트리오날레
2,470m

부코 디 그리냐 1,803m

그리냐 메리디오날레
2,186m

피아니 레지넬리

몬테 콜티뇨네 1,479m

코모 호수

레코

그리냐 메리디오날레 산군

불편하다는 것을 하늘은 알고 있다. 산의 내밀한 모습이 자
신 앞에 펼쳐지고 있다는 느낌을 받게 되면, 그는 비로소 산
의 일부가 된다. 이것이 바로 시詩다. 사람들은 이것을 다양
한 습관과 욕망, 개성에 따라 자신만의 방법으로 받아들이게
되는데, 이것을 받아들이지 못하는 부류에 속한다고 하는 현
역 클라이머들조차 자신이 본 것을 언어로 표현할 방법을 찾
지 못할 뿐, 그의 가슴 깊숙한 곳에도 여전히 시는 살아있다.

　하지만 젊은 클라이머들은 이런 사실을 솔직하게 고백하

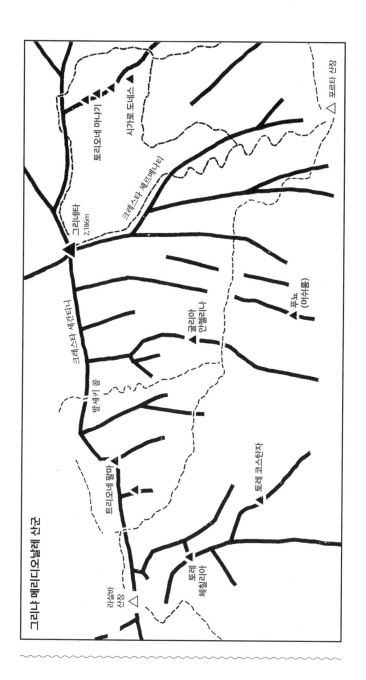

그리나 메리디오날레 산군

토리오네 마나키
시가로 도네스
△ 포르타 산장
그레스타 제르메나티
그리네타
2,186m
크레스타 세라티나
굴리아 안젤리나
푸뇨
(마쉬롬)
밤세키 쿨
트리오네 팔마
토레 코스탄자
라상바 산장 △
토레
체칠리아

는 것에 대해 부끄러워할 수도 있다.

내가 비토리오 라티Vittorio Ratti와 토레 트리에스테Torre Trieste 남동 리지ridge 등반을 끝내고 돌아왔을 때 이름이 기억나지 않는 한 클라이머가 우리에게 다가와 악수를 청하면서 이렇게 말했다. "당신들은 저 700미터 벽에서 시를 썼습니다."

우리는 그때 그저 웃었다. 하지만 훗날 그가 옳았다는 것을 깨달았다.

앞서 나는 등반이란 피로 느끼는 것이라고 말했다. 예를 들면 나는 산자락에서 태어나지 않았다. 내가 레코에서 오랫동안 살았기 때문에 남들은 나를 그곳 태생으로 알지만, 사실 나는 프리울리Friuli 지방 남쪽에 있는 산 비토 알 탈리아멘토San Vito al Tagliamento의 사보르가뇨Savorgagno 출신이다. 나의 부모님은 소작농이셨다. 아버지는 기억이 잘 나지 않는다. 내가 두 살 때 미국으로 건너가신 아버지는 작업 중 사고를 당해 돌아가셨다. 어머니와 나는 할아버지 댁으로 갔다.(할아버지도 소작농이셨다.) 그곳에서 나는 이모들 손에 자랐다. 그분들 말에 의하면, 당시 나는 심한 장난꾸러기로, 학교에서 돌아오면 개울로 도망쳐 물고기를 잡거나, 자전거를 타고 먼지가 자욱이 일어나는 길을 달리곤 했다고 한다. 하지만 어릴 적에 그러지 않았던 사람이 있을까?

열두 살 때 대장간에서 풀무질을 한 적이 있었는데 그때 한 친구의 말을 듣고 나는 더 좋은 일터를 찾으러 혼자 레코에 갔다. 그곳에서 도시 위로 어렴풋이 솟아오른 바위산들을 보는 순간 산에 대한 나의 잠재된 열정이 폭발했다. 그 유혹이 얼마나 강했던지, 나는 일요일이 되자마자 친구 몇 명과 함께 레세고네Resegone의 주봉인 푼타 체르메나티Punta Cermenati(1,875m)를 올랐다. 오랜 세월이 흐른 지금까지도 그때의 첫 산행은 다시없는 향수로 다가온다. 우리는 별빛을 보며 이른 새벽에 출발했다. 장비가 없어서 남의 배낭을 빌려 메고, 옷이 더러워지지 않도록 낡은 옷을 걸쳤다. 우리는 걷잡을 수 없는 욕망에 사로잡혀 허겁지겁 올라갔다. 처음으로 정상에 섰을 때의 기쁨이란…. 그 승리감! 그때가 내 인생의 전환점이었다. 그로부터 나는 도저히 치료될 수 없는, 산의 미치광이가 됐다.

그 후 나는 일주일 내내 그 높은 바위산들로 돌아갈 꿈을 꾸었고, 그러자 덩달아 일손도 가벼워졌다. 방 청소라든가 빨래, 또는 음식과 같은 것을 거의 할 필요가 없어 다행이었다.(아니면, 꼭 필요한 만큼만 했는지도 모른다. 그 나이라면 먹을수록 배가 고플 때다.) 나는 번 돈의 일부를 어머니께 보내고, 여유 시간을 몽땅 산에 바쳤다.

레세고네를 오르고 2주일이 지나 나는 그리냐를 알게 됐

1 루이지 사키 2 세바스티아노 포치 3 브루노 치테리오
4 주세페 코미 5 안토니오 필로니 6 주세페 페레고
7 바티스타 리바 8 안니발레 라바시 9 가를로 수조이니
10 주세페 주디치(파르롤리노) 11 조반니 리바(소라)
12 마리오 스프레아피코(우메토)
13 마리오 엘오로(보가)
14 조반니 루스코니
15 리카르도 캐신
16 콜롬보
17 우조 티조니

▲ 장비 기증식을 위해 1932년 레세고네에 모인
  레코 산악 구조대원들

는데, 환상적인 암벽등반이 가능한 그곳은 다양한 연령층에게 인기가 있었다. 나도 곧 그곳을 사랑하게 됐다. 그곳의 짧지만 어려운 루트에서 나는 등반을 익혔다. 나는 그곳에서의 첫 등반과 비박을 결코 잊지 못한다. 그리고 그 당시 주말마다 그 멋진 루트를 오르고 또 오르던 스릴은, 힘든 일을 하며 지낸 나의 젊은 시절에 활력을 불어넣어 주었다.

나는 쉬운 곳에서부터 시작해 점차 어려운 곳으로 옮겨가며 여러 루트를 올랐는데, 그때마다 새로운 느낌이 들었다. 한 마디로 말하면 나는 이미 등반을 이해하고 있었다. 그것은 마치 내가 산의 일부가 되면서 깊은 대화를 나누는 것처럼, 진정 감각적인 의사소통이었다.

이런 나날을 보내며 나는 75리라lire를 주고 등산화를 샀다. 그리고 그토록 좋아하던 복싱을 그만두었다. 등반으로 근육도 풀어졌고, 우리 산악회인 누오바 이탈리아Nuova Italia에 매달 5센트의 회비를 내야 했기 때문이다. 처음에 우리는 고전적인 루트와 당일 루트를 골라 되도록 많은 봉우리들을 오르는 것을 목표로 삼았다. 당시 없어서는 안 될 장비로 로프와 카라비너 그리고 직접 만든 피톤이 있었던 것으로 기억하는데, 피톤은 요즘 것들과 비교하면 큼지막한 것이 우스꽝스러울 정도로 무거웠다. 우리는 슬링이나 카라비너 또는 현대식 하강기를 쓰지 않고 언제나 몸에 로프를 둘러 하강했

◀ 몬테 콘티뇨네에서 바라본 그리냐 메리디오날레 산군

▲ 젊은 시절의 캐신. 등반에 입문하기 전 그는 복싱에 빠졌었다.

제1부

다.

하지만 얼마나 많이 세상이 바뀌었는가!

그 당시 나는 친구들과 일요일이나 아주 가끔 토요일에도 등반을 할 수 있었다. 그리고 3일 연속 등반할 수 있는 행운을 잡으면, 우리 모두는 이루 말할 수 없을 정도로 행복해했다. 그리고나에서 등반할 때는 그곳이 집 근처여서 등반을 그다음 주까지 이어서 할 수 있었다. 그러나 멀리 나가면 기회가 한 번뿐이어서, 우리는 등반을 악착같이 끝냈다. 아무도 오르지 않은 루트 밑에서 네댓 팀과 초등 경쟁을 하느라 제한된 시간이 안개처럼 쿨르와르로 사라지는 것을 지켜보는 심정은 뭐라고 표현해야 할지….

나는 모험에 뛰어들면 고집불통이 된다는 말을 들었다. 날씨가 나빠 후퇴해야 하는 상황에서도 나는 결코 물러설 줄 몰랐다. 사실은 젊은 날 등반할 시간이 너무 없어서, 시간이 나는 대로 등반하고 싶었던 것뿐이다. 더구나 유명한 클라이머들은 ― 특히 돌로미테에서는 ― 벽 밑에서 살다시피 했다. 그들 대부분은 자신들이 원하기만 하면 몇 달이고 산에 머물며 특정한 루트의 등반에 많은 시간을 쏟아부을 수 있었다. 운이 좋은 그 클라이머들은 성공할 때까지 같은 루트를 반복해 시도할 수도 있었다.

1929년 봄, 발 테사Val Tesa와 발세키Valsecchi의 두 쿨르와르 사이에 있는 우아한 피너클pinnacle 굴리아 안젤리나Guglia Angelina 등반에서 우리는 새로 구입한 대마로프를 시험했다. 그때의 리더는 보가Boga라는 별명을 가진 내 친구 마리오 델 오로Mario Del'Oro였는데, 그의 능력은 우리들 중에서 매우 출중했다. 선등으로 나선 보가와 마리오 빌라Mario Villa가 첫 번째 레지ledge에 도달했지만, 갑자기 짙은 안개가 끼는 바람에 시계가 몇 미터도 되지 않아 루트를 벗어나고 말았다. 뒤따르던 코미Comi와 나는 그들을 놓쳐, 어려운 침니chimney를 로프도 없이 돌파한 다음 정상에 도달했는데, 보가와 빌라는 뒤늦게 올라왔다. 다행히 우리는 그들의 로프를 이용해 하강할 수 있었다.

지금까지도 나는 우리가 도대체 어떻게 내려왔는지 알지 못한다. 만약 그 친구들이 정상으로 올라오지 않았다면, 경험이 일천한 우리에게 무슨 일이 일어났을까?

1930~1932년의 등반
코르나 디 메달레(남남동벽), 굴리아 안젤리나(동벽),
시가로 도네스(북쪽 리지), 사소 데이 카르보나리(남동벽)
피초 델라 피에베(북동벽), 피초 데겐(서벽), 굴리아 안젤리나(서벽)

최초의 신루트

우리의 해머 소리가 그리냐에 기분 좋게 울려 퍼졌다. 조심
스럽게 그리고 꾸준히 연습한 덕분에 기술이 좋아진 것이다.
등반기술에 대한 경험이 쌓이자, 나는 점차 아무도 오르지
못한 곳에 마음이 끌렸다.

1930년 가을이었다. 친구 카를로 코르티Carlo Corti가 코르
나 디 메달레Corna di Medale에 미등으로 남아있는 남남동벽을
시도해보자고 했다. 그곳은 레코 교외의 말레베도Malevedo를
굽어보고 있는, 오버행이 많이 진 400미터의 인상적이고 위
협적인 벽이었다. 또한 지저분한 데다 바위보다는 잡목이 더
많은 곳이기도 했다. 코르티가 앞장섰다. 우리는 수직의 디

에드르diedre를 향해 왼쪽으로 조심스럽게 나아갔다. 그곳을 넘어, 벽의 중간쯤에 있는 레지에 올라선 우리는 잠시 쉬면서 목을 축이고 배를 채웠다. 그리고 계속 올라가, 이전의 팀들이 도달한 최고점을 넘어섰다. 우리에게 특별히 문제될 것은 없었다. 다만 정상이 문제이기는 했는데, 그곳은 우리보다 훨씬 위쪽에 있었다. 우리는 전혀 지치지 않고 시간도 넉넉해 그날 정상에 도달할 수 있다는 자신감에 차 있었다.

나는 침니를 올라, 코르티 위쪽 15미터쯤에서 피톤 2개를 박았는데, 단단해 보인 홀드 하나가 결국은 헐거운 촉스톤chockstone이었다. 내가 잡아당기자 그 촉스톤이 흔들리며 빠져 내 머리 위로 떨어졌다. 아마 밤이었다면 나는 그대로 끝장이 났을 것이다. 그것은 두 조각으로 갈라지더니 하나는 바위를 잡은 내 손을 내리쳤고, 다른 하나는 무릎을 강타했다. 나는 겨우 유지하고 있던 균형을 잃고 떨어졌다. 바위가 눈앞을 스쳐지나가더니 잡목이 나타났고, 그런 다음 친구에 이어 다시 바위가 눈에 스쳤다. 로프가 나를 홱 잡아채는 느낌이 드는 찰나 나는 허공에 매달렸다. 20미터를 떨어진 것 같았다. 하지만 너무나 순식간의 일이라 공포를 느낄 틈이 없었다.

처음으로 당한 추락이었는데, 피톤 하나가 빠져 긴 추락이 됐다. 이마와 콧등 그리고 왼손에서 피가 흘러내렸다. 그리

▶ 1931년 7월 굴리아 안젤리나 동벽을 초등한 후 마리 바랄레와 함께 포즈를 취한 캐신

▲ 굴리아 안젤리나(그리냐 메라디오날레) 동벽의 캐신-바랄레 루트. 사진의 왼쪽 밑에 있는
암봉이 푸뇨 그룹, 그 뒤쪽이 피아니 레지넬리 고원지대이고, 멀리 깊게 파인 협곡이
코모-레코 계곡이다.

고 오른쪽 무릎을 심하게 부딪쳐 나는 거의 2주일 동안 꼼짝도 할 수 없었다. 이렇게 그해의 등반은 끝이 났다.

이듬해 나는 마리 바랄레Mary Varale를 만났다. 그녀는 1933년에 에밀리오 코미치, 레나토 자누티Renato Zanutti와 함께 치마 피콜라 디 라바레도Cima Piccola di Lavaredo의 '옐로 에지Yellow Edge'를 초등함으로써 유명해지게 된다. 1931년 7월 2일, 마리와 나는 굴리아 안젤리나 동벽을 초등했다. 그곳은 간간이 5급의 동작 — 이런 곳은 노출이 심한 곳이었는데 — 이 요구되는 재미있는 4급이었다. 마리는 기민하며 준비성이 좋고 전적으로 믿을 수 있는 뛰어난 동료였다. 굴리아 안젤리나 등반을 앞두고 우리는 몇 주일 동안 함께 등반함으로써 완벽에 가까울 정도로 서로 호흡을 맞추었다.

루트는 길고 복잡했다. 그러면서도 사선을 그리며 지그재그로 가로질러 가야 해서 시간이 많이 걸렸고, 부서지기 쉬운 바위 위에서는 미묘한 동작들이 요구됐다. 오버행과 침니를 넘어서자 정상이 나타났다. 나는 그 순간의 감정을 잊을 수 없다. 그때까지 태양과 바람만이 어루만졌을 그 바위에 내가 생명을 불어넣은 것 같은 느낌이란!

우리가 사용한 피톤들이 직접적인 도움을 주었다는 사실을 알게 된 것만 해도 큰 가치가 있었을 것이다. 처음에는 앵커anchor나 등반 중 확보물로만 피톤들을 이용했었다. 등반의 방법에 있어서, 이러한 차이가 벌어지자 신구 세대의 클라이머들 사이에 활발한 토론이 벌어졌다.

그달 하순인 7월 26일, 나는 조반니 리바Giovanni Riva(소라 Sora)와 함께 그리냐에서 가장 고전적이며 어려운 곳인 시가로 도네스Sigaro Dones의 북쪽 리지 등반에 나섰다. 그곳은 현기증이 날 정도로 아찔한 모노리스monolith로, 황량하고 환상적인 곳에 있는 종탑처럼 날렵하고 독립적인 곳이었다. 그 북쪽은 5급과 6급의 동작이 필요한 어렵고 도전적인 등반을 요구하는데 대부분이 허공에 노출되어 있었다. 자연법칙을 거스르면서 우리는 힘들게 올라갔고, 소라의 어깨에 올라서면서까지 곡예적인 등반을 해서 나는 마침내 처음 시도에서 물러서야만 했던 작은 크랙에 피톤을 하나 박을 수 있었다. 정상에서의 의기양양은 우리가 극복해야 했던 어려움에 비례했다. 그리고 나는 그 우아한 오버행을 정복했다는 깊은 기쁨의 순간을 만끽했다. 하강은 로프를 사용했다. 세 피치 pitch를 등반 루트로 내려온 다음, 남은 오버행을 하강하는데 몸이 빙글빙글 돌았다.

나는 일요일에만 등반할 수 있었다. 시가로를 정복한 다음, 자유 시간이 났을 때 나는 보가와 함께 코르나 디 메달레의 남남동벽으로 돌아왔다. 그곳은 내가 한 번 실패했던 곳이다. 우리는 곧 이전의 최고점을 지나쳤고, 날씨가 나빠지

▲ 시가로 도네스(그리냐 메리디오날레) 북쪽 리지 루트. 캐신은 1931년 7월 조반니 리바와
  함께 이 어려운 루트(5급과 6급)를 초등했다.

▲ 캐신과 마리오 델오로(별명: 보가)가 1931년 8월 코르나 디 메달레의 남남동벽을 초등한
후 포즈를 취하고 있다.

는 것도 알아차리지 못할 정도로 아주 인상적인 크랙과 오버 행에 매달려 싸웠다. 우리가 그 벽의 ⅔쯤 올라갔을 때 검은 구름이 밀려오더니 천둥번개에 이어 세찬 빗방울이 바위를 거칠게 때렸다. 능선에서 번개가 번쩍이고 비가 억수로 내렸 다. 우리는 재빨리 하강했다. 우리는 올라갈 때 눈여겨 봐두 었던 움푹 들어간 곳으로 가, 그 안으로 우리 몸을 숨겼다. 보 가가 목을 길게 빼내고 위엄 있게 선언했다.

"이런 식으로 세차게 내리는 걸 보니 금방 그치겠다."

오전 중의 등반을 통해 어느 정도 확신을 가진 우리는 우선 왼쪽으로 사선을 그리며 횡단한 후 좁은 침니를 거쳐 매우 가 파른 측면으로 가야 했다. 그곳에는 우리의 길을 막고 있는 수많은 오버행 속에 단조로운 크랙 하나가 있었다. 그리고 벽에 기댄 듯한 통바위가 있는 오른쪽으로 나아가, 정상으로 이어지는 모서리에 도달했다.

1931년은 9월 20일에 또 하나의 초등을 이루어 행복했다. 리카르도 레다엘리Riccardo Redaelli와 나는 그리냐 남쪽 지역에 있는 토리오네 팔마Torrione Palma(팔마 타워)의 남서벽을 등반 했다. 피라미디 카사티Piramidi Casati 쪽을 바라보고 있는 그 벽 은 4급의 자유등반을 요구하는 도전적인 루트였다.

새로운 암벽등반 시즌을 기다리는 동안, 나는 겨울과 봄 사이에 치러지는 스키 대회에 열정적으로 참가했다. 그 당

▲ 토리오네 팔마 남서벽의 1931년 캐신-레다엘리 루트(4급)

시에는 스키 리프트 시설이 없었기 때문에 스키를 걸머지고 아르타바지오Artavaggio에 있는 카스텔리Castelli 산장까지 서너 시간을 걸어 올라가곤 했다. 그곳에서 보비오Bobbio에 있는 레코 산장으로 가거나, 아니면 가장 높은 곳에 있는 그라시 델 카미솔로Grassi del Camisolo, 혹은 피초 데이 트레 시뇨리Pizzo dei Tre Signori나 그리뇨네Grignone 밑에 있는 피알레랄Pialeral로 갔다. 몹시 힘들었던 이때의 운동이 나의 다음 등반에 값진 훈련이 됐다.

1932년 역시 좋았던 한 해였다. 7월 8일 보가와 나는 발 메리아Val Meria와 콘카 디 렐레치오Conca di Releccio 사이에 부담스럽게 서 있는 500미터 벽 사소 데이 카르보나리Sasso dei Carbonari 남동벽에 신루트를 개척했다. 루트의 이름은 그 밑에서 숯을 만들던 사람들의 이름을 따서 지었다. 우리는 날씨가 좋았던 어느 날 아침에 그곳을 공략했는데, 이전에 그 거대한 벽을 적막하게 바라보며 느꼈던 두려움은 황량한 고독 속에 모두 잊고 말았다. 우리는 모든 피치를 후등자가 확보를 봐주는 방식lead through으로 올랐다. 각자 훈련했지만, 그해 처음으로 호흡을 맞춘 것치고는 완벽한 팀워크를 자랑했다.

우리는 50미터쯤 되는 가파른 걸리gully를 오른 다음, 벽을 가로 질러 형성된, 풀이 자란 넓은 레지에 도달했다. 그곳에

▲ 1932년 여름 캐신과 그의 친구가 일요일 등반을 위해 그리냐로 올라가고 있다.
▶ 그리냐 세텐트리오날레 그룹의 사소 카발로와 사소 데이 카르보나리

서 오른쪽으로 올랐는데, 그다음은 홀드가 거의 없어 피톤을 써야만 하는 매우 어려운 곳이었다. 그 후 내가 25미터쯤 거의 홀드를 찾을 수 없는 약간 오버행진 크랙을 앞장서 올랐다. 그곳과 정상 바로 밑의 구간이 전 루트를 통틀어 가장 어려운 곳이었다. 우리는 5급의 난이도를 아무런 확보물도 없이 등반했다.

정상에 오르자 긴장이 확 풀렸다. 일반 등산로를 이용해 먹을 것을 갖고 올라온 친구들 덕분에 우리의 기쁨은 행복으로 변했다. 그리냐는 구름이 마치 모자를 눌러쓴 양 덮여 있었는데, 그 구름은 발사시나Valsassina 쪽으로 흐르고 있었다. 누군가 노래를 부르기 시작했다. 열정과 희망이 가득 찬 우리의 젊음을 깨달은, 더없이 행복한 순간이었다.

7월 20일 보가와 나는 주세페 코미Giuseppe Comi와 팀을 이루어 피초 델라 피에베Pizzo della Pieve의 북동벽에 신루트를 내려고 나섰다. 그곳은 북부 그리냐의 거대한 암릉에 남아있는 마지막 과제였다. 이제 우리의 공식 사진사가 된 코미는 프로다운 대단한 열정으로 커다란 카메라를 갖고 나타났다.

그 남동벽은 부드럽고 목가적인 모습을 띠고 있어, 수직의 선들과 슬랩들 그리고 걸리들이 돋보이는 북동벽과는 사뭇 대조를 이루었다. 그 벽은 초등자인 에우제니오 파사나Eugenio Fasana의 이름을 따서 보통 '라 파사나'라고 불렸는데,

어떤 곳들은 800미터에 이르는 거대한 직벽이었다. 우리는 그전 해에 파사나 루트를 오르며 등반선을 눈여겨 봐두었었다.

우리는 피알레랄 산장 관리인에 대한 좋은 기억을 간직한 채 아침 일찍 그곳을 나섰다. 우리의 의도를 직감적으로 알아차린 그는 우리의 프로젝트가 성공을 거둘 수 있도록 밀크와 커피를 더 주었다. 잠이 부족해 부스스한 눈을 비비며, 이슬이 첫 햇살을 머금을 때 출발했는데, 산양들이 놀라 도망쳤다. 그놈들은 우리를 비웃기라도 하는 듯, 바위에 걸터앉아 뿔로 서로의 등을 이리저리 긁어댔다.

처음 100미터는 완만한 슬랩이었고, 이어진 30미터는 흔들리는 바위들로 가득 찬 걸리였다. 이곳에서부터 벽은 아주 어려웠다. 오른쪽으로 이어진 매끄럽고 거대한 슬랩은 마음이 내키지 않았다. 우리는 보가를 선두로 왼쪽으로 간 다음, 계속 크랙을 따라갔다. 우리는 선두를 바꾸어가며 올랐는데, 마침 내가 6미터에 이르는 날카로운 암릉과 맞닥뜨렸다. 매우 까다로운 곳이었다. 피톤을 박기가 어려워 시간이 걸렸다. 그곳을 넘어서자 좋은 확보지점이 나타났고 그곳에서 내 친구를 끌어올렸다. 그런 다음 오른쪽으로 조금 더 가, 오버행을 돌아서자 확실한 등반 종료지점이 나타났다. 이 멋진 곳으로 나오게 된 등반선이 가장 자연스럽고 이상적인 루트였다. 이리저리 루트를 찾는 것이 쉽지는 않았으나, 5급의 날카로운 암릉을 제외하면 그다지 어려운 등반은 아니었다.

그다음 일요일, 코르티와 나는 피초 데겐Pizzo d'Eghen 서벽에 4급 난이도의 신루트를 개척했다. 소위 '크럭스crux'라고 불리는 곳은 그리냐에서 뻗어 나온 팔로노Palono의 북쪽 스퍼였다. 우리는 일요일 밤에 자전거를 타고 레코를 출발해서 한밤중에 코르타비오Cortabbio에 도착했다. 친구의 집에서 하룻밤을 묵은 우리는 작은 물고기처럼 부스럭거리며 일어나 새벽 4시에 떠났다. 우뚝 솟아오른 바위들 틈에 난, 숲이 우거진 길을 2시간이나 걸어가야 했다. 우리는 야생의 아름다움에 갇힌 포로가 되어, 우리를 노려보고 있는 거대한 유령을 응시했다. 그것은 심술궂게 화가 난, 500미터나 되는 음산한 모습의 거대한 장벽이었는데, 200미터의 커다란 침니 위쪽으로 정상까지 수직이었다.

하단 벽은 경사가 별로 없었다. 하지만 경사가 센 침니는 풀이 있어 축축했으며, 군데군데 움푹 파여 오버행을 이룬 지형이었다. 이런 곳이 다섯 군데나 됐다. 우리는 첫 피치는 우회를 했고, 두 번째 피치는 피톤 2개를 사용해 바로 올랐으며, 세 번째 피치는 코르티의 머리를 밟고 넘어섰는데, 코르티는 내가 자신의 머리를 밟고 일어서자 기분이 상했는지 이렇게 내뱉었다. "그래, 꼭 코끼리처럼 재주를 피워야겠어?"

▶ 피초 데겐 서벽의 1932년 캐신-코미 루트(4급)

네 번째 피치 오버행 위 레지에 우리는 등반을 기념하는 의미로 케른cairn을 만들었다. 이 루트를 오를 팀들을 안심시킨다는 의미에서 보면 이것은 좋은 의도였다. 그러나 25년이 지나 다시 가본 그곳에는 진정한 예술작품이었던 우리의 케른은 사라지고 없었다.

마치 우리를 허공에 내팽개치기라도 하려는 듯 그 위쪽의 가파른 크랙이 다시 넓어져 전략을 바꾸어야 했다. 마침내 낯익은 풍경으로 반가운 정상에 도착했다. 굶주린 늑대처럼 우리는 엄청나게 많은 양의 스파게티나 리조토risotto를 머릿속에 그리며 몬차Monza 산장으로 향했다. 하지만 그곳은 문이 닫혀 있었다. 엄청난 허기에도 불구하고 너무 지친 나머지 그냥 쓰러져 잠이 들고 말았다.

몇 시간이 지난 뒤 우리는 코르타비오로 내려갔다. 하지만 그나마 있던 횃불까지 꺼져 어둠 속에서 자꾸 길을 잃었다. 그때 징이 박힌 등산화를 신은 코르티가 바위를 이리저리 건너뛰며 개울을 건너다 넘어져 물속으로 거꾸로 처박혔다. 그는 씩씩거렸지만 나는 웃음이 났다. 무엇인가 먹을 것이 무척 간절했던 우리는 목이 부러져라 자전거 페달을 밟아 레코로 돌아왔다.

늦가을인 10월 28일 나는 보가, 마리 바랄레와 함께 굴리아 안젤리나 서벽에 있는 4급 루트를 등반하는 것으로 1932

년 등반시즌을 마무리했다.

평소와 달리 초저녁에 포르타Porta 산장에 도착한 우리는, 이미 유명 클라이머가 된 바랄레 여사signora를 환영하기 위해 와있던 많은 친구들을 만났다. 그녀는 우리의 요청을 받아들여, 봄이 오면 에밀리오 코미치를 그리냐로 데려오겠다고 약속했다.

다음 날 이른 아침 우리는 아고 테레시타Ago Teresita의 벽 밑까지 산길을 따라 올라갔다. 바위 턱 하나를 넘어서자, 그다음에는 부서지기 쉬운 푸석 바위로 된 암릉에 위치해 '지옥의 문'이라 불리는 구멍이 있었다. 너무나 아찔한 곳이어서 시작부터 끝날 때까지 긴장의 연속이었다. 이곳은 침착하고 힘이 넘치는 보가가 루트를 살펴가며 좋은 홀드를 골라, 체계적이면서도 쉬워보이는 듯 우아하게 앞서나갔다. 후등자였던 나는 친구가 무척 신속하면서도 효율적으로 등반하는 모습을 지켜볼 수 있었다.

그는 분기점에 이르자 푸석 바위지대를 가로지르며 대각선 방향으로 움직여나갔다. 우리는 길고도 미묘한 횡단등반을 통해 위험스럽기 짝이 없는 벽의 위에 있는 또 다른 바위 턱에 도달했다. 그런 다음 계속 왼쪽으로 가자, 위쪽이 벌어진 걸리 형태의 크랙이 나타났다. 그리고 마지막의 작은 오버행을 넘어서자 마침내 정상이었다.

▲ 1932년 그리나를 방문한 안젤로 마나레시 이탈리아산악회(CAI) 회장과 함께 단체사진을 찍은 레코아 의 레코아의 클라이머들.

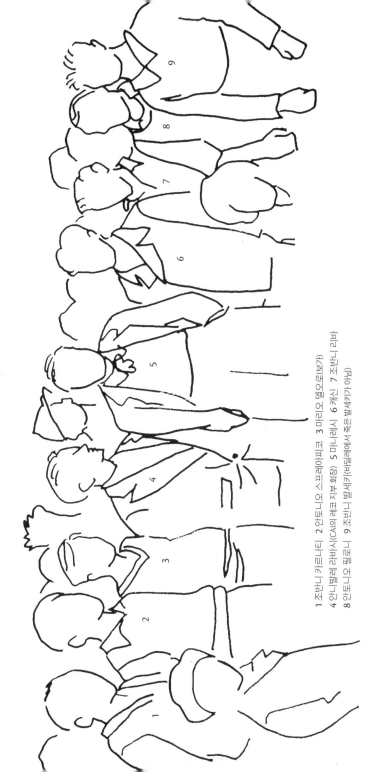

1 조반니 카르네티 2 안토니오 스프레아피코 3 마리오 넬우로(보가)
4 안니발레 리바시(CA의 제곱 지부 회장) 5 마나레시 6 개신 7 조반니 리바
8 안토니오 필로니 9 조반니 발체리 발체리(바닐레에서 죽은 발체리가 아님)

이 루트는 힘이 몹시 들었다. 하지만 가능성이 보였고, 그 당시 화제가 됐던 한 가지 문제, 즉 이미 다양하게 등반이 된 벽에서 더 어려운 루트를 찾을 수 있다는 과제를 해결해주었다. 그곳에서는 확보를 위해서뿐만 아니라 등반을 위해서도 피톤을 쓸 수밖에 없었다. 하지만 이런 등반을 좋아하는 클라이머가 있을까? 사람들은 우리가 사용한 피톤이 '공해이며 신성한 산에 상처를 주는 행위'이고, 우리는 등반윤리를 무시한 '사다리꾼'이라고 말했다. 후에 이 방법은 더욱 바람직하지 않은 행위로 결정지어졌다. 즉 과거를 고집하자는 것이 아니라 등반의 진화와 변화로부터 파생된 등반 행위의 종말이라고 본 것이다.

3

1932년의 등반
브렌타에서의 등반, 티타 피아즈와의 만남
바욜레트 타워 종주등반

돌로미테

등반을 전후해 산악회 사무실에서 저녁을 보내거나 산장에서 쉴 때 나는 종종 친구들과 그 유명한 돌로미테에 대해 이야기를 나누곤 했다. 우리는 잡지를 들춰가며, 환상적으로 치솟은 바위와 능선 그리고 피너클의 왕국을 찍은 사진들과 그 설명을 봤다. 우리는 정말 그곳에 가서 등반을 해보고 싶었다. 그러나 꿈을 실현하는 것은 쉽지 않았다.

그러냐 지역에 있는 '디레티시마direttissima' 루트에서 훈련을 마치고 돌아온 그다음 일요일에 피초 델라 피에베Pizzo della Pieve에서의 등반에 성공을 거두자, 친구인 리카르도 레다엘리가 일주일간 휴가를 내 돌로미테에 가보자고 했다. 두말할 나위가 없었다. 너무나 갑작스럽게 꿈을 실현할 수 있게 된 나는 기쁨에 겨워 어쩔 줄 몰랐다.

어쩌면 그날의 그 제안이 오늘날의 나를 만들었는지도 모른다. 그것이 아니라 할지라도, 적어도 나에게는 상당한 의미가 있었다. 내 인생에서 나는 내가 원한 것은 무엇이든 할 수 있었다. 하지만 그 당시의 일주일 휴가는 1년 내내 힘들게 일해야 겨우 얻을 수 있는 것이었다. 따라서 돌로미테에서의 휴가는 이미 나에게 큰 비중을 차지해버린 암벽등반만으로도 충분히 가치 있는 일이며, 나 스스로 무한한 행복감을 느낄 수 있는 것이었다.

나는 분주히 준비했다. 다양한 등반 계획을 세우고, 꼭 필요한 장비 목록을 만들었다. 떠날 날이 다가오자 흥분이 고조됐다. 우리는 소중한 등반 시간을 조금이라도 아끼기 위해 한밤중에 차를 타고 출발했다.

핀졸로Pinzolo에서 마돈나 디 캄필리오Madonna di Campiglio로 차를 타고 올라가자, 아침 햇살에 핑크빛으로 물든 환상적인 브렌타Brenta 돌로미테의 모습이 차창을 스쳐 지나갔고, 소나무와 지천으로 깔린 로도덴드론rhododendron의 꽃과 향기가 내 눈과 마음을 가득 채웠다. 돌로미테를 실제로 보게 되자 등반에 대한 욕구가 불타올랐다. 이곳의 현실은 꿈을 훌쩍 뛰어넘었다!

레다엘리는 이미 돌로미테에 와본 경험이 있어서 우리는 시간을 아낄 수 있었다. 고전에 속하는 카스텔레토Castelleto의 키에네Kiene 루트, 캄파닐레 바소의 페르만Fehrmann 루트 그리고 크로즈 델 리피지오Croz del Rifigio에 있는 피아즈Piaz 침니가 소위 창백한 산들이라 불리는 이곳 브렌타에서 내가 처음으로 경험한 곳들이다. 처음 경험한 이때의 등반을 두고 나는 돌로미테의 수많은 벽과 루트들로 인해 정신을 차리기 힘들었다고 고백할 수밖에 없다.

그 후 우리는 트렌토Trento로 갔는데, 그곳에서 나는 가죽 원단으로 밑바닥을 댄 오리지널 클레터슈kletterschuh 한 켤레를 얻는 대단한 행운을 잡았다. 우리는 있는 장비를 다 싣고 카티나치오Catinaccio 산군으로 갔다. 석양이 빚어내는, 어두운 숲과 봉우리들을 물들이는 진홍의 극명한 대조로 그곳의 풍경은 아름다움 그 자체였다. 나는 그곳에서 당시 바욜레트 산장 관리인이던 티타 피아즈Tita Piaz를 만나 더욱 기뻤다. 그가 "자네에 대한 명성은 잘 알고 있네."라고 말했을 때 나는 다소 몸 둘 바를 몰랐지만 자랑스럽기도 했다. 나는 그의 인간성과 솔직한 태도, 예리한 말투에 감명 받았다. 우리는 곧바로 친밀한 동반자 관계로 발전해, 유명하고 노련한 가이드와 아직 애송이에 불과한 내가 서로를 이해하게 됐다. 산에 대한 무한한 사랑과 젊은이 못지않은 기백, 자신이 개척한

▲ "우리는 조금도 방심하지 않고 위대한 장인 정신으로 등반했다."라고 했던 티타 피아즈

루트에 대한 겸손, 등반기술의 창의성에 대해 나는 점차 그에게 존경의 마음을 갖게 되었다. 바욜레트 타워Vajolet Tower에서의 우리 등반은 날렵하게 치솟은 토레 델라고Torre Delago로부터 시작되어, 위대한 선배가 예리한 눈으로 지켜보는 가운데, 푼타 엠마Punta Emma의 피아즈 루트 제2등으로 이어졌다. 그 등반은 감각적으로 풍부한 경험, 추억과 가르침 그리고 미래에 대한 희망이었다. 등반을 끝내고 내려와 보니 그는 그곳에 없었다. 그는 언제나 쉬지 않고 움직이는 영원의 방랑자였다.

피아즈는 자신을 찾아오는 고객들에게 많은 비용을 요구하는 것으로 정평이 나 있었지만, 돈이 없는 젊은 클라이머들에게는 다른 약속을 제쳐두고서라도 그냥 가르쳤다. 그에 대해서 '돌로미테의 악마'라는 소문도 많이 떠돌아다녔다. 어떤 것들은 사실이었고, 또 어떤 것들은 의심할 여지없이 출처가 불분명했다. 그러나 이런 소문 모두는 그의 망설임 없는 언변과 무한한 등반능력, 때로는 변덕스럽지만 그 어떤 영감을 주는 산악인에 대하여 깊은 인상을 주기에 충분했다. 몇 해가 지나 그를 다시 만난 적이 있었는데, 그는 그 며칠 후 오토바이 사고로 죽고 말았다. 우리는 등반활동을 하면서도 정기적으로 편지를 주고받았다. 주로 등반에 대한 이야기였다. 전쟁이 끝날 때까지 그를 직접 만나볼 기회가 없었다가,

카티나치오에서 내려오는 길에 그의 집 앞을 지나게 되어, 나는 문을 두드렸다. 그는 온갖 잡동사니로 뒤덮인 책상에 앉아있었다.

"누구세요?"

내가 이름을 대자 그는 자리에서 벌떡 일어나, 트렌토 사투리로 노래를 부르듯 소리쳤다.

"어, 이곳에는 웬일이야? 누군가가 나같이 불쌍한 늙은이를 기억해준다면 참으로 고마운 일이지."

모두가 자신을 기억하고 있다는 것을 그는 너무나 잘 알고 있었다. 하지만 그는 그것을 슬쩍 부인함으로써 스스로 기뻐하고 있었다. 나의 만류에도 불구하고, 그는 가게로 달려가 와인 한 병을 사 들고 와서는 내 앞에 밀쳐놓았다.

"마셔!" 그는 명령하다시피 했다.

나는 와인을 거의 마시지 않는다. 그리고 마셔도 반주로만 마실 뿐이다. 그러나 어느 누가 피아즈의 말을 거역할 수 있을까? 우리는 몇 시간 동안이나 앉아서 산과 산 사람들, 그리고 다시 산에 대한 이야기를 나누었다. 그와의 이야기는 동의와 이견 사이를 오가고, 모든 이야기에 욕설과 찬사가 곁들여진 활화산 같은 것이었다. 그는 자신이 쓰고 있는 책의 원고를 보여주더니, 곧장 내 손에서 낚아챈 다음 이렇게 말했다.

"이봐, 책이 나오면 읽어보고 지금은 이야기나 하자고."

그에 대해 인상 깊었던 것은 젊은이 못지않은 기백뿐만 아니라 산에 대한 무한한 사랑과 보상도 없는 평생의 헌신이었다. 그에게 산은 그저 고맙기만 한 것이었다. 그는 늘 위험에 빠진 사람을 도우러 갈 준비를 하고 있었다. 하지만 그는 재빨리 말을 돌려, 자신의 수많은 구조 활동이나 자신이 이룩한 폭넓은 혁신에 대한 이야기를 애써 피했다. 그는 그것들을 단지 추억으로 회상할 뿐, 결코 자신을 치켜세우지 않았다. 마치 예술가가 자신의 위대한 작품을 되돌아보며 만족해하는 것처럼, 그는 젊은 시절의 추억에 잠겼다.

4

1933~1934년의 등반

코미치의 그리냐 방문, 주코네 데 캄펠리(서벽), 코르노 델 니비오(동벽),
토레 코스탄자(동벽), 치마 오베스트(툴퍼 루트), 친퀘 토레(디마이 루트),
토레 델 디아볼로(코미치 루트), 사소 카발로(남벽), 토레 코스탄자(동벽),
코르노 델 니비오(동벽, 다른 루트), 피초 델라 피에베(북동벽, 다른 루트),
치모네 델라 바고차(북쪽 스퍼)

새로운 기술

마리 바랄레는 자신의 약속을 지켰다. 그녀가 에밀리오 코미
치를 그리냐로 데리고 온 1933년은 시작부터 아주 잘 풀린
한 해였다.

자신의 스타일을 완벽하게 구축한 에밀리오 코미치는 등
반을 일종의 예술로 여겼다. 마치 음악과 같이 바위의 상태
에 따라 리듬과 선율이 조화를 이루어야 한다는 것이었다.
그는 자신이 다양한 루트에서 보여주었던 넓고 깊은 내공으
로 인해 이미 유명한 클라이머였다. 그는 등반에서 뿐만 아

◆ 그해 초 나는 카리보니 리지에리Cariboni Rizieri와 함께 토리오네 마냐기 중앙봉 남동벽을
  둘로 가르는 거대한 크랙을 초등했다. 그곳은 줄곧 침니와 크랙으로 이어지는 4급이었다.

~~~~~~

▶ 1933년 그리냐를 방문한 에밀리오 코미치(가운데)와 함께 포즈를 취한 캐신과 델오로
  (보가)

▲ 토리오네 마냐기(그리냐 메리디오날레)의 중앙봉 남동벽을 오르는 캐신

니라 등반선을 그려나가는 데 있어서도 자기만의 등반스타일을 보여주는 스타일리스트였다. 그의 등반은 언제나 디레티시마를 추구하는 것이었다. 다음과 같은 그의 유명한 말이 이를 단적으로 보여준다.

정상에서 물을 한 방울 떨어뜨린 다음, 그 선을 따라 오르고 싶다.

그의 말에 공감하면서 충고를 받아들이고 그의 철학을 이해하게 된 것은 우리에게 주어진 행운이었다. 그는 언제나 도움을 주는 친절한 거장이었으며 산악인들 사이에 존재하는 일종의 동료애를 바탕으로 무엇이든지 간단명료하게 행동하면서 매우 적극적이었다.

코미치가 직접 보여준 돌로미테의 인공등반 기술은 나와 우리 일행이 이제껏 경험해보지 못한 일로 모두에게 크나큰 충격을 주었다. 그는 동부파東部派의 진수를 보여주었고, 도메니코 루다티스Domenico Rudatis는 당시 이탈리아에서의 등반 사조에 대한 유용한 정보를 알려주었다. 도메니코 루다티스는 당시 전위적 암벽등반의 메카였던 티롤지방 카이저Kaiser 산군의 독일파와 꾸준히 접촉하고 있었다. 우리 역시 새로운 기술에 대해 개방적인 자세를 취하고는 있었지만, 자유등반

▲ 에밀리오 코미치. "이젠 돌로미테에서 어느 루트를 등반해도 돼."라고 그는 감질 나는 말을 던졌다.

에 대해서만큼은 코미치로부터 배울 것이 거의 없었다.

코르노 델 니비오Corno del Nibbio에서 코미치는 신루트를 개척하며 이중 로프 기술과 사다리 사용법을 보여주었다. 이러한 기술들은 그리냐에 처음 선보인 것들이었다. 우리는 그의 시범을 가까이서 지켜보며, 이러한 방법을 쓰면 동작과 힘을 절약할 수 있다는 사실을 직감적으로 알아차렸다. 그러고 나서 마리 바랄레, 마리오 스프레아피코Mario Spreafico, 보가와 나는 코미치와 함께 이중로프 등반 기술을 사용하며 주코네 데 캄펠리Zuccone de Campelli의 서벽 북쪽 크랙 등반에 나섰다. 카모이스Chamois 계곡의 스크리scree 지대로부터 정상까지 곧장 이어지는 발 토르타Val Torta와 발사시나Valsassina 사이의 호숫가에 있는 이 신루트는 우아하기 그지없었지만, 몇 군데에 오버행이 있어 어려운 크랙 돌파도 그렇고 루트 파인딩도 까다로웠다.

우리와 함께 신루트 9개를 개척하고, 여러 개의 고전 루트를 재등한 코미치는 감질나게 이런 말을 던졌다. "이젠 돌로미테에서 어느 루트를 등반해도 돼."

이때의 등반으로 싹튼 코미치와의 따뜻한 우정은 오랜 세월 지속됐고, 잊을 수 없는 멋진 추억들을 남겼다. 그중에서도 잊히지 않는 것은 그 몇 달 후 돌로미테에서 휴가를 보내고 있을 때 일어난 해프닝이었다. 안토니오 필로니Antonio

▲ 리카르도 캐신이 코르노 델 니비오에서 인공등반을 연습하고 있다.

▲ 코르노 델 니비오의 코미치 루트(굵은 선)와 2개의 캐신 루트(가는 선)

Piloni와 나는 코미치의 루트 중 하나를 제2등으로 오르고 있었다. 우리가 하강을 시작할 때 그가 숲속에서 지켜보고 있었던 것이 틀림없었다. 로프를 내리고 하강을 하려고 하자 "로프가 짧아!"라는 경고가 송진 냄새를 실은 부드러운 바람과 함께 올라왔다. 눈에 띄는 사람은커녕 우리가 바닥에 닿았을 때 주위에는 아무도 없었다. 그러나 보이지 않는 곳에서 필요한 순간에 조언을 해주는 이런 방식이 바로 코미치 스타일이라는 것을 나는 알고 있었다. 코르노 델 니비오 동벽에 홈통처럼 파인 코미치 루트 등반에 고무되어, 우리는 마지막으로 우리 영토에 편입된 그리냐의 벽에 우리만의 루트를 개척하기로 마음먹었다. 이때까지 그리냐의 수많은 침봉에서 우리가 초등한 봉우리는 절반도 되지 않았다. 우리는 등반에 좀 더 집중할 필요가 있었다. 코미치 루트가 벽의 중앙을 차지하고 있어, 우리의 루트는 오른쪽으로 향할 수밖에 없었다. 다양한 넓이의 깊은 크랙들이 사선으로 이어진 오버행 벽을 올라갔다. 나는 안토니오 필로니, 아우구스토 코르티Augusto Corti와 함께 등반했다. 난이도는 6급의 좁은 오버행 크랙을 제외하고 대부분 5급이었다. 그 오버행 크랙에서 우리는 인공등반과 로프로 만든 사다리 덕을 많이 봤다.

◆ 이 기술은 로프로 다양한 매듭을 만들어 발을 조이게 해서 마치 사다리처럼 이용하는 것이다.

루트가 아름답기도 하고, 새로 배운 기술을 마음껏 펼쳐볼 수 있어서, 우리는 이 신루트 등반에 행복해했다.

니비오에서의 성과에 용기를 내서 안토니오 필로니, 도메니코 라체리Domenico Lazzeri와 나는 발 테사의 그리네타에 있는 매우 인상적인 모노리스인 토레 코스탄자Torre Costanza 남벽에 도전했다. 어렵다는 것은 익히 알고 있었지만 우리에게는 이 6급의 루트를 해낼 수 있다는 자신감이 넘쳐흘렀다. 이곳은 오늘날까지도 이 지역에서 가장 도전적인 루트 중 하나로 알려져 있다.

내가 선등으로 눈에 보이는 바위 턱까지 계속 풀과 바위를 헤집고 오른쪽으로 나아갔다. 제법 가파른 크랙을 오른 다음, 나는 필로니의 어깨를 밟고 일어서서 비스듬히 누운 세모꼴의 작은 크랙에 아주 미묘한 동작으로 급히 피톤을 때려박았다. 그다음에 오버행을 넘었고, 왼쪽에 있는 아주 어려운 크랙을 올랐다. 그곳에는 잘 박혀 있는 많은 피톤들이 있었지만 연이은 고도감은 상당했다.

태양으로 달구어진 벽의 한가운데에 멋진 오아시스가 있었다. 마침내 우리는 풀이 덮인 바위 턱에서 잠시 쉬며 기운을 되찾았다. 하지만 우리는 더 어려운 피치들이 앞에 있다는 것을 알고 있었기 때문에 곧장 움직였다. 먼저 매끈한 슬랩이 나타났고, 이어 위쪽이 막혀 있는 상당한 고도감의 어

▲ 토레 코스탄자의 남벽과 동벽. 실선은 캐신-필로니-라체리 루트(6급)
▶ 캐신-바랄레-델오로 루트(5급)

두침침한 오버행 침니가 나타났다. 그 위쪽은 크랙이 계속되다가 다시 깊은 침니로 이어졌다. 전진은 느리기는 했어도 꾸준했다. 나는 동료들이 이중 로프를 교대로 익숙하게 풀어주는 동안 꼭 필요한 피톤 몇 개를 박았다. 이제 벽이 상당한 오버행이어서, 낙석이 생겨도 15미터 아래에 있는 그들을 덮치지 않고 곧장 바닥까지 떨어질 것 같았다. 고도감은 현기증이 날 정도로 아찔했다.

마지막 난관은 침니가 다시 좁아지는 곳이었는데, 결정적으로 오버행이었다. 나는 피톤과 사다리를 써가며 오버행 밑으로 갔다. 그리고 흔들리는 사다리의 최상단에 올라서서 피톤 하나를 박고 마침내 모든 장애물을 극복했다.

친구들을 정상으로 끌어올리느라 상당히 애를 먹었다. 마지막으로 올라오는 라체리가 카라비너를 회수할 때마다 오래되어 해어진 로프에 매달려 괴물처럼 밖으로 튕기며 중력의 포로가 됐다. 그가 정상으로 올라왔을 때 우리 모두는 땀으로 온몸이 흠뻑 젖어있었다.

1933년의 휴가 시즌에 우리 누오바 이탈리아산악회의 목표는 동부 돌로미테였다. 우리는 수정처럼 맑은 호수, 장엄한 산과 숲, 향긋한 내음을 풍기는 백합과 야생화가 멋진 풍경에 아름다움을 더하는 환상적인 미주리나Misurina 호숫가 조금 위에 텐트를 쳤다. 전설적인 봉우리들을 오른다는 기대감으로 들뜬 나는 심장이 마구 뛰었다. 그리하여, 필로니와 함께 치마 오베스트Cima Ovest의 재미있는 듈퍼Dülfer 루트에 이어, 토레 델 디아볼로Torre del Diavolo의 코미치 루트도 올랐다. 우리는 짧은 휴가를 마무리하기 위해, 친퀘 토레Cinque Torre로 가서 그 남봉의 동쪽에 있는 디마이Dimai 형제의 크랙 루트를 올랐다. 대부분의 크랙이 밖으로 돌출되어 있었는데 거대한 오버행 위쪽에 보이는 기존 피톤에 현혹되어 난생처음 살 떨리는 공포를 경험했다. 한 손으로 로프를 잡아 끌어올려 카라비너에 통과시키고 피톤 구멍에 끼려 할 때 순간 카라비너를 놓쳐서 카라비너가 로프를 타고 흘러내려가 버렸다. 그 순간 나는 어떻게 해야 할지 몰랐다. 간신히 오버행 위로 올라서자 숨 쉬기도 어려울 정도로 심장이 꿍꽝거렸다.

그리냐로 돌아온 우리의 다음 목표는 사소 카발로Sasso Cavallo 남벽이었다. 수직으로 치솟은 400미터의 이 벽은 하단에 오버행이 많은 것이 특징이다. 게다가 외딴 곳에 있어 아직 미등으로 남아있었다. 나는 필로니와 함께 첫 도전에 나서 제법 높이 올라갔지만 시간이 모자라 실패하고 말았다. 그 이후 필로니는 일요일마다 일을 해야 하는 딱한 상황에서도 나 보고 계속 도전하라고 말해주었다. 따라서 그다음 토요일 밤에 나와 함께 엘리사Elisa 산장으로 올라간 사람은 아우구스토 코르티였다.

▲ 1933년 여름 미주리니에 모인 누오바 이탈리아선악회원들.

1 알베르토 카레아 2 주세페 카스텔누오보 3 피에리노 데 카페타니 4 마리오 델오로(보카) 5 지노 페레리
6 우고 티조니 7 신원미상 8 리카르도 카신 9 브레타(신약회장) 10 승합차 기사 11 안토니오 필로니
12 알도 데 카페타니 13 주세페 디베(소라) 14 비토리오 판제리 15 아우구스토 코르티 16 주세페 코미

73

8월 31일 이른 새벽, 우리는 행동에 나섰다. 날씨는 기막히게 좋았다. 우리는 멀리서도 루트 파인딩이 가능해서 시간을 절약할 수 있었다. 그때의 어려움이 우리의 기억에 영원히 각인되어, 몇 년이 지난 후에도 이따끔 그때의 특별히 어려웠던 크랙과 오버행, 박혀 있던 피톤들이 떠올랐다.

우리는 정오도 되기 전에 지난번 시도했던 최고점에 도달했다. 그곳에서 나는 시작부터 아찔한 고도감에 힘이 몹시드는 크랙에 달라붙었다. 그 위쪽은 연속된 2개의 오버행이 있었다. 첫 번째를 넘어선 다음에는 정말 어려웠다. 등반 중 가장 어려운 곳과 마주한 것이다. 홀드가 거의 없어, 할 수 없이 피톤을 써가며 조금씩 전진해야 했다. 하지만 바위는 매끈한 데다 단단했고, 크랙도 상태가 좋지 않았다. 더구나 코르티가 아주 불안정한 피톤 몇 개에 의지해 확보를 보고 있어 상황이 좋지 않았다. 나는 머리에서 진땀이 날 정도로 힘들게 피톤을 박아나갔다. 그리고 피톤을 박을 때마다 나를 괴롭히는 생각을 떨쳐버릴 수 없었다.

"더 못 나가겠어…." 아래쪽으로 소리치며 철수할 준비를 했다.

"그래선 안 돼!" 코르티가 고함을 쳤다.

그의 말이 맞았다. 나는 별 수 없이 계속해야 했다.

이런 어려움에도 불구하고 철수하지 않고 도전하는 것은

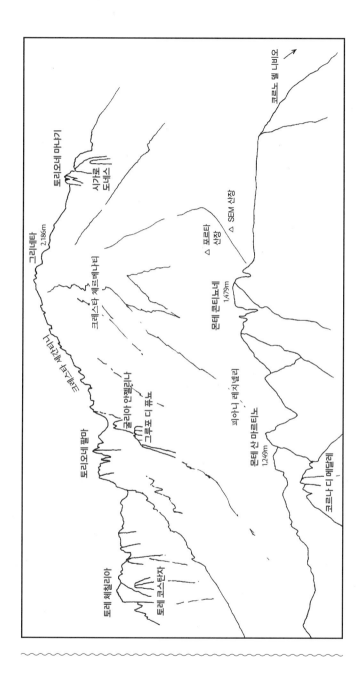

토리오네 마나키

시가툰
도네스

그리네타
2,186m

토리오네 팔마

크레스타 세리메나티

토레 체칠리아

토레 코스탄자

글리아 안젤리나

그루포 디 큐노

몬테 콘티노네
1,479m

피아니 레지넬리

△ 포르타
산장

△ SEM 산장

몬테 산마르티노
1,249m

코르나 디 메딜레

쿠르노 벨 니비오

오로지 의지력을 시험하는 것이었다. 나는 어떻게든 전진했다. 나는 이 고집불통의 바위와 땀에 젖은 피톤이 결국에는 크랙 속으로 박혀 들어가던 순간을 생생하게 기억하고 있다. 두 번째 오버행은 첫 번째보다는 쉬웠지만 여전히 미묘한 동작을 요구했다. 그곳에서 또 다른 위기가 발생했다. 코르티가 로프가 다 되었다고 소리쳤는데, 마땅히 멈출 곳이 없었다.

"1미터만 올라와. 그럼 내가 확보를 볼 수 있는 데까지는 갈 수 있어." 하고 내가 소리쳤다.

크랙 상태가 좋지 않아 피톤을 박기가 어려운 60미터의 매끈하고 약간 오버행진 벽을 넘어, 우리는 걸리로 들어섰고, 마침내 정상에 올라섰다. 등반을 빨리 끝낸 우리는 잠시 쉬었다. 하루 종일의 등반을 끝내고, 빛이 점차 희미해지는 늦은 오후에 잠깐 동안의 휴식에도 충만한 감정, 즉 자신이 완전한 존재라고 느끼는 자각이 밀려왔다. 감정이 충만해지는 이런 순간에는 아무 말을 하지 않아도 서로 친밀감을 느낀다. 그러나 느닷없이 계곡에서 들려온 수탉의 울음소리가 고요를 깼고, 우리는 내려가야 한다는 사실을 깨달았다.

10월 15일 아침, 나는 마리 바랄레, 보가와 함께 포르타 산장을 떠나 코스탄자로 갔다. 사방에 낀 서리는 이제 추운 계절이 임박했다는 사실을 예고하고 있었다. 숲은 아직 온화

한 가을빛을 띠고, 창백한 햇빛은 짙은 안개에 따라 거무스레한 그림자가 너울거리는 그리네타 정상을 가끔 희미하게 비추었다. 춥고 텁텁한 공기는 토레 코스탄자 동벽을 정복하겠다는 우리의 살아 꿈틀거리는 열정과 극명한 대조를 이루며 음산했다.

마리는 그 동벽을 그전 해 봄에 코미치, 아우구스토 코르티와 함께 시도했었다. 그때 그들의 시도는 피톤 하나가 빠져 코미치가 추락하는 바람에 초반에 중단됐다. 그 이후 마리는 그곳을 꼭 해보고 싶다는 마음에 여러 번 코르티와 나에게 이야기를 꺼냈었다.

우리는 내가 앞장서고, 마리와 보가가 뒤따르며 차갑고 축축한 그 바위를 공략했는데, 곧 그리네타의 특징인 크랙이 거의 보이지 않는 아주 어려운 곳과 맞닥뜨렸다. 마리는 그곳에 있는 피톤들이 그전 해에 자신들이 박은 것이라고 말했다. 나는 그 피톤들을 이용해 다른 피톤을 박았고, 바위가 거대한 배처럼 불룩 튀어나온 곳까지 기어 올라가 왼쪽으로 횡단했다. 그곳에서 내가 확보를 보는 동안 마리는 완벽한 기술을 뽐내며 올라왔다.

노출이 심한 5급 난이도 구간을 10미터 정도 오른 나는 스탠스 하나를 발견하고, 그곳으로 마리를 올렸다. 하지만 그 자리는 우리 모두가 서 있기에는 너무 좁아서, 나는 보가를

위해 위쪽으로 조금 올라갔다. 아주 어려운 곳이 모두 끝났다. 우리는 바위의 촉감을 기분 좋게 느끼며 정상으로 올라 갔다. 바람이 불어 안개가 걷히고 있었다. 천성적으로 활달하고 마음까지 착한 마리가 너무 기뻐하면서 우리에게 키스를 해주었다.

이것은 1933년 우리들의 마지막 등반이었다. 우리는 모두 만족했다. 하지만 우리의 마음은 — 비록 서로의 속내를 밝히지는 않았지만 — 벌써 그다음 해에 하고 싶은 이름 난 루트와 미등으로 남아있는 곳에 가 있었다.

"또 다른 등반계획을 갖고 있는 사람 없을까?" 탄식하듯 마리가 한 마디를 던지며 우리를 떠보았다.

"실천이 중요하지." 보가가 그녀의 미끼에 걸려들지 않으려는 듯, 알쏭달쏭하게 대꾸했다.

1934년 봄, 나는 루이지 포치Luigi Pozzi와 함께 기존 루트는 이미 모두 올라봤던 토레 체칠리아 서벽에 4급 신루트를 개척했다. 자신의 첫 신루트 개척에 열정을 보인 후배로 인해 나는 몹시 기뻤다. 그를 보니 아무도 오르지 않은 곳을 내가 처음으로 도전했던 때의 감정이 스멀스멀 되살아났다.

암벽등반의 연습 장소로 인기가 많은 코르노 델 니비오 동벽에서, 나는 그전 해에 필로니, 코르티와 함께 등반했던 루트 약간 남쪽에 새로운 등반선을 골랐다. 수직으로 올라가야

◀ 토레 체칠리아(그리나 메리디오날레) 동벽의 1934년 캐신-포치 루트

하는 데다 전체적으로 경사가 더 심해, 이전의 등반보다 기술적으로 더 어려웠다. 정상까지 줄곧 계속되는 어려움은 상당했고, 몇 군데는 6급이었다. 이 루트의 첫 피치에 있는 불룩불룩 튀어나온 작은 오버행들은 대단히 인상적이고 어려운 곳이었다. 2피치에서 보가와 나는 날렵한 클라이머인 젊은 판제리Panzeri에게 선등을 맡겼고, 결과에 만족했다. 우리의 실습생 중 한 명인 그는 우리가 까다롭게 굴었음에도 우리 같은 선배들과 함께 등반하는 것을 자랑스러워했다. 그가 자신의 스타일로 멋지게 등반하는 것을 지켜보는 우리도 즐겁기 그지없었다.

"멋진 놈이네." 느닷없이 찬비가 퍼붓는 바람에 정상에서 산장까지 쫓기듯 내려오며 내가 보가에게 중얼거렸다.

"맞아. 맥주 한잔 사라고 하자." 하고 보가가 말을 받았다. 이미 루트가 있는 벽에서 더 어려운 등반선을 찾아 등반하고자 하는 현대 등반의 새로운 사조에 몰입되어 아우구스토와 나는 1934년 7월 1일 피초 델라 피에베의 북동벽에 디레티시마의 신루트 하나를 추가했다. 그곳은 1932년 보가와 코르티, 내가 함께 올랐던 '라 파사나La Fasana'였다. 이전과 마찬가지로 우리의 등반선은 벽을 직선으로 공략해, 작은 오버행을 넘는 짧은 피치를 오른 다음, 정상까지 곧장 올라가는 것이었다.

벽 밑까지 가는 동안 발걸음이 가벼워 나는 무척 기뻤다. 그곳에서 루트를 세심히 관찰할 수 있었고, 등반 동작들을 구상할 수 있었다. 오버행진 슬랩들이 특히 인상적이었는데, 주위의 음산함과 깊은 적막감으로 인해 그 느낌이 더욱 강렬했다. 나는 첫 피치에서 후덥지근한 열기와 심한 갈증에 시달렸다.

5급의 피치들이 연속적으로 이어졌지만, 정상 가까이 이르자 3급으로 변했다. 하지만 바위가 계속 흔들려서 여전히 집중력을 잃지 말아야 했다. 우리는 피톤을 12개만 썼을 뿐 대부분 자유등반으로 올랐다.

좋은 친구이며 믿을 만한 파트너로 함께 제2등을 많이 한 알도 프라티니Aldo Frattini가 카모니카Camonica 계곡과 스칼베 Scalve 계곡 사이에 있는 카미노Camino 봉우리들 중 하나인 치모네 델라 바고차Cimone della Bagozza의 북쪽 스퍼를 해보자고 한동안 나를 유혹했다. 이 스퍼는 400미터에 달하는 멋진 버트레스였다. 그 당시 이 스퍼는 뛰어난 클라이머들의 수많은 도전을 뿌리쳤었다. 문제는 중간쯤에 있는 20미터의 오버행 립rib이었다. 이 프로젝트에 대한 알도의 열정에 못 이겨, 결국 나는 한 번 '보기나 하자'는 생각을 갖지 않을 수 없었다.

프라티니는 그 당시 상당히 고급차였던 자신의 피아트 509 컨버터블을 몰고 나를 태우러 레코에 왔다. 우리는 로

▲ 치모네 델라 바고차 북쪽 스퍼의 1934년 캐신-프라티니-바랄로 루트(6급). 루트 중간에서 오른쪽으로 횡단하는 곳이 크럭스로, 이 사진을 보면 어디인지 쉽게 알 수 있다.

돌포 바랄로Rodolfo Varallo와 함께 어두워질 무렵 스킬파리오 Schilpario에 도착했다. 새벽녘의 출발, 아무리 애를 써도 소음만 내며 시동이 걸리지 않던 피아트 509, 들판을 수놓은 녹색의 향연, 길을 따라 올라가다 만난 숲, 오버행 립을 보고 느낀 강렬한 호기심은 아직까지도 기억에 남아있다. 그 버트레스에 대한 첫인상은, 등반 대상지에 대한 소문이 과장되는 걸 감안하더라도 내 상상을 훌쩍 뛰어넘는 것이었다. 우리는 어쩔 수 없이 더 가까이에서 살펴보아야 했다.

처음 180미터는 피톤을 확보용으로만 써가며 자유등반으로 올라갔다. 바위는 자주 부스러졌지만, 전체적으로 등반이 어렵지는 않았다. 2시간 후에 우리는 이 등반의 열쇠가 되는 가장 큰 장애물에 부닥쳤다. 불룩 튀어나오고 아주 매끄러우며 고도감이 삼삼한 바위 턱이 우리 위쪽으로 있었다. 그곳으로 곧장 올라가는 것은 거의 불가능했다. 그래서 왼쪽의 가파른 쿨르와르를 적극 이용해 발로 버티는 자세로 등반을 했다. 몸의 방향을 수시로 바꿔가는 이런 자세로 2시간 동안 힘들게 등반했다. 가까스로 이 가파른 경사 구간 위에 있는 립 바로 2미터 밑의 한 지점에 도달했다. 하지만 립에 닿은 것은 아니었다. 그때 나는 이 난관을 돌파하게 되면 희한하게도 오른쪽에 있는 오버행 바위를 넘게 되는 것이라는 사실을 알게 되었다. 그곳은 너무 어려워 보여 내가 생각해보지도 않은 곳이었다.

고도감이 상당하고 너무 반들반들했지만, 등반에 성공하고자 한다면 반드시 그 구간을 돌파하지 않으면 안 된다는 것이 너무나 명백해졌다. 그곳은 대략 30미터로 6급이었다. 피톤만이 해결책이었다. 나는 2시간 동안 8개의 피톤을 힘들게 박아, 오버행 위쪽의 립에 가까스로 닿았다. 마지막으로 올라오던 바랄로는 피톤을 다 회수하지는 못했다. 그는 우리 셋 중 몸 상태가 가장 안 좋아서 수시로 놀림감이 됐다. 하지만 그는 끊임없이 짓궂게 놀려대는 것을 잘도 참았다.

"그래, 오늘은 내 차례야. 이제 차례가 바뀌면 되갚아주지."라고 그는 중얼거렸다. "이자까지 붙여서."

스퍼의 가장자리로 돌아와 나는 70미터를 더 올랐고, 25미터의 벽 밑에 있는 경사진 레지에 도달했다. 그곳은 단순해 보였지만 결국 몇 개의 피톤을 써야 했다. 그러자 단단하고 누르스름한 오버행이 나타나, 또 한 번 보기 좋게 예상이 빗나갔다. 10미터의 그곳은 6급이었다. 그곳의 바위는 너무나 매끄러워 나는 할 수 없이 프라티니의 어깨를 딛고 일어서 결정적인 홀드 하나를 붙잡았다. 그곳에서 오른쪽으로, 발밑이 허공인 곳을 횡단해 홈통을 타고 계속 올라갔다. 그러자 갑자기 바위가 쉬워졌다. 우리가 성공한 것이다.

밤 9시, 15시간의 등반 끝에 우리는 마침내 정상에 올라섰다. 태양이 지평선 너머로 지며 맑은 저녁하늘을 주황색으로 길게 물들이고 있었다. 우리는 서둘러 하강했다. 그리고 그 지역을 손금 보듯 훤히 꿰뚫고 있는 내 두 친구의 안내로 목동의 오두막으로 가, 그곳에서 하룻밤을 보냈다.

비박색

1934년의 여름휴가 기간 동안 우리 일행은 미주리나 위쪽
산안젤로San'Angelo 콜에 머물다가 곧 트레 치메 디 라바레도
Tre Cime di Lavaredo 아래에 있는 라바레도 산장으로 갔다. 처음
4일 동안 날씨가 좋지 않았는데도, 지지 비탈리Gigi Vitali, 루
이지 포치와 나는 전날 판제리Panzeri와 보가, 주디치Giudici가
포페나Popena에서 개척한 한 루트를 제2등으로 올랐다. 이 루
트는 소위 '오버행의 왼쪽 디에드르'라고 불렸다.

날씨가 좋아서 우리는 라바레도의 장엄한 북벽들을 볼 수
있었다. 이 암벽들은 일반인들에게까지 관심을 끌 정도로 위
협적인 카리스마가 넘쳐흘렀다. 나는 이 벽들에 대해 매우

야심찬 꿈을 품었는데, 후에는 그 이상으로 발전했다.

내가 비탈리와 함께 치마 그란데Cima Grande 북벽을 둘러보고 오자, 할 일 없이 놀고 있던 포치가 같이 가고 싶다고 간청했다.

"물론 같이 갈 수도 있지." 비탈리가 점잖게 말하고 나서 크게 웃음을 터뜨렸다. 우리는 아무데도 가지 않을 계획이었기 때문이다.

"그럼, 우리 피콜리시마Piccolissima 남동벽을 하러 가면 어떨까?" 오버행과 천장이 널려있는 그 미등의 벽에서 직등 루트 정도는 찾을 수 있다고 생각한 내가 말했다.

"너무 늦었어."라고 비탈리가 말했다. 아침나절도 벌써 다 지나가고 있었다.

"걱정 마. 짧은 루트야. 어쨌든 비박색bivouac sac이 있잖아." 우리는 새로 구입한 3인용 비박색에 이름을 붙이려 궁리하면서, 서둘러 장비를 챙겨 떠났다.

우리는 피콜리시마와 푼타 디 프리다Punta di Frida를 갈라놓는 깊은 걸리인 듈퍼 쿨르와르Dülfer Couloir에서 벽에 붙었다. 이곳에서 보니 피콜리시마는 마치 기단 위에 세워진 위인의 조각상처럼 희미하게 솟아있었다. 우리는 벽의 한가운데로 나아갔는데, 그곳에서부터 등반이 어려워져, 처음 맞닥뜨린 2개의 오버행조차 엄청난 기술이 필요했다.

▲ 치마 피콜리시마 남벽의 1933년 캐신-비탈리-포치 루트(6급)

나는 피톤 몇 개를 써서, 오른쪽으로 사선을 그리며 횡단했다. 천천히 신중하게 움직여야 했다. 커다란 레지까지는 로프가 짧아, 포치가 뒤따라 움직였다. 드디어 오버행 디에드르 크랙에 도달했다. 이제 많은 피톤을 사용해서 위쪽의 불룩 튀어나온 오버행을 넘어야 하는 진정한 시험대에 드는 것이다. 레지에서 25미터를 더 오르자, 마침내 쉴 수 있는 작은 곳이 나타났다. 나는 오른쪽으로 몇 미터를 횡단한 다음, 오버행을 곧장 치고 올라갔다. 그곳은 계속되는 6급으로 허공에 매달려 등반해나가야 했지만, 나는 그 고도와 수많은 장애물을 극복했다는 만족감에 더없이 기뻤다. 그런 다음 미끄러운 슬랩을 10미터 정도 올라 아주 조그만 홀드를 잡았다. 고도감이 심해 피톤을 박을 수가 없었다. 나는 허둥지둥 거미줄 칠 곳을 찾고 있는 미친 거미 같은 기분이었다.

벽의 수많은 레지 중에 우리 셋이 함께 서 있기도 힘든 아주 조그만 레지에서 나는 홈통을 이용해 5미터를 오른 다음 무시무시한 오버행의 벽을 수평으로 가르는 크랙을 만났다. 이 크랙은 마치 신루트 개척을 방해라도 하는 것처럼 보였다. 그리고 벽은 마치 거꾸로 디자인 된 것처럼 어려움과 문제가 계속 발생했다. 한군데를 간신히 넘어서면 그다음 과제가 또 나타났다. 이제와 생각해봐도 다시는 그곳으로 되돌아가고 싶은 마음이 들지 않는다. 바위가 미끄럽고 고도감이 심해 나는 겨우 몇 개의 확보물만 설치한 채 등반해야 했고, 왼쪽으로 가서 디에드르를 통해 마침내 작은 레지 위로 올라섰는데, 그곳에서 나는 연속적인 한계상황의 등반을 끝내고 잠시 쉴 수 있었다.

그 위쪽은 5급이 계속되다가 4급으로 이어지는 곳도 있었다. 우리 셋은 마침내 널찍한 레지에서 다시 뭉쳤다. 6급의 피치가 하나 더 남아있었지만, 성공에 대한 확신이 들자 활력을 되찾은 우리는 재빨리 그것을 해치웠다.

가이드인 주세페 디마이와 인네르코플러Innerkoffler를 포함한 우리 친구들은 처음부터 함께 움직였다. "짧지만 줄곧 6급의 난이도를 갖고 있는 합리적이고 논리적인 루트"라고 그들은 입을 모았다.

바람이 부는 정상에서 내려와, 적당한 비박 장소를 찾았을 때는 벌써 저녁이었다. 비박색을 한 번 써보기 위해 얼마나 오랫동안 기다렸던가! 비박색은 새것인 데다 커서, 꿈에 그리던 따뜻하고 편안한 휴식을 즐기기에는 안성맞춤이었다. 친구들은 우렁차게 소리를 질렀다. 그리고 그 소리가 프리다 벽에 부딪쳐 되돌아오는 에코를 듣고 각자의 침낭으로 들어갔다. 하지만 비박색에 이름을 붙이려고 궁리하던 일은 모두 잊어버렸다. 포치가 우아하게 거행해야 한다며 자신의 배낭에서 연어 통조림을 하나 꺼냈다. 그는 아무리 애를 써도 딸

수 없게 되자 결국 피톤을 썼는데, 그만 끈적끈적한 액체가 우리 모두와 새 비박색에 온통 튀긴 것이다. 그러자 참으로 달갑지 않은 말들이 쏟아졌다.

아침 일찍 우리는 야영 장소로 내려갔다. 다음 날 몇 시간을 쉰 비탈리와 나는 그전 해에 코미치와 마리 바랄레, 자누티Zanutti가 등반한 치마 피콜라Piccola의 '옐로 에지Yellow Edge'를 — 내 생각에는 제4등이나 제5등인 것 같은데 — 8시간 만에 완등했다. 이 등반 시간은 당시 기록적이었다. 그 루트는 놀라울 정도로 크고 우아한 데다, 마치 거장의 모습인 양 완벽하게 곧장 뻗어있었다. 정상 바로 밑의 남쪽 측면에서는 연속된 오버행을 곧장 치고 올라가야 했다.

등반을 마치고 떠날 생각을 하니 모두 서글펐다. 특히 보가는 우리가 그토록 하고 싶었던 치마 그란데 북벽의 코미치-디아미 루트 제2등을 하지 못해 침울해했다. 우리는 미주리나에서 버스를 기다리며 이 문제를 상의했다. 보가는 그곳에 독일 팀이 있는 것을 보았었다. 그에 의하면 그 팀의 리더는 아주 훌륭한 클라이머였지만, 세 번째 사람은 초보자에 불과했다고 한다. 그들은 일시 후퇴했다. 하지만 그들이 다시 공략에 나선다는 것은 불을 보듯 뻔했다. 우리 일행은 빠른 결정을 내렸다. 보가, 비탈리와 내가 남기로 한 것이다. 우리는 나머지 친구들로부터 장비 일부를 빌려, 레코 행 버

▲ 치마 그란데 북벽 초등에 사용된 초창기 인공등반 기술의 연속 사진. 그 당시는 선등자가 전환할 수 있게 이중 로프를 반길이 당겨쥐어 해서 선등자는 물론 확보자도 몹시 힘이 들었다.

스가 떠나자마자, 배낭을 어깨에 걸머지고 산장으로 발걸음을 돌렸다.

아직 어둠이 걷히지 않은 화요일 아침, 우리는 등반이 시작되는 곳으로 갔다. 그곳에는 우리와 같은 생각을 가진 라파엘레 카를레소Raffaele Carlesso와 한스 비나처Hans Vinatzer가 있었다. 그들은 달랑 두 명이어서, 우리는 그들에게 앞서 가라고 한 다음, 내가 선등으로 나서 뒤따라갔다. 우리는 꾸준하고 순조롭게 등반을 이어갔다. 비박에 들어가기 전의 마지막 트래버스에서 — 그곳은 이제 어려움이 거의 끝나가는 곳이었는데 — 라스트last인 비탈리가 세컨second의 보가에게 올라가면서 설치된 장비를 회수하라고 말했다. 나는 보가가 올라오고 난 다음에야 이런 사실을 알았다. 비탈리가 펜듈럼을 하겠다면서 로프를 고정시켜 달라고 소리쳤다. 나는 덜컥 겁이 났다.

"이젠 너무 늦었어." 보가가 어깨를 으쓱했다. "어쨌든 그는 이걸 즐길 걸. 됐지?"

"됐어!"

비탈리는 25미터나 되는 큰 펜듈럼으로 자신의 몸을 허공에 날렸다. 그는 좌우로 몇 번 몸을 흔들다가 어느 순간 로프를 손으로 잡고 올라왔다.

카를레소, 비나처가 먼저 와 있는 레지 위에서 우리는 비박에 들어갔다. 마침 비박색이 보가의 것이어서, 우리는 연어의 비린내에 밤새 고통 받지 않아도 됐다.

1935년의 등반
몬테 치베타(북벽, 코미치-베네데티 루트)

몬테 치베타에서 당한 사고

1935년의 휴가를 뜻있게 보내기 위해, 우리는 치베타 산군 남쪽 끝의 바졸레르Vazzoler 산장 인근지역을 선택했다. 좋은 캠프사이트를 찾는다는 책임을 지고 보가와 나는 며칠 일찍 떠났다.

경치가 이루 말할 수 없이 아름다웠다. 초원을 수놓은 온갖 색깔의 야생화, 다양하기 이를 데 없는 소나무와 더불어 우뚝 치솟아 오른 토레 베네치아Torre Venezia의 배경으로 늘어선 칸토니 데 펠사Cantoni de Pelsa의 하늘을 찌를 듯한 침봉 군들과 그 너머로 희미하게 보이는 치마 델라 테라노바Cima della Terranova와 치마 수 알토Cima su Alto. 또한 치마 데토니Cima de'Toni로부터 칸토니 델라 부사차Cantoni della Bussaza까지 웅장하게 솟구친 바위들은 거대하고 대담한 필라pillar를 수없이 머리에 이고 있는 '바위 중의 바위'였다. 이 바위성채는 실로 그 아름다움을 표현할 길이 없었으며, 정복이 불가능해 보였다.

일행을 기다리는 동안, 우리는 유명한 몬테 치베타의 북서벽을 살펴보기 위해 콜다이Coldai 산장으로 갔다. 우리는 그곳에 있는 코미치−베네데티Comici/Benedetti 루트를 두 번째로 오르고 싶었다. 다음 날 아침 우리는 친구들에게 쪽지를 남기고 등반에 나섰다. 선두를 교대하는 방식으로 우리는 '거장' 코미치가 포기했던 아찔한 레지 위의 비박 터에 도착했다. 초반부터 루트를 찾아 헤매느라 150미터를 오르내려 시간을 낭비했는데도 우리의 전진은 만족스러웠다. 우리는 이미 700미터 위에 있었다. 그때의 상황은 잊을 수도 없고 믿기도 어려운 순간이었다. 우리는 까마귀 떼가 날아오르는 것을 보고 저녁때가 되었다는 것을 알았다. 어두운 공허가 우리 주위를 감싸고 있을 때 멀리 알레게Alleghe와 발밑에 있는 가까운 마을들의 불빛이 반짝거리면서 마르몰라다Marmolada의 실루엣이 희미하게 눈에 들어왔다.

밤새 추위로 잠을 설치고 새벽에 일어나니 몸이 뻣뻣하게 굳어있었다. 아침햇살이 마르몰라다의 설원을 찬란히 물들

▲ 몬테 치베타 북벽의 코미치-베네데티 루트(왼쪽)와 솔레데르-레틴바우에르 루트(오른쪽).
캐신과 델오로는 코미치 루트의 위쪽 부분에서 가는 선을 따라 등반했다.

이는 모습을 지켜보며, 우리는 초췌한 얼굴을 부르르 떨었다. 몸을 따뜻하게 하기 위해서라도 우리는 등반을 해야 했다. 코미치의 메모에 '피톤과 사다리가 필요한 곳'이라고 되어 있는 지점까지 길게 횡단해 나갔다. 그곳의 오버행은 무시무시할 정도로 어려웠다. 나는 간신히 피톤을 박고 사다리를 건 다음, 수직의 벽에 붙어있는 홀드를 이용해 몸을 끌어올렸다. 내가 오버행을 완전히 넘어서기 위해서는 사다리를 그냥 두고, 듈퍼식으로 올라가야 했다. 나는 오른손으로 버티면서 왼손을 최대한 뻗어 작은 홀드를 잡았다. 홀드를 확인해보니 괜찮아 보였다. 그러자 팔과 다리에 근육경련이 일어났다. 나는 몸을 밖으로 빼서 위쪽으로 던지듯 달라붙었다. 그때 갑자기 그 망할 놈의 홀드가 부서졌다. 내 몸이 빙글 돌면서 뒤로 넘어가, 오른손 하나만으로는 버틸 수 없었다. 결국 떨어지며 벽에 부딪치는 순간 본능적으로 로프를 붙잡고 균형을 잡아서 바위 턱에 발로 떨어졌다. 하지만 충격이 너무 강해 나는 튕기면서 몸이 뒤집혔고, 완전히 방향감각을 상실한 채 다시 떨어졌다. 두 손으로 로프를 죽어라고 잡았지만, 이제는 끝이라는 생각이 들었다. 그때 튀어나온 바위에 머리를 세게 부딪치면서 나는 의식을 잃었다. 의식이 돌

◆ 인공등반을 할 때 선등자를 로프로 바싹 당겨주어 다음 동작을 가능하게 하는 방식이다.

아왔을 때는 이상했다. 아픈 등뼈 주위를 철갑이 꽉 조이면서 갈비뼈를 짓누르는 느낌이랄까…. 목소리가 들려왔다. 처음에는 멀리서 그리고 점점 가까이서. 누군가가 내 이름을 부르고 있었다. 눈을 떴지만 모든 것이 빙빙 돌아, 나는 다시 눈을 지그시 감았다.

차차 정신이 들자 현실과 이성이 돌아왔다. 나는 700미터 높이의 아찔한 절벽에 거꾸로 매달려 있었고, 머리가 아팠다. 눈이 떠지는 것을 보니 아직 죽지는 않은 모양이었다. 나는 대략 20미터를 떨어졌다. 두 줄의 로프는 평행이 아니라 V자로 벌어져 있었다. 그래서 내가 빙글빙글 돈 것이었다. 그때 나는 피톤이 빠지지 않았기 때문에 로프가 평행이 아니라는 사실을 깨달았다. 그리고 보가가 제대로 확보를 보지 못해서 그렇게 길게 떨어졌다고 결론지었다.

내 친구는 최악의 상황을 걱정하면서 절망적으로 나를 불렀다. 몸이 쑤시고 화가 났지만, 발로 바위를 쳐가며 수직으로 늘어진 로프를 잡아당기면서 오버행 위로 내 몸을 끌어올렸다. 나는 지금까지도 그러한 상황에서 어떻게 그곳을 다시 올라갔는지 도저히 이해가 되지 않는다.

보가는 나의 추락을 붙잡느라 로프에 쓸려 피가 나는 두 손을 제외하고 하얗게 질려있었다. 로프도 피가 묻어있었다. 나는 화가 치밀어 올랐다.

"야, 왜 나를 붙잡지 못했니?" 내가 거칠게 쏘아붙였다.

"그럴 수 없었어. 손이 너무 얼어서…." 그는 마지못해 중 얼거렸지만, 말하고 싶지 않은 것 같았다. 잠시 침묵이 흘렀 다. 그때 그가 다시 입을 열었다. "네가 보이지 않았어." 다시 짧은 침묵이 흐른 다음 그가 말을 이었다. "네가 끝낸 줄 알 았지…."

"그래서 내가 떨어지도록 내버려두었단 말이야?"

"찰나였어. 난 너를 붙잡을 수 없었어. 손이 말을 듣지 않 았거든. 하지만 난 정말 최선을 다해 로프를 꽉 붙잡았어."

나는 그의 손을 보고, 그가 어떻게 할 수 없었다는 것을 깨 달았다. 2개의 카라비너에만 통과시킨 채 순식간에 끌리는 로프라면 어느 누구라도 곧바로 잡아챌 수는 없었을 것이다.

"네가 올라가. 난 어지러워." 하고 내가 말했다.

난생처음 어린양이 된 보가는 두 피치를 선등했다. 하지만 그는 제정신이 아니었다. 평소의 결단성, 신속함과 자신감 을 도무지 찾아볼 수 없었다. 그는 공포를 벗어나지 못한 듯 매우 느리고 불확실했다. 나는 추락으로 움츠러들었다. 하지 만 그가 받은 정신적 고통은 나와는 비할 바가 아니었다. 내 자신의 공포는 의식을 잃었을 때 무의식 속으로 사라졌지만, 그가 느낀 공포는 사람이 겪을 수 있는 한계점까지 올라와있 었다.

나는 선두를 넘겨받아, 정상까지 새로운 직등 루트를 따라 마지막 부분을 올라갔다. 이 변형 루트는 코미치 루트와 솔레데르Solleder 루트와 만나는 지점에서 끝났다. 마지막 부분이 점점 어려워지는 것을 보고, 나는 보가의 열정과 재기발랄함을 새삼 되새겼다.

솔레데르 루트에 2명의 클라이머가 있었다. 내가 누구냐고 묻자 그중 한 명이 이렇게 외쳤다.

"어이, 리카르도. 나야, 주스토!"

우리는 주스토 제르바수티Giusto Gervasutti로부터 노멀 하강 루트에 대한 정보를 얻을 수 있기를 기대하며 그들을 기다렸다. 하지만 그들이 나타나기도 전에 날이 어두워졌다.

제르바수티조차도 ─ 그의 파트너는 루시앙 데비Lucien Devies였는데 ─ 하강루트를 찾는 데 애를 먹었다. 우리도 헛수고를 한 번 하고 나서 하강 계획을 포기하고 비박에 들어갔다. 우리의 비박색은 3인용이었다. 그래서 나는 먼저 그들에게 양보했다. 그들은 자신들이 차례로 밖에서 지내겠다고 말했지만, 모두 다 깊은 잠에 빠져든 채 아무도 일어나지 않았다. 나는 그 당시 수줍고 너무나 소심해서 내 손님들을 방해

◆ 제르바수티는 자신의 책 『제르바수티의 등반Gervasutti's Climbs』 135쪽에서 이때의 일을 다르게 기술하고 있다. 그에 의하면 자신은 짙은 안개 속에 정상에 도착했고, 캐신과 델 오로(보가)를 앞질러 내려갔으며, 4명의 클라이머 모두가 체온을 유지하기 위해 밤새 오르락내리락했다고 한다.

할 수 없었다. 나는 내 친구들이 깊은 잠에 빠져 원기를 회복하는 동안 팔과 가슴을 따뜻하게 유지하기 위해 이리저리 두드리며, 밤새 오르락내리락했다.

7

토레 트리에스테 남동 리지

제르바수티와 우리는 치베타에서 비박하면서 등반의 과거와 미래에 대해 열띤 토론을 벌였다. 특히 토레 트리에스테 남동 리지가 우리의 특별한 관심을 끌었는데, 제르바수티는 그 특징들을 설명하며 그곳이 위험하기는 하지만 중요한 곳이라고 단언했다. 즉, 가장 등반성 있고 아름다우며 장엄한 루트라는 것이었다. 그의 열정적이고 권위적인 말에 잠재되어 있던 나의 강렬한 욕망이 거부할 수 없는 유혹으로 다가왔다.

제르바수티는 이미 그 리지에 도전했었다. 하지만 그는 카를레소−산드리Carlesso/Sandri 루트가 왼쪽으로 꺾이는 지점까지 이르기도 전에 시원치 않게 박힌 피톤이 빠져 추락하는 바람에 후퇴해야 했다. 그 리지의 등반 가능한 루트는 가늘고 위풍당당하게 뻗어있는 리지를 따라 곧장 올라가는 것이다.

콜다이 산장에 도착하니, 친구들이 우리 소식을 듣고 달려와 있었다. 나는 곧바로 비토리오 라티Vittorio Ratti에게 토레 트리에스테 등반 이야기를 꺼냈다. 라티는 나보다 더 젊고 키가 컸다. 그는 열아홉 청춘으로 봄날의 빛나는 햇빛처럼 원기가 왕성했다. 남을 전혀 의식하지 않는 그는 노래 부르며 웃고, 농담하고 장난쳤다. 솔직하고 소탈한 그는 친구도 많았다. 강철 같은 근육을 가진 그는 만능 운동선수였다. 그는 위험을 조심하기는 하지만 두려워하지는 않았다. 그전해 겨울에 그는 주니어 스키대회에서 우승하고, 이어 봄에는 우리 등산학교에서 가장 전도유망한 학생이 됐다. 간단히 말하면, 나는 그를 절대적으로 신뢰하고 있었다.

내 이야기를 들은 라티는 나처럼 열정을 보이기 시작했다. 우리는 점점 이 거대한 침봉에 이끌려 들어갔다. 그곳은 공교롭게도 알프스에서 — 어느 루트이건 — 접근을 불허하면서도 가장 아름다운 곳 중 하나였다. 초등에서부터 오늘에 이르기까지, 그 등반의 역사는 이탈리아 암벽등반의 다양한 발전상을 보여주는 거울이었다. 그리고 남동 리지는 그 당시 풀어야 할 대과제였다. 우리는 아침 일찍 공략에 나서기로 했으나, 비가 많이 와서 날씨가 좋아질 때까지 기다렸다.

나는 8월 15일 아침의 첫인상을 잊지 못한다. 하늘이 마치 미소를 지으며 우리의 계획에 동의라도 하듯 맑게 갰다. 알비세 안드리크Alvise Andrich와 조반니 발바소리Giovanni Valvassori 가 등반 시작점 아래까지 우리를 따라왔다. 우리는 10시 30분에 출발했고, 정오가 됐을 때는 벽이 본격적으로 시작되는 바위 턱에 있었다.

첫 피치는 50미터 정도의 단단한 바위로 움푹 들어간 형태의 짧은 오버행 크랙으로 이어졌다. 이후부터는 바위가 너무나 잘 부스러져 등반하는 데 상당히 애를 먹었다. 우리는 극도로 긴장해서 등반능력뿐만 아니라 조심성에 대해 시험받는 무대가 됐다. 나는 곧 제르바수티가 남벽의 카를레소 루트와 만나는 이곳에 대해 평소 성격대로 그냥 별것 아닌 것처럼 표현했다는 것을 깨달았다. 그럼에도 전체 루트 중 이 구간에서의 등반은 카를레소가 남긴 피톤 덕분에 쉬운 편이었다.

나는 왼쪽으로 가서, 오버행 아래까지 연결된 30미터 크랙을 등반했다. 그곳에서 절묘한 레지를 발견하고 라티의 확보를 봤다. 우리는 늘 하던 대로 피톤들을 회수했다. 즉, 후등자가 로프 확보를 받아 등반하면서 피톤과 줄사다리에 의지해 지나온 아래 피톤을 회수한 것이다.

▲ 토레 트리에스테 남동 리지의 캐신-라티 루트. 뒤쪽의 더 큰 봉우리가 치마 델라 부사차다. 카를레소-산드리 루트는 캐신 루트 왼쪽의 그림자 진 벽에 있다.

벽은 층계를 이룬 테라스들과 벽 전체를 가로지르는 희미한 밴드들로 이루어져 있었다. 바위 턱과 오버행이 많은 것도 이런 지질학적 특징 때문이었다.

리지를 반쯤 올라가면 토레 트리에스테에서 카스텔로 델라 부사차Castello della Bussaza로 횡단할 수 있는 한 지점이 있다는 말을 우리는 이미 들어 알고 있었다. 따라서 루트의 가장 고약하고 어려운 부분을 미리 관찰하고 '준비'할 필요가 있었다. 하지만 그런 전술은 우리의 등반 윤리에 맞지 않았다. 그렇게 한다면 등반의 우아함과 아름다움뿐만 아니라 그곳을 등반하고자 하는 우리의 의욕까지도 줄어들 것이다. 오늘날까지도 나는 어떤 등반이나 시도의 결과를 이와 같은 기준으로 평가한다. 물론, 루트가 길기 때문에 기술을 달리 적용해야 하는, 유럽 이외의 거벽은 제외하고.

나는 벽에서 그럴듯한 동굴을 발견하고, 그곳에서 일단 등반을 멈추었다. 송진 냄새가 나는 백합들이 많아서 잠자리를 마련하기에는 좋았다. 특히 라티에게는 첫 번째 비박이었다. 검은 하늘 속으로 거대한 바위 탑이 치솟아 있고 은은한 달빛이 내리 비추는 8월의 저녁시간을 라티는 몹시 기뻐하고 행복해했다. 지금까지도 그 시간을 라티가 전쟁의 소용돌이 속에서 맞이한 죽음만큼이나 잊을 수 없다.

아침이 되자, 우리는 30미터쯤 위 오버행 아래서 끝나는 좁은 크랙을 따라 다시 등반을 시작했다. 그곳에서 나는 크랙을 따라 오른쪽으로 방향을 바꾸었다. 2피치의 오버행 크랙은 벽을 가로지르는 커다란 레지로 이어졌다. 날씨는 바람 한 줄기 없을 정도로 화창했고, 햇빛을 받은 바위는 뜨거웠다. 갈증으로 목이 타서 나머지 등반은 고통스러웠다. 친구가 심히 걱정할 정도로 나의 코에서 피가 줄줄 흘러내렸지만, 얼마 안 가 곧 멈추었다. 그러자 몸이 가뿐해졌다. 기분이 좋아진 나는 왼쪽으로 트래버스하면서 등반을 시작했는데, 6급 구간이 이어지면서 위쪽이 오버행인 크랙이 하나 나왔다.

그곳을 넘어서니, 오버행진 좁은 크랙들이 많아 우리는 꼬박 80미터를 자유등반으로 올라야 했고, 다시 커다란 테라스에 닿았다. 날이 저물고 있어 우리는 이 벽에서의 두 번째 비박에 들어갔다. (이것은 지난 며칠 동안 나의 네 번째 비박이었다.) 하지만 나는 전혀 피곤하지 않았다. 비박을 하기에 충분히 넓어서, 목만 타지 않았더라면 더없이 행복한 시간이었을 것이다.

아침에 우리는 왼쪽에 있는 오버행 천장을 돌아서는 것으로 등반을 시작했다. 그런 다음 아주 가느다란 크랙을 돌파해 작은 레지에 도달했는데, 위쪽에는 움푹 들어간 곳들이 있었다. 오버행 하나를 더 넘고, 10미터짜리 크랙을 오르자 마침내 위험하기 짝이 없이 불안정하게 얹혀 있는 선반 모양의 커다란 바위가 나타났다. 우리는 그곳에서 손을 이용해 오른쪽으로 횡단했다. 나는 피톤을 하나 박고, 동료에게 조심해서 건너오라고 했다. 손톱이 바위에 닿을 때마다 나는 바위의 숨결을 느낄 수 있었다. 안전한 레지에 이르러 우리는 다시 하나가 됐다.

확보를 위해 박아놓았던 피톤으로는 우리 위쪽에 있는 크랙의 첫 번째 홀드를 잡을 수 없어 나는 라티의 어깨를 밟고 일어섰다. 그의 큰 키를 이용해, 사람들이 '캄파닐레토 campanilleto'라 부르는 뾰족한 바위 근처의 작은 스탠스까지 큰 어려움 없이 갔다.

나는 이어지는 침니가 밖으로 벌어져 있어, 피톤을 박기 시작했다. 한참을 오른 후에야 더 이상 나아가는 것이 불가능하다는 사실을 깨달았다. 쓸데없이 시간을 낭비한 것에 화가 났지만, 나는 어쩔 수 없이 후퇴해서 오른쪽으로 돌았다. 다행히 그쪽에는 작은 스탠스가 하나 있었다. 고도감이 대단하고 떨어지면 대책이 없을 것 같은 오버행 크랙이었지만, 다시 있는 힘을 다해 올라갔다. 이제 정상이 손에 잡힐 듯했다.

마지막 침니를 거쳐 우리가 정상에 올라섰을 때는 오후 3시였다. 50시간 — 그중 28시간은 60개의 피톤을 써가며 리지 위에서 보냈는데 — 의 등반을 끝낸 우리는 행복에 겨워 아래에 있을 우리의 친구들에게 고함을 질렀다. 이 아름다운 루트가 마침내 우리의 것이 되었노라고…. 그리고 유혹을 이겨내면서 끝까지 남겨두었던 물을 한 방울도 남기지 않고 꿀꺽꿀꺽 다 마셔버렸다.

우리는 로프를 타고 내려왔다. 내려오는 길에 보가 팀(그는 안젤로 론고니Angelo Longoni, 별명이 파르팔리노Farfallino(나비)인 조반니 주디치Giovanni Giudici와 함께 있었다.)을 만나 기쁨이 두 배가 됐다. 그들 역시 남벽의 어려운 카를레소-산드리 루트를 성공적으로 끝낸 터라 우리 모두는 서로를 축하해 주었다. 하강의 마지막 구간에서, 우리는 며칠 전 폭풍이 바위 웅덩이에 남긴 물을 찾아 실컷 마시고 나서, 의기양양하게 계곡으로 내려왔다.

등반성이 좋았던 남동 리지는 글자 그대로 '최우수'였다. 이곳은 피톤을 등반용보다 확보용으로 더 많이 쓰면서 느끼는 즐거움이 처음부터 끝까지 존재하는 곳이었다. 또한 5급과 6급으로 일관되게 구성된 이 루트는 인간의 잠재력을 시험하는 진정한 무대였다.

◆ 최근 이곳을 등반한 영국과 영연방 클라이머들은 이 말에 힘을 실어주었다. 그들은 캐신-라티 루트를 인접한 카를레소-산드리 루트보다 질과 난이도 그리고 자연스러운 등반선이라는 면에서 더 낮게 평가했다.

제2부

내 등반의 세 화음

치마 오베스트 북벽을 손에 넣음으로써 이탈리아인들이 느낀 당당한 자부심에는 끈끈한 우정을 바탕으로 한 피츠 바딜레Piz Badile 북동벽에서의 치열한 경쟁심과 오스트리아—독일 팀이 한 발 앞서 아이거 북벽을 해치웠다는 소식을 듣고 클라이네샤이덱Kleine Scheidegg에서 느낀 깊은 절망감, 하지만 그 굴욕을 그랑드 조라스 워커 스퍼 등반으로 되갚은 복수심. 이런 감정들이 3대 북벽을 향한 당대의 뛰어난 클라이머들을 끝까지 따돌리고 우리들의 공격을 성공적으로 이끈 원천이 되었다.

1935년의 등반
치마 오베스트 디 라바레도(북벽)

치마 오베스트

치베타에서 휴가를 보내고 레코로 돌아온 지 며칠이 지나지 않은 1935년 8월의 어느 날이었다. 한 신문이 카이저 산군에서 가장 뛰어난 젊은 바바리안 클라이머 두 명이 미등의 치마 오베스트 북벽 밑에 캠프를 치고, 좋은 날씨를 기다리고 있다고 보도했다. 이 소식은 산악계, 특히 미주리나와 코르티나 지역에 커다란 반향을 일으켰고, 우리로 하여금 조바심을 갖도록 했다. 왜냐하면 우리 역시 돌로미테의 이 거대한 벽에 눈독을 들이고 있었기 때문이다.

산악회의 도움으로, 나는 라티, 미노 로시Mino Rossi와 함께 미주리나로 가는 급행열차에 몸을 실었다. 토레 트리에스테에서 거둔 성공의 기쁨이 여전히 남아있던 우리는 이탈리아를 위해 그 벽을 초등함으로써 더 큰 영광을 기대하고 있었다. 이런 감성이 등반정신과 상반된다고 말할 수는 없을 것이다. 도대체 초등의 기쁨을 원하지 않는 사람이 있을까? 또한 그것을 성취하겠다는 생각으로 경쟁에 뛰어들지 않는 사람이 있을까? 더구나 그 경쟁 상대가 최고이며, 그 성과에 무한의 가치가 있다면 어떻게 할 것인가? 6급 등반의 전통적인 시대에 살며, 우리는 제대로 훈련받은 젊은이들의 대담성 그리고 결단성과 맞서고 있었다.

우리는 당나귀처럼 짐을 걸머지고 미주리나를 떠났다. 어느 정도 거리를 두고 털이 빳빳한 테리어terrier 種 개 한 마리가 따라왔는데, 그놈은 라티가 장난을 걸어주자 떨어질 줄 몰랐다. 우리는 마침내 위협적인 소리를 질러대며 그놈을 심하게 대했다. 집으로 돌아갈 길을 찾지 못할까 봐 걱정한 것이다. 하늘도 칙칙하고 공기도 무거웠다. 불에 탄 나무, 백합 그리고 로도덴드론 꽃잎에 온통 습기가 내려앉았다.

라바레도 산장에 도착하자, 관리인과 가이드들은 장비를 보고 우리의 목적을 알아챈 것 같았다. 이어 그들의 짐작은 우리의 질문으로 사실로 드러났다. 그들은 우리가 치마 오베스트 북벽에 대해 얼마나 알고 있는지 물었다. 그리고 그때까지 있었던 수많은 시도에 대한 이야기를 들려주었다. 스물

일곱 팀이었다. 그들 모두는 무시무시한 오버행 한군데에서 가로막혔고, 어느 누구도 오버행을 통과해서 끝까지 횡단한 사람은 없었다. 그들에 의하면 6급보다 더 센 곳이었다. 그들은 많은 이름들을 언급했다. 어떤 사람들은 명망 있는 클라이머들이었고, 우리가 잘 알고 있는 사람들도 있었는데, 그들의 시도는 모두 실패로 돌아갔다. 1933년의 코미치, 마리 바랄레, 자누티('옐로 에지'를 성공적으로 등반한 팀) 그리고 카를레소와 데메츠Demetz, 이어서 다시 코미치(하단은 자누티와 그리고 다시 델 피안토Del Pianto와 함께). 이런 이야기를 듣자 나의 심장은 더욱 격렬하게 뛰었다. 나는 곧장 등반에 나서고 싶었다.

여태까지 가장 좋았던 등반결과가 한 기록지에 적혀 있었다. 자신들이 도달한 최고점 위로는 사방이 오버행이라 일단 대 횡단을 감행하면 되돌아올 수 없다. 또 그 위에 큰 쿨르와르가 있는데 그곳까지 가는 데에도 안전을 장담할 수 없다. 밑에서부터 오버행 아래 대 횡단지점까지 200미터이고, 다시 30미터를 더 돌아야 한다. 모두 합치면 벽은 500미터인데, 그 반이 불룩 튀어나왔으며, 바위는 누런색으로 역겹다는 것 등이었다. 이런 정보들에도 불구하고, 우리는 빨리 등반하고 싶은 마음에 조바심이 났다.

하지만 이미 저녁이었다. 더구나 비까지 다시 내렸다. 지난 이틀 동안 날씨는 엉망진창이었다. 따라서 우리는 아무도 벽에 붙지 못했을 것이라는 확신을 갖게 됐다. 그러는 사이에 벽 밑에서는 힌터마이어Hintermeier와 마인들Meindl이 기회를 노리며, 작고 아름다운 호수 근처의 모레인 끝에 세운 자신들의 캠프에서 벽을 지켜보고 있었다.

"물론 그들은 무엇이 문제인지 알고 있어. 이미 그 초반부를 끝냈었거든…." 가이드들이 말했다.

우리가 도착한 다음 날인 8월 27일, 우리는 코르다Corda 산장을 멀리 돌아서 콜 디 메조Col di Mezzo의 포르첼라Forcella를 지나 공격에 착수했다. 그런데 뜻밖에도 짙은 안개가 우리의 친구가 됐다. 덕분에 우리는 사람들의 눈, 특히 가까이에 있는 경쟁자들의 눈을 피할 수 있었다. 우리는 들키지 않으려고 온갖 수단을 썼는데, 마지막으로 치고 올라가는 동안은 목소리를 바싹 낮추기까지 했다.

안개가 회오리치며 갈라지자 텐트 밖에 나와 있는 두 독일인의 모습이 눈에 들어왔다. 그들은 벽을 살피며 해머 소리가 나는 곳에 귀를 기울이고 있었다. 그러나 그들은 우리를 보지 못한 것 같았다. 우리가 첫 피치에 가려있었기 때문이다. 그들은 소리를 지르기도 했지만 우리는 대꾸하지 않았다. 그때 다시 안개가 짙게 깔렸다. 그 틈을 타 로시가 기다리고 있는 출발지점으로 내려갔다. 우리는 장비를 바위틈에 몰래 숨겨놓고, 조용히 산장으로 돌아왔다. 지금까지 우리가 펼친 작전을 토대로, 우리는 더 이상 시간을 낭비하지 않고 그다음 날인 8월 28일 곧바로 공격에 들어가기로 했다.

그날 밤 나는 산장에서 내 등산화를 수선했다. 밑창이 벌어진 것이다. 그러자 산장지기가 자신의 등산화를 내게 빌려주었다. 내 발 크기에 딱 맞는 그 등산화는 거의 새것이나 다름없었다. 나는 기쁜 마음으로 받았고 빌리는 값을 지불했다.

이른 아침의 날씨는 예상과 다르게 좋지 않았다. 하지만 아침을 먹고 나자 살짝 개는 것 같았다. 우리는 출발하기로 결정했다. 안개가 다시 한 번 우리 편이 되어주었다. 우리는 두 독일인을 보지도, 그들의 소리를 듣지도 못했지만 그전날 밤에 숨겨놓은 장비를 찾고 난 다음 서로 로프를 묶었다. 우리의 장비는 50미터짜리 로프 두 동과 매듭으로 연결한 슬링 한 개 그리고 대략 35개의 피톤(이런 난이도의 등반에 사용되는 보통 수준의 장비들)과 카라비너, 해머 등이었다.

아침 7시 30분, 우리는 로시에게 작별인사를 건네고, 얇은 크랙을 시작으로 오른쪽으로 뻗은 사선 레지를 통해 전날 조금 등반해본 침니로 갔다. 침니는 한 곳에서 상당히 좁아졌다. 그곳을 포기하고 오른쪽으로 이동해 약간은 애매모호한 쿨르와르로 붙었다. 그런 다음 침니를 다시 시도했다. 그곳에서부터 오버행 천장까지는 줄곧 어려웠다. 하지만 그곳을 돌자, 쉴 수 있는 곳이 나왔다.

기온이 올라 안개가 걷히자 결국 독일인들은 벽에 붙어있는 우리를 보게 되었다. 반면 우리는 텐트를 정신없이 들락거리더니 공격에 나서, 측면 오른쪽을 오르고 있는 불쌍한 영혼들을 내려다볼 수 있었다. 그들은 침니로 들어가지 않고 100미터를 곧장 직상한 다음, 펜듈럼을 하더니 사선으로 등반해 나가 우리를 앞지르려 했다. 잠깐 동안 등반은 치열한 경쟁이 됐다. 하지만 마침내 등반을 포기하고 내려가는 그들의 모습이 시야에 들어왔다.

왼쪽으로 15미터가량 고도감이 아주 심한 횡단을 하고 나니, 10미터의 오버행 크랙이 나왔다. 오버행 크랙을 넘어 15미터가량 또 왼쪽으로 더 나아갔다. 그곳에서 마주친 30미터의 벽은 수직에다 매우 반들거려서, 마치 우리에 대한 적개심으로 가득 차 도전을 거부하는 듯 홀드 하나 없었다. 피톤을 쉽게 박을 수 있거나 제대로 쉬기조차 힘들어 우리에게 있어서는 안 될 벽이었다.

코미치가 최종적으로 도달하고 우리도 지금 막 등반을 마친 40미터의 횡단과 비교도 되지 않았다. 이 구간에서부터 우리는 단 한 순간도 쉬지 못하고 7시간 동안 온갖 노력을 다 쏟아 부어야 했다. 그 벽은 우리에게 모든 자연적인 방어수단을 다 동원하겠다고 결심이라도 한 듯했고, 우리와 벽 사이에 슬퍼할 틈도 없는 지난한 투쟁이 시작되었다. 냉혹하게 불룩 튀어나온 한 곳에서는 그곳에 꼭 맞는 피톤을 박는 데 무려 4시간이나 걸렸다. 그러다 보니 나중에는 근육이 경련을 일으켰다.

나는 로프의 길이만큼 끝까지 올라갔는데, 쉴 만한 곳이 없었다. 그래서 라티가 잘 박힌 피톤까지 10미터를 뒤따라 올라와야 했다. 그는 로프를 이용해 고리 두 개를 만든 다음, 허공에 매달려 내 확보를 보았다. 라티가 매달린 피톤은 믿을 만했다. 내가 세 번째 피톤을 박으면서 라티에게 정신을 집중하라고 말하고 있는데, 갑자기 두 번째 피톤이 빠져서 2미터가량 떨어졌다. 그러나 운 좋게도 그 밑에 있는 것이 버텨주었다. 세 번을 떨어지고도 다시 올라갔다. 몸이 부르르 떨릴 정도로 완전히 녹초가 됐다. 그럼에도 불구하고 나의 끝없는 투지 하나만 믿고 끝까지 피톤을 박을 수 있었다.

계속해서 바위를 아주 힘들게 올라갔다. 이전의 어려운 구간에 비하면 아무것도 아니었다. 나는 큰 쿨르와르를 지나 거대한 벽을 가로지르고 있는 단층에 도착했다. 이곳에 작은 테라스가 있었는데 폭도 좁고 경사져 있었다. 라티가 올라왔다. 우리는 피톤 몇 개를 더 박고 나서 발을 편하게 하려고 로프로 매듭을 하여 발판을 만들었다.

내가 로프를 정리하면서 살펴보니, 꼰 로프의 세 가닥 가운데 두 가닥이 아주 심하게 상해있었다. 순간 나의 온몸에 공포의 전율이 일었다. 지금까지 극도로 어려웠던 등반과정에서 조금이라도 추락했다면 치명적이 되었을지도 모르는 일이었다. 아마도 내가 피톤을 아주 어렵게 박다가 당한 몇 번의 짧은 추락으로 — 그곳이 이 루트의 크럭스crux로 밝혀졌는데 — 로프가 운 나쁘게도 날카로운 바위 모서리에 긁혀 두 가닥이 심하게 상한 모양이었다.

8월 말이라 해가 짧았다. 태양이 지평선으로 넘어가자 곧바로 어둠이 찾아왔다. 아래쪽이 200미터의 허공이어서, 우리는 안전을 위해 피톤을 몇 개 더 박았다. 더욱이 발을 건 슬링 밑의 바위는 극장의 발코니 같은 형태로, 그 아래 30미터는 수직으로 뚝 떨어지는 곳이었다.

자정이 다 될 무렵 아래쪽에서 로시가 우리를 불렀다. 우리는 그에게 걱정 말고 산장으로 돌아가라고 말했다. 우리들에게 선수를 빼앗긴 독일 클라이머들이 로시를 자신들의 텐트로 안내했다. 이 모습을 내려다본 우리는 곧 마음이 편안해져서 로시와 독일인들 간에 무슨 얘기를 했을까 하고 상상하기 시작했다. 아마 횡설수설하면서 서로 이해가 잘 안 되

◆ 꼰 로프는 먼저 가는 로프를 만들고 이 가는 로프 세 가닥으로 다시 등반용 로프를 만든 것이다.

는 대화를 주고받았을 것이다. 우리 5명 모두가 할 수 있는 말은 이탈리아어뿐이었다. 로시는 도대체 어떻게 그들을 구워삶았을까? 후에 로시가 우리에게 전하길 독일인들이, 등반에 어떤 문제가 있어서가 아니라 날씨가 나쁠 것 같아서 등반을 포기했다며 이렇게 주장했다고 전했다.

"네 친구들 미쳤어… 이제 끝이야! 너 혼자 레코로 가게 되지 않을까!"

우리는 저녁을 먹고 좀 쉬었다. 오늘은 여기까지였다. 잠에 빠지자 다리 근육이 풀려, 우리는 매달려 있는 로프에서 몸이 자꾸 미끄러졌다. 그래서 자다 말고 깜짝깜짝 놀라 깨어나곤 했다. 경사진 테라스는 우리를 자꾸 밖으로 밀어냈다. 편안한 원래의 자세로 다시 돌아가는 것은 거의 불가능했다. 한밤중이 되자 무서운 비바람이 벽에 휘몰아쳤다. 하지만 우리는 운이 좋게도 위에 있는 발코니처럼 생긴 지붕 덕분에 물 폭탄 세례를 피할 수 있었다. 그 지옥의 한가운데에서도 비에 젖지 않았다. 기온이 갑작스레 뚝 떨어지더니 찬 공기가 밀려왔다.

새벽녘이 되자 비바람은 잿빛 하늘을 남기고 스스로 물러났다. 로시가 걱정스럽게 소리쳐 부르더니 안부를 물었다. 우리는 아무 문제가 없었으나, 젖은 벽에서 물이 줄줄 흘러내렸다. 온도가 차츰 올라갔고, 하루 종일 햇빛이 구름을 뚫

▲ 치마 오베스트의 대횡단 피치에 매달려 있는 조셉 마인들Joseph Meindl. 이 사진은 캐신과 라티의 초등 며칠 뒤, 제2등을 달성한 한스 힌터마이어가 찍은 것이다.

▶ 치마 오베스트 북벽의 캐신-라티 루트

고 내려와 벽을 따뜻하게 말려주었다.

우리는 그 유명한 '대횡단'을 공략할 준비를 했다. 실제로 그것은 우리 테라스와 이어져 있었다. 처음에는 크랙이 있는 레지 형태여서 비교적 쉽게 왼쪽으로 이동할 수 있었다. 하지만 레지는 곧 상당히 좁아졌고, 일정한 높이가 있는 얕은 수평의 흠집으로 변했다. 아래쪽 턱은 발판으로 이용할 수 있었지만, 고르지 못한 위쪽은 잘못 잡으면 끝도 없는 허공으로 나가떨어질 것 같았다. 나와 250미터 아래 바닥의 너덜지대 사이는 아무것도 걸릴 데가 없는 허공이었다. 이런 허공은 꿈에도 상상하지 못한 것이었다. 나는 거대한 기둥 끝의 대들보에 간신히 매달려있는 한 마리의 거미에 불과했다.

17미터를 쉬지 않고 가야 했다. 안전을 위해서 피톤 몇 개를 박고 싶었지만, 바위가 너무 단단해 그러다가는 힘이 다 빠질 것 같았다. 홀드도 너무 작았다. 더구나 그것들은 대부분 언더홀드였다. 벽은 자비심이라고는 눈곱만큼도 없었다. 바위는 차갑고 공기가 싸늘했지만, 나는 엄청난 중압감으로 식은땀을 흘렸다. 6시간의 사투 끝에 대횡단의 첫 번째 구간 끝에 도달했다. 그곳부터 오버행이 다소 약해졌고, 아래쪽 크랙에 손을 집어넣을 수 있을 정도로 좋아졌다.

라티가 내게로 왔다. 이것은 이제 우리가 돌아갈 수 있는 지점을 넘어섰다는 의미였다.

6미터를 더 가서 나는 횡단 구간을 벗어났다. 그 다음은 펜듈럼을 하면서 5~6미터 아래쪽에 있는 작은 스퍼로 내려서야 되는 곳이었다. 라티가 로프를 두 줄로 만들어 — 나중에 한 줄을 뺄 수 있도록 — 팔의 힘으로만 내려왔다. 밑에서는 로시와 힌터마이어, 마인들이 우리의 등반 일거수일투족을 지켜보며 격려의 고함을 쳤다. 나는 작은 턱을 최대한 이용해 8미터 정도를 나아가, 마침내 우리가 쉴 수 있는 레지에 도착했다.

그러는 사이에 날씨가 나빠졌다. 안개가 아래쪽에서 휘몰아 올라오더니 구름 속으로 산들이 자취를 감추었다. 벽의 중앙에서 정상까지 이어져 있는 큰 쿨르와르 안에 커다란 폭포 하나가 생기는 동안 수많은 물줄기들이 벽을 타고 흘러내렸다. 하지만 물이 흐르든 말든 우리는 그 쿨르와르로 가야 했다. 또 다른 폭풍우가 몰려오면 우리는 꼼짝없이 그 한가운데에 무방비로 노출될 수밖에 없었다.

작은 천장 하나를 넘어 사선으로 횡단했다. 물이 너무 많이 흘러내려 쿨르와르를 공략한다는 생각 자체를 버리고, 우리는 어려운 오버행 몇 개를 꾸준히 넘어 작은 동굴에 도착했다. 계속 가는 것이 위험하다고 — 어떻게 보면 경솔하다고 — 생각했다. 시간도 늦은 데다 앞쪽의 난이도를 가늠할 수 없었기 때문이다.

이 지점에서 우리의 보조 로프가, 지금까지 내가 그 존재
여부를 언급하지는 않았지만, 처음이자 마지막으로 결정적
인 역할을 했다. 라티가 배낭 안에 250미터의 코드 슬링을
실패에 감아 갖고 있었는데, 그 한쪽 끝을 로시가 잡고 있었
다. 로시가 움직이면, 실패가 풀려 우리는 항상 땅과 연결되
어 있었던 것이다. 벽이 전체적으로 오버행이라서 이 슬링은
도중에 걸리는 데가 없었다. 우리는 식량이라든가 장비 등

▲ 치마 오베스트 북벽을 초등한 다음 포즈를 취한 조셉 마인들, 비토리오 라티, 리카르도
캐신과 한스 힌터마이어

우리가 필요한 것을 밑에서 올릴 때를 대비해 이것을 갖고 왔었다. 하지만 지금까지 사용한 적이 없었고, 이제 그 용도도 거의 끝나가고 있었다. 그것을 아래로 던져버리기 전에 우리는 로시에게 무엇을 좀 올려 보내달라고 소리쳤다.

엄청난 갈증에 시달린 우리는 뜨거운 차가 간절했다. 하지만 우리가 올려 받은 것은 소금에 절인 햄 샌드위치 두 쪽이었다. 상상도 못했던 최악이었다. 어쨌든 우리는 샌드위치를 먹어치웠고, 이제는 쓸모가 없어진 코드 슬링을 풀어 아래로 던져버렸다.

피톤으로 벽에 확보가 되어있는 우리는 몸을 이리저리 움직여 비박색 안으로 들어갔다. 번개가 번쩍거리고, 바람에 의해 비가 사방에서 폭포처럼 쏟아져 내려, 지옥을 연상케 하는 긴 밤을 버텨야 했다. 우리에게 새벽 동은 빨리 트지도 않았다. 작은 동굴 속에 몸을 웅크리고 있었는데, 옷이란 옷은 모두 물에 젖은 데다 서리까지 내려 뻣뻣했다.

드디어 날이 밝았다. 하늘은 여전히 잿빛이었다. 2시간도 안 돼 전날 우리를 망설이게 했던 누런 오버행 지대를 넘어서, 쿨르와르의 가장자리에 도달했다. 그곳에는 하늘이 내린 아름다운 동굴이 있었다. 그러는 사이에 기온이 뚝 떨어지고, 눈이 오더니 우박이 벽을 때렸다. 우리는 비박색 안으로 기어들어가 날씨가 좋아지기를 기다렸다. 오전 11시쯤 창백한 태양이 나타났지만, 여전히 매서운 추위가 계속되면서 벽 전체가 살얼음으로 뒤덮였다. 우리는 친구들의 애타는 부름에 응답해 그들을 안심시켰다.

살얼음이 녹을 기미를 보이지 않았지만, 라티와 나는 등반을 계속하기로 결정했다. 나는 해머를 써서 홀드에 붙은 얼음을 긁어냈다. 우리는 이제 정상까지 이어진 오른쪽으로 기운 큰 쿨르와르 안에 있었다. 처음에는 바위 경사가 그리 심하지 않았지만 그 안에 얼음이 끼어있었다. 클레터슈를 신은 나는 조심스럽게 발을 옮기면서, 오직 단 하나의 피톤에만 통과된 로프를 끝까지 끌고 나아갔다. 내가 두 번째 피톤을 박는 동안 오른쪽 발이 미끄러지더니 이어 왼쪽 발도 흘러내렸다. 나는 본능적으로 바위에 달라붙어 간신히 홀드 하나를 잡아 추락을 막았다. 그러고 나서 그 피톤을 아주 단단히 때려 박았다.

나는 몸서리쳤다. 만약 내가 그 지점에서 추락했다면 분명 비극이 일어났을 것이다. 순식간에 벌어진 일이어서 라티는 상황을 전혀 눈치 채지 못했다. 나는 그에게 겉보기와는 달리 모든 것이 위험하니 아주 조심해서 올라오라고 신신당부했다.

이제 우리는 마지막 구간에 들어섰다. 이곳은 살얼음이 끼어있어도 비교적 쉬웠다. 쿨르와르를 들락거리며 등반을 계속해, 오후 3시 마침내 정상에 올라섰다. 우리는 60시간 동안 벽에 붙어있었는데, 그중 27시간을 등반하는 데 썼다. 피톤은 60개 중 25개를 고정 설치물로 남겨두었다.

강렬하고 깊은 감정이 물밀 듯이 몰려들면서 나는 말할 수 없는 행복감을 느꼈다. 이탈리아의 영광이며, 앞으로도 계속 영광으로 남게 될 등반을 해냈다는 자부심과 어느 누구도 해내지 못한 등반에 성공했다는 긍지까지 생겼다.

두 독일인 경쟁자들이 정상에서 우리를 기다리고 있었다. 우리는 그들의 우아하고 정중한 축하의 몸짓에 감동받았다. 우리는 이내 친한 친구가 됐다. 로시가 힌터마이어의 카메라로 기념사진을 남겼다. 그리고 그들은 우리의 루트를 제2등으로 올랐다.

레코에 도착하자 역에서 악단이 우리를 환영해주었다. 연설과 행진, 축하행사…. 이렇게 유명해지리라고는 꿈에도 생각하지 못했다.

9

1937년의 등반
피츠 바딜레(북동벽)

비극으로 얼룩진 대등반

1936년 나는 한 공장의 감독이 됐다. 그에 따라 책임이 커지면서, 비록 고향에 있는 산에서는 열심히 등반했지만 중요한 등반을 준비할 시간이 부족했다. 하지만 주로 그리네타의 침봉에서 집중적인 훈련을 한 다음, 1937년 6월 28일 나는 지노 에스포지토Gino Esposito, 비토리오 라티와 함께 레코를 떠나 발 브레갈리아Val Bregaglia로 향했다. 우리는 익숙하지 않은 그 지역에 대한 정보도 얻고, 유명한 피츠 바딜레Piz Badile 북동벽도 한 번 둘러볼 생각이었다. 이 북동벽은 당시 우리의 알프스에 남아있는 마지막 대과제 중 하나였다.

운이 좋지 않았던지, 우리가 시오라Sciora 산장에 도착했을

▶ 피츠 바딜레 등반을 앞두고 코르노 델 니비오에서 연습 중인 지노 에스포지토

▲ 피츠 바딜레 등반을 앞두고 코르노 델 니비오에서 연습 중인 비토리오 라티

때 날씨가 나빠져 시야가 좋지 않았다. 날씨가 호전될 기미를 보이지 않아서, 일단 레코로 돌아왔다. 그리고 그다음 일요일 우리는 다시 그곳으로 올라갔다. 바딜레의 벽 밑으로 가서 등반 시작지점을 한군데 정한 다음, 루트를 더 잘 관찰하기 위해 북쪽 리지를 200미터쯤 올라갔다.

이 거대한 벽은 세 부분으로 나뉘어져 있다. 먼저 연속된 매우 가파른 슬랩 지대, 다음은 낙석이 자주 발생하는 검은 쿨르와르 그리고 마지막은 사선으로 가로지르는 긴 침니와 평행하는 2개의 쿨르와르. 우리는 정찰에 만족했으나 위협적인 날씨로 인해 돌아서야 했다.

우리가 시오라 산장을 떠나려 할 때 코모 출신의 클라이머인 마리오 몰테니Mario Molteni와 주세페 발세키Giuseppe Valsecchi가 나타났다. 열정이 대단했던 그들은 그리냐를 자주 찾아왔기 때문에 우리는 그들을 알고 있었다. 그들 역시 북동벽을 노리고 있었다. 그 순간 우리는 경쟁자였지만 서로 반갑게 인사했다. 몰테니에게는 이곳을 도전하기 위해 찾아오는 세 번째 여름이었다. 그는 자신의 루트와 밤을 보낸 레지, 세 번의 도전에서 자신이 올랐던 최고점, 지난해 자신이 추락했던 장소를 알려주었다. 우리는 이미 4일간에 걸친 그 서사시적 후퇴에 대한 이야기를 알고 있었다.

몰테니와 발세키는 우리가 넘겨주는 산장 열쇠를 받지 않았다. 그들은 돈이 없어 산장 옆에 있는, 나무로 대충 만든 판잣집을 쓰겠다고 했다. 그들이 자리를 마련하고 있을 때 우리는 레코로 돌아왔다. 우리는 그들이 우리보다 한 발 앞서 등반을 하고 있을까 봐 안절부절 못하며 일주일을 보냈다. 만약 그렇다면 그들은 얼마나 올라갔을까?

7월 12일 밤 우리는 다시 산장에 있었다. 이번에는 우리의 친구들인 주세페 코미, 지안니 토데스키니Gianni Todeschini, 단테 밀라니Dante Milani 그리고 피에로 나사티Piero Nasatti가 함께했다. 그런데 코모의 클라이머들 역시 여전히 그곳에 있었다. 날씨는 계속 불만족스러웠다. 그래서 벽을 공략하기 전까지 날씨가 좋아지기를 기다리기로 했다. 그날 밤 우리는 산장에서 아주 유쾌하게 지냈다. 주방장을 자처한 토데스키니가 산장 밖에 돌과 널빤지로 음식물 보관 창고를 만들었는데, 그곳은 커다란 까마귀 한 마리의 관심을 끊임없이 받았다. 발 마시노Val Masino에서 온 친구들은 이 까마귀를 보고 아직도 바딜레 남쪽 지방에서 회자되고 있는 전설 속의 까마귀 "지지아트Gigiat"를 떠올렸고, 우리는 그 이야기를 다양하게 꾸며대며 즐거워했다.

화요일 아침, 그 화강암 벽의 상태를 파악할 목적으로 북쪽 리지를 올라갔다. 이번에는 600미터를 올랐다. 그러고 나서 안자일렌을 하면서 내려왔다. 훈련 덕분에 컨디션은 최고였다. 우리는 빙하에서 눈사태로 죽은 알프스 산양 세 마리를 발견했는데, 이로 인해 그 고기가 얼마나 맛있는지를 친구들에게 설득하는 나와 만일 내가 그 고기를 산장으로 가져가면 절대로 상대하지 않겠다는 그들 사이에 재미있는 언쟁이 벌어졌다. 하지만 그날 우리의 저녁식사는 그 산양으로 만든 수프와 고기였다. 친구들이 처음에는 손을 내저었지만, 곧 입에 침이 마르도록 칭찬하더니 남은 것을 모두 게걸스럽게 먹어치웠다. 잠시나마 벽 공격을 기다리며 보낸 지루한 하루에 활기가 넘쳤다. 우리는 잠자리에 들기 전에 다음 날 아침의 출발 준비를 모두 끝냈다.

수요일인 7월 14일 새벽 2시, 자명종 시계가 울렸다. 하지만 여전히 구름이 끼어있는 하늘에서 비가 내려 다시 침상으로 돌아갔다. 그 후 날씨가 좋아졌고, 우리는 공격에 나섰다.

오전 8시 출발. 코모의 클라이머들은 3시간이나 먼저 떠났다. 그들이 선택한 등반 시작지점은 우리가 생각한 루트보다 오른쪽으로 100미터나 떨어져 있어, 우리는 그들의 행동에 크게 신경 쓰지 않아도 되었다. 더군다나 우리가 오르려는 루트가 더 자연스러웠다. 오전 10시, 우리는 벽 밑에 있었다. 그렇지 않아도 벽의 경사도가 인상적이었는데, 다가가 보니 역시 그대로였다. 벽 전체가 단순하면서도 위압적이었으며, 더구나 힘이 넘쳐흐른다는 인상이어서, 우리는 우리의 생각을 지배하는 그 신비로움을 곱씹지 않을 수 없었다. 전율을 느끼면서 클레터슈를 신고 벽을 오르기 시작했다. 내가 앞장 섰고, 그다음은 에스포지토 그리고 라티가 뒤에서 따라왔다. 날씨는 환상적이었다.

일단 베르크슈른트를 넘어, 벽 밑으로 바싹 다가갔다. 오른쪽으로 향하는 대각선 레지인 처음 100미터는 그렇게 어렵지 않았다. 1시간 뒤 우리는 코모에서 온 클라이머들을 앞질렀다.

우리는 커다란 버트레스를 가로질러, 돌아서 오른 다음 슬랩 형태의 디에드르 밑으로 나아갔다. 디에드르 위쪽은 바위의 경사가 죽어있었다. 이어 루트는 자연스러운 등반선을 따라 대각선 크랙이 왼쪽 방향으로 나있었다. 그곳에서부터 바위는 다시 역층 형태의 디에드르의 연속 — 오른쪽이 오버행 벽인 가파른 대각선 홈통 — 이었다. 첫 번째 디에드르 위쪽부터 이 구간 전부를 따져보면 로프 4~5동 길이는 족히 된다.

첫째 날이 끝나갈 무렵, 우리는 위쪽 50미터를 살펴본 후 디에드르 꼭대기에 있는 편안한 레지에서 비박에 들어갔다. 우리는 우리가 해낸 등반에 매우 만족했다. 나중에 몰테니와 발세키가 우리 쪽으로 와서 같은 레지에서 비박했다.

밤 10시, 산장에 있는 친구들이 불빛으로 신호를 보내와

▲ 피츠 바딜레 북동벽의 캐신-에스포지토-라티-몰테니-발세키 루트와 비박 장소. 하단의 붉은 색 얇은 선이 몰테니-발세키가 등반한 곳이다.

우리도 응답했다. 그런 다음 비박색 안으로 기어들어가 새벽이 오기를 기다렸다. 밤은 춥지도 않고 차분했다.

화요일 새벽 5시, 아침을 먹은 우리는 다시 등반에 나섰다. 이때 몰테니가 한 팀으로 뭉치자고 제안했다. 아마도 코모의 클라이머들은 자신들의 육체적 컨디션을 고려해 또다시 별도로 등반하고 싶지 않은 모양이었다. 그들은 나쁜 날씨 속에 열흘간이나 판잣집에서 잠을 자서 몸 컨디션이 나빠진 것 같았다. 우리는 몰테니의 제안을 받고 당황했다. 5명이 한 팀으로 벽에 붙는 것은 합리적이지 않은 것 같았다. 하지만 거절할 수도 없었다. 결국 나는 그들의 요청을 수용하고 말았다.

"라티 뒤에 붙는 게 어때?" 내가 그들에게 말했다. 몰테니가 마지막을 맡았다. 이전의 도전과 자신의 팀의 리더였던 것을 감안하면 그는 마지막인 라스트의 영광을 가질 자격이 있었다.

우리의 전진은, 번거로운 새로운 파티 구성에도 불구하고, 상당히 만족스러웠다. 우리는 벽의 쉬운 구간을 돌파해 눈이 쌓여 있는 곳에 도착했다. 왼쪽은 한가운데로 난 쿨르와르였는데, 우리는 거의 수직에 가까운 그곳을 2피치로 끊어 등반했다. 그리고 나서 다시 거대한 오버행 밑에서 오른쪽으로 이동했다.

나는 노출이 심한 횡단을 통해 오버행에 붙으려 했다. 입술처럼 튀어나온 곳 위에 이미 피톤을 하나 박았지만, 그곳에 로프를 걸지는 못했다. 그때 에스포지토는 20미터 아래에 있었고, 라티도 같은 높이에 있었다. 하지만 횡단을 반쯤 하고 있을 때 우리는 인원이 너무 많아 둘이서 동시에 움직이고 있었다. 발세키는 트래버스를 시작하는 지점에 있었고, 몰테니는 디에드르로 된 침니 안, 즉 발세키로부터 약 15미터 아래에서 위쪽으로 올라오고 있었다. 그때 갑자기 무엇인가 폭발하는 소리가 들려왔다. 쉬익 하는 소리에 이어 우르릉거리는 듯한 큰소리가 나서, 위를 올려다보니 커다란 바윗덩어리가 북쪽 리지에서 떨어지고 있었다.

에스포지토에게 로프를 붙잡으라고 외치고, 나는 오버행 밑으로 몸을 날렸다. 그와 거의 동시에 그 커다란 바윗덩어리가 내가 있었던 자리로 떨어져 산산조각 났다. 그러더니 레지 위로 폭포처럼 쏟아졌다.

잠시 동안 먼지가 뽀얗게 일어나 앞이 보이지 않았다. 그리고 매캐한 냄새가 코를 찔렀다. 우리는 걱정이 되어 서로를 불렀는데, 다행히 모두 무사했다. 다만, 커다란 파편이 몰테니를 아슬아슬하게 비켜가면서 그의 배낭을 말 그대로 반으로 찢어, 그 안의 내용물이 허공으로 쏟아졌다. 이 사고로 우리는 공포에 떨게 되었다. 불가항력적인 사태에 대한 심한 무기력으로 모두 불안에 사로잡히게 되었다. 우리는 무엇을 해야 할지 몰랐다. 그럼에도 서로 이야기를 주고받으면서 마음의 안정을 찾게 되어 계속 등반하기로 결정했다.

나는 오버행을 넘어서려고 다시 움직였다. 떨리는 마음으로 위를 올려다보니 피톤이 있던 지리기 원전히 박살나있었다! 나는 등반을 계속해, 우선 작은 쿨르와르를 오른 다음 대각선으로 20미터쯤 전진해 곧장 위로 향했다.

저녁이 다가오면서 우리들보다 체력이 딸렸던 코모의 클라이머들은 지친 기색이 역력해, 전체의 등반속도가 느려졌다. 게다가 극도로 어려운 등반이 계속되어 우리는 단 한 순간도 쉴 수 없었다. 더욱이 우리 중 3명이 근육 경련을 일으키기 시작했다. 그래도 우리는 쉴 수 없었다. 어두워지기 전에 비박할 곳을 찾아야 했다.

나는 왼쪽으로 노출이 심한 횡단을 해 스퍼에서 밑으로 뚝 떨어지는 쿨르와르에 도착했다. 발 브레갈리아 쪽에서 안개가 몰려들고, 구름이 서서히 하늘을 덮었다. 우리는 다시 왼쪽으로 30미터를 더 가, 밤 9시에 비박을 하기 좋은 레지에 닿았다.

몰테니와 발세키가 탈진해, 우리는 그들의 컨디션을 걱정했다. 그들은 계속할 수 있을까? 우리는 언제쯤 정상에 올라설 수 있을까? 우리 앞에는 얼마나 많은 어려움이 있을까?

▶ 피츠 바딜레의 크럭스인 디에드르 위쪽에 있는 어려운 피치. 이곳은 '제2의 캐신 비박' 바로 아래다.

▲ 피츠 바딜레 북동벽의 설벽지대 바로 위쪽에 있는 디에드르. 이곳이 크럭스다. 사진은 1952년 이 루트 재등에 나서 선등하고 있는 캐신의 모습.

▶ '제2의 캐신 비박' 위쪽에서 곧장 치솟아 오른 깊은 침니(쿨르와르)

… 이런 생각에 마음이 편치 않았지만, 우리는 서로 내색하지 않았다. 대신 기운을 회복하려 노력했고, 코모의 클라이머들을 격려했다. 그들은 완전히 난파선이 되어있었다. 먹을 것조차 없어, 우리 것을 조금 나누어주었다. 짙은 안개 때문에 시오라 산장에 있는 친구들에게 신호를 보낼 수 없었다.

거친 폭풍우가 불어 닥쳐 우리는 간신히 비박에 들어갔다. 천둥번개가 치더니 폭포 같은 물이 위쪽의 쿨르와르에서 쏟아져 내려, 우리는 완전히 생쥐 같은 꼴이 되고 말았다. 레지가 너무 좁아서 물길을 피할 수 없었다. 밤이 깊어지자 북풍이 강하게 불더니 구름이 걷히고 별이 나타났다. 하지만 기온이 뚝 떨어졌다. 시간은 아주 느리게 흘러갔다. 우리는 흠뻑 젖었다. 옷은 갑옷처럼 뻣뻣했고, 이빨은 따닥 소리를 내며 서로 부딪쳤다. 우리는 아무 감각도 없이 그저 새벽이 오기를 기다렸다.

태양이 떠오르자 조금 따뜻했다. 다시 등반을 시작했다. 지난밤은 코모 팀에 전혀 도움이 되지 않았다. 그들의 상태는 더욱 악화됐다. 나는 등반 순서를 바꾸었다. 내가 앞장서고, 에스포지토, 몰테니, 발세키에 이어 라티가 맨 마지막으로 올라오도록 해 체력이 떨어진 몰테니를 돕도록 했다.

그날의 등반은 출발부터 상당히 어려웠다. 특히 어쩔 수 없이 통과해야 하는 침니에 물이 쏟아지고 있었다. 우리는 그곳을 따라 몇 피치를 오른 다음 슬랩을 통해 왼쪽으로 나아갔다. 그런 다음 다시 중앙의 큰 쿨르와르로 들어가 오버행과 울퉁불퉁 튀어나온 곳을 넘어섰다. 북쪽 하늘이 구름에 뒤덮이고 있어, 우리는 가능한 한 빨리 밀어붙여야 했다.

2시간이 지나자 몰테니와 볼세키가 지친 기색을 보였다. 그들은 도움이 필요했다. 쉽지 않은 일이었으나 우리는 기꺼이 그들을 도와주며, 용기를 불어넣어 주었다. 정오쯤 됐을 때 비가 내리기 시작했다. 우리는 슬랩을 가로지르는 횡단 구간의 중간에 노출되어 있었지만, 어쩔 수 없이 계속 가야만 했다. 그렇게 해서 중앙 쿨르와르에 도착했는데, 그곳도 여전히 물이 쏟아지고 있었다. 비가 우박으로 변해 우리의 얼굴과 손등을 때렸다. 그러는 동안 차가운 바람이 물에 흠뻑 젖은 우리의 팔과 다리를 얼리기 시작했다. 그때 갑자기 우박이 그치고 눈이 내려 벽면을 하얗게 덮었다.

우리는 어떻게 해서라도 정상에 올라가야 했다. 이러한 상황에서 한 번 더 벽에서 비박한다면, 우리 모두에게 치명적이 될 터였다. 코모 팀은 그냥 주저앉았다. 정신적으로나 육체적으로도 그렇고, 벽과의 싸움도 몹시 잔인한 자연의 힘이 그들을 완전히 짓이겼다. 우리는 그들에게 비스킷과 코냑을 주고 정상으로 계속 올라갔다. 마침내 우리가 쿨르와르를 벗어나자 어려움이 줄어들었다. 하지만 우리는 몰테니와 발세키 때문에 빨리 나아갈 수 없었다. 여전히 눈이 내리고 있었고, 시계가 1미터로 떨어졌다. 하지만 등반이 거의 끝나가고 있는 것만은 틀림없었다. 그리고 일단 우리가 정상에 오르기만 하면 안전할 것 같았다.

오후 4시, 우리는 벽을 정복했지만 싸움이 다 끝난 것은 아니었다. 폭풍이 지금까지보다도 더 심하게 날뛰기 시작했다. 바람이 휘몰아쳐 서 있을 수도 없었다. 그리고 눈이 내려 사방을 분간할 수 없었다. 우리 주위로 번개가 치고, 우리는 하얗게 눈사람이 됐다. 곧장 지아네티Gianetti 산장으로 내려가기 시작했다. 하지만 반쯤 내려갔을 때 우리는 완전히 길을 잃고 말았다. 그 지역을 우리보다 더 잘 알고 있는 코모 팀조차도 이런 환경에서는 전혀 도움이 되지 않았다. 거의 아무것도 볼 수 없었고, 서 있을 수도 없었다. 더군다나 이제 밤이었다.

몰테니와 발세키가 심각한 위기에 빠져, 우리는 몹시 걱정했다. 절망적인 심정으로 내려가는 길을 찾았으나, 폭풍설은 더욱 기승을 부렸다. 잔인한 추위가 점차 우리의 가장 약한 부분을 파고들었다. 라티와 발세키가 앞장섰다. 에스포지토와 나는 비틀거리는 몰테니와 함께 뒤를 따랐다. 우리는 사각사각 다가오고 있는 죽음의 그림자를 떨쳐내려 있는 힘을 다했다. 그리고 몰테니의 입술 사이로 우리가 갖고 있는 코

▲ 바딜레의 비극 후 지아네티 산장 앞에 선 에스포지토, 캐신과 라티

냑을 전부 흘려 넣어주었다. 내가 그를 도와주었지만 그에게는 계속 갈 수 있는 힘이 더 이상 남아있지 않았다. 신음소리가 잦아들더니 그는 땅바닥에 주저앉아 다시 일어나지 못했다.

우리는 아무 말도 하지 못하고 잠시 그 자리에 서 있었다. 불쌍한 몰테니의 유품이라도 가져가야 하지 않을까? 그런 생각도 순간 있었지만 이성보다 감정이 앞섰다. 나는 그를 어깨에 짊어지고 내려가기 시작했다. 하지만 인간이 통제할 수 없는 이러한 상황에서는 슈퍼맨이나 할 수 있는 일이었다. 나를 뒤에서 도와주던 에스포지토의 말을 듣고, 그의 시신을 눈보라를 조금이라도 피할 수 있는 바위 옆에 눕혔다.

우리는 이 비극을 전혀 알지 못하는 라티와 발세키를 곧 따라잡았다. 발세키 역시 극한의 상황에 처해 있어, 우리는 그에게 아무 말도 하지 않았다. 하지만 뜻하지 않게 길이 가로막혀 우리가 다시 모였을 때 발세키가 몰테니를 찾았다. 상황을 눈치 챈 그는 큰 바위 옆에 서서 조용히 눈물을 흘렸다. 그때 갑자기 그가 땅에 쓰러졌다. 우리가 그를 일으켜 세워, 정신 차리라고 흔들어 깨웠지만, 그 역시 한 마디 말도 하지 못하고 우리의 팔에 안겨 숨을 거두었다.

고통스러운 죽음을 두 번이나 목격한 우리는 할 말을 잃었다. 우리는 그의 시신을 편한 자리에 옮겨놓았다. 이제 밤이 깊어 더 이상 갈 수 없게 된 우리는 세 번째 비박에 들어갔다. 하지만 아무도 잠을 자지 못했다. 아주 가까운 곳에서 눈에 덮여 있을 죽은 친구들에 대한 생각을 떨쳐버릴 수 없었다. 이제 다음은 누구일까….

한밤중이 되자, 12시간이나 계속된 사나운 폭풍이 고개를 숙이고 사방이 인상적일 정도로 고요해졌다. 새벽녘에는 하늘이 맑았다. 우리는 따뜻한 햇볕으로 생기를 되찾았다. 주위를 둘러보니 100미터 떨어진 곳이 바딜레 밑의 설원이었다.

우리는 발세키의 시신을 더 아래로 옮겨, 그의 비박색으로 정성스럽게 덮어주고 산장으로 향했다. 1시간 만에 지아네티 산장에 도착한 우리는 비극적인 소식을 전하고, 그대로 침상에 쓰러졌다. 우리는 52시간을 벽에 붙어있었다. 등반에만 34시간이 걸렸는데, 폭풍설은 12시간 동안이나 쉬지 않고 계속됐다.

다음 날 우리는 계곡에서 올라온 구조대와 함께 바딜레로 가서 친구들의 시신을 수습했다.

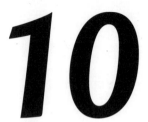

10

1938년의 등반
베르니나에서의 훈련, 아이거 북벽에서의 패퇴,
그랑드 조라스(북벽—워커 스퍼)

워커 스퍼

1938년 등반 시즌을 맞이하면서 나는 컨디션이 아주 좋았
다. 나는 지노 에스포지토, 우고 티조니Ugo Tizzoni — 군 복무
를 하는 라티를 대신해서 — 와 함께 알프스 최후의 대과제
중 하나인 아이거 북벽Eigerwand에 도전하기 위해 훈련을 열심
히 했다.

그전 해에 나는 친구 단테 밀라니Dante Milani와 함께 베르너
오버란트Bernese Oberland에 가서 북벽을 자세히 관찰했는데,
특히 마지막 부분이 계속되는 낙석으로 상당히 어렵고 위험
하기는 하지만 가능하다고 판단했다. 나는 오버행이 자주 나
타날 정도로 경사가 센 돌로미테에 익숙해 있었지만, 이 거

▲ 1938년 코르노 델 니비오에서 훈련 중인 캐신

대한 벽은 특히 낙석에 손쉽게 노출이 될 정도로 경사가 불편해 보였다. 겨울 내내 체계적인 훈련을 한 우리는 봄에 그리냐로 장소를 옮긴 다음, 빙벽등반 훈련에 더 알맞은 디스그라치아Disgrazia와 베르니나Bernina 산군까지 갔다. 우리가 선택한 산에 폭설이 내려(이때 산드리와 멘디가 목숨을 잃었다.) 계획이 틀어졌지만, 우리는 7월 21일과 22일자 신문에서 오스트리아 팀에 이어 독일 팀까지 북벽에 붙었다는 뉴스를 읽고 일주일 일찍 철수했다.

우리가 심한 폭풍설 속에 클라이네샤이덱Kleine Scheidegg에 도착하자, 독일인 안데를 헤크마이어Anderl Heckmair와 루드비히 훼르크Ludwig Vörg가 오스트리아인 프리츠 카스파레크와 하인리히 하러Heinrich Harrer를 따라잡았다고 했다.

다음 날 우리는 아이거 북벽이 눈과 우박으로 하얗게 덮이자 하루 종일 근심걱정에 싸여 대기 중인 다른 사람들을 만났다.

뮌헨에서 구조대가 비행기를 타고 날아왔다. 나는 독일인들이 이렇게 조직적으로 움직이는 데 놀랐다. 하지만 그때 나는 예상과 달리 아이거 북벽이 정복되었으며, 성공한 사람들이 내려오고 있다는 사실을 알았다. 우리는 인간으로서는

◆ 이탈리아의 노련한 클라이머인 바르톨로 산드리Bartolo Sandri와 마리오 멘티Mario Menti는 아이거 북벽 등반을 시도하던 중 목숨을 잃었다. 이들은 '힘든 크랙' 근처에서 추락했는데, 폭풍이 야기한 낙석에 맞은 것으로 추정된다.

당연히 기뻤지만, 클라이머와 이탈리아인의 입장으로서는
실망이 이만저만이 아니었다. 등반에서 가장 중요한 요소인
눈사태가 휩쓸며 떨어져 내리고 있어 우리는 제2등을 하겠다
는 생각을 버릴 수밖에 없었다.

레코로 돌아오는 기차 안에서, 친구 비토리오 바랄레가 제
안한 등반, 즉 내가 아이거 북벽 이후로 미루어놓았던 그랑
드 조라스Grandes Jorasses 북벽 워커 스퍼에서의 디레티시마를
곰곰이 생각해보았다. 몽블랑에 대한 이야기는 많이 들었지

▲ 캐신과 안데를 헤크마이어

만, 나도 내 친구들도 그곳에 가본 적이 없었다. 그래서 나는 그랜드 조라스를 등반하기로 결정하고, 7월 30일 티조니와 함께 레코를 출발했다. 에스포지토는 나머지 장비들을 챙겨 후에 합류하기로 했다.

쿠르마유르Courmayeur의 가이드조합장인 기도 레이Guido Rey가 뜻밖에도 우리를 환영해주었다. 그날 저녁 늦게 우리는 조합 사무실의 어떤 사람에게 그 벽을 올라가는 루트를 알려달라고 요청했다. 그가 요구한 가이드 비용은 말도 안 되게 비싸서, 우리는 곧바로 그 제안을 거절했다.

이러한 첫인상은 정말 실망스러웠지만, 우리의 의지는 강철 같아서 우리끼리 가기로 했다. 우리는 앙트레베Entrèves에 밀라노에서 온 클라이머들이 캠핑하고 있다는 것을 알고 있었기 때문에 그들로부터 소중한 정보를 좀 얻을 수 있을 것으로 기대했다. 우리는 운이 좋았다. 정보를 좀 얻은 우리는 배낭을 짊어지고 새벽 1시에 몽 프레티Mont Frety 산장에 도착했고, 아침 일찍 토리노 산장으로 가기 전에 3시간 동안 휴식을 취할 수 있었다.

산장을 관리하는 가이드 레온 브론Leon Bron은 우리를 이상한 눈초리로 쳐다보았다. 우리가 질문하는 것을 보고 제앙빙하Col du Geant에도 가보지 못했다는 것이 분명히 드러났기 때문에 아마 우리를 풋내기로 여긴 것 같았다. 그럼에도 그

◀ 그랜드 조라스 북벽. 하늘과 맞닿은 옆모습이 워커 스퍼고, 그 오른쪽은 중앙 스퍼다.

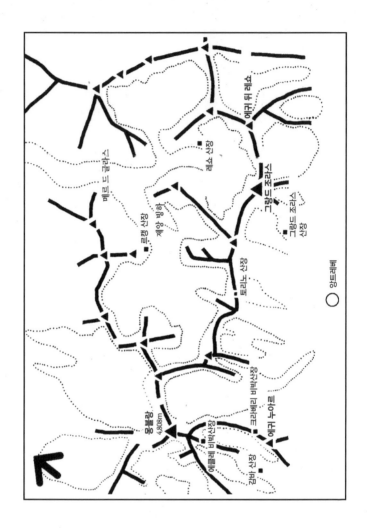

는 레쇼Leschaux 산장으로 가는 길을 친절하게 알려주었다.

제앙 빙하에서부터 메르 드 글라스Mer de Glace 빙하를 갈 때 우리는 안자일렌을 했다. 그곳에서 르캥Requin 산장 밑까지는 사방이 크레바스였다. 쿠르마예의 위대한 가이드이자 토리노 산장 관리인의 형인 오토즈 브론Ottoz Bron이 봄에 목숨을 잃은 곳을 지나갔다. 우리는 이름도 다 알지 못하는 수많은 멋진 봉우리들을 보며 감탄했다. 르캥 산장에서, 산장 관리인은 우리에게 벽으로 가는 길을 좀 더 자세히 알려주었다. 우리는 먼저 등반 기록지에 있는 것을 확인해야 했지만, 레쇼 산장으로 조금씩 올라가자 그랑드 조라스의 톱날 같은 리지가 점차 위협적인 모습으로 희미하게 눈에 들어왔다. 왼쪽부터 훑기 시작한 우리의 시선은 가장 높은 봉우리인 뿌엥트 워커Pointe Walker에 꽂혔다. 거대한 바위의 요새, 워커 스퍼가 그곳에서부터 수직으로 뚝 떨어져 내리고 있었다. 눈이 많이 덮여 있었지만 마리 바랄레가 설명해준 돌출부분을 식별할 수 있었다. 그것은 가장 높은 봉우리까지 아주 뚜렷이 직선으로 이어져 있었다.

나는 북벽을 자세히 관찰한 다음 등반 가능성을 검토했다. 크레바스가 많은 벽 밑의 빙하에서부터 정상까지는 대략 1,200미터의 높이로 잠시 쉴 만한 곳도 없었다. 이 거대한 벽을 오르고자 한 역사는 수많은 이름, 슬픈 종말로 끝난 에피소드 그리고 실패라는 열정적인 활약으로 점철되어 있었다.

우리는 레쇼 산장으로 돌아가 필요한 것들을 더 챙기고, 시간을 아끼고 우리 앞에 놓여 있는 지형을 더 차분히 관찰하기 위해 빙하로 돌아왔다. 서리가 끼어있는 주위는 무척 고요했다. 그랑드 조라스의 얼음과 바위는 그린델발트 Grindelwald 계곡에서 올려다본 아이거 북벽의 그것과는 전혀 달랐다.

날씨가 좋아질 조짐을 보여 워커 스퍼를 공략하기로 결정했다. 일단 피톤들을 산장 근처에 숨겨놓고, 우리는 약속대로 에스포지토에게 전화하기 위해 앙트레베로 돌아갔다. 오후 6시, 인기척을 전혀 느낄 수 없는 토리노 산장 안으로 들어갔다. 브론은 우리가 레쇼 산장과 그 위쪽까지 갔다 왔다는 것을 알고 자못 놀라는 눈치였다. 우리가 제앙 빙하 쪽으로 올라가고 있을 때 피에르 알랭Pierre Allain과 장 레닌저Jean Leininger가 레쇼 산장에 도착했었다는 사실을 그때서야 알게 되었다.

8월 1일, 앙트레베에서 이탈리아산악회 레코 지부에 전화해 에스포지토에게 이리 올 수 있게 연락해달라고 부탁했다. 그런 다음 우리는 밀라노에서 온 친구들의 손님 자격으로 앙트레베의 편의시설에서 푹 쉬었다. 그날 알랭과 레닌저는 거대한 디에드르 아래까지 올라갔지만, 낙빙을 맞고 도전을 포기했다. 이 하단부는 1928년 아르망 샤를레Armand Charlet가 이끄는 팀에 의해 부분적으로 탐사된 곳이었다.

다음 날인 8월 2일 저녁, 우리는 에스포지토와 함께 토리노 산장으로 돌아왔다. 그러자 이제 우리와 친하게 된 브론이 따뜻하게 맞아주었다. 3일째 되던 날 레쇼 산장으로 갔는데, 그곳은 텅 비어있었다. 프랑스 클라이머들은 이미 떠나고 없었다. 따라서 우리는 그들의 이야기를 들을 수 없었고, 그들 역시 우리들의 존재를 알지 못했다.

에스포지토가 파라핀 스토브도 수리하고, 자신이 등반뿐만 아니라 요리에도 재능이 있다는 것을 뽐내기 위해 스파게티도 만들 겸해서 산장에 남아있는 동안 티조니와 나는 등반의 시작지점을 찾기 위해 벽 밑까지 다녀왔다.

어둠이 아직 완전히 가시지 않아서 폐부를 찌르는 냉기와 사방이 고요로 감싸여 있는 8월 4일 목요일 아침, 우리는 새로운 도전을 위해 레쇼 산장을 떠났다. 처음에는 빙하 상태가 좋았다. 전진할수록 더 많은 크레바스가 깔려 있었다. 그럼에도 그전 날 우리들이 남긴 발자국 덕분에 빨리 갈 수 있어서 약 2시간 만에 베르크슈룬트에 도착할 수 있었다. 곧, 베르크슈룬트를 지나 스퍼의 조금 왼쪽 불안정한 바위로 이루어진 쿨르와르 입구까지 갔다. 우리는 나, 에스포지토, 티조니 순으로 등반했는데, 이것은 내내 바뀌지 않았다.

쿨르와르를 거의 다 올라가 완만한 슬랩으로 나왔다가, 그곳에서 하마터면 작은 낙빙에 맞을 뻔했다. 첫 피치를 끝내자 슬랩이 온통 얼음으로 덮여 있어서 아이젠을 신고 등반했다. 그러자 작은 스텝커팅 흔적이 눈에 띄었는데, 누군가가 우리 앞에 있다는 생각에 깜짝 놀라지 않을 수 없었다. 그리고 유명한 75미터 디에드르 밑에서 성냥개비와 구겨진 종이도 발견했다.

나는 아이젠을 벗고 디에드르에 붙었다. 처음에는 아주 가볍게 올라갈 수 있었지만 점점 더 어려워져 과감한 동작이 필요했다. 마침내 약간 넓은 레지에 올라 친구들을 그곳으로 올렸다. 등반은 점점 어려워져 가고 있었지만 피톤을 박을 곳이 마땅치 않았다. 오버행 밑에서 3~4미터를 왼쪽으로 이동한 다음, 피톤 하나에 매달려 두 등산화 끝을 한 스탠스에 딛는 아주 불편한 자세로 확보를 보면서 에스포지토를 그곳까지 올렸다.

이제 디에드르 형태의 바위는 거의 다 끝나가고 있었지만, 위쪽으로는 아주 가파르면서 아래쪽이 뭉툭하고 둥근, 가로로 질러진 좌향 크랙이 나타났는데, 그 아래는 아찔한 허공이었다. 나는 아주 조심스럽게 전진을 계속해서 작은 오버행을 넘어 그 크랙에 도달했다. 오른쪽 팔과 오른쪽 다리를 크랙 안에 집어넣고, 왼쪽 팔과 왼쪽 다리로 밀어 가면서 10여 미터를 뱀처럼 꿈틀거리며 올라갔다. 바위가 아주 미끄러워서 조금만 실수해도 떨어질 것 같았다.

이 수평에 가까운 크랙의 끝에 또 하나의 작은 크랙이 있었는데, 이번에는 수직이었다. 나는 두 크랙이 만나는 지점에 피톤 하나를 박고 아래쪽 턱을 딛고 간신히 일어섰다. 몇 미터를 더 갔더니 이제부터는 기어가지 않아도 되었다. 오른쪽으로 올라가니 좋은 바위 턱이 나왔다. 쉬기에 안성맞춤인 곳이었다. 이후부터 이루어진 모든 등반은 이 어려운 부분을 피해 왼쪽에 있는 레뷰파Rebuffat 변형 루트를 선택했다. 하지만 그쪽은 벽에서 밖으로 노출된 곳이라서 위쪽에 매달려 있는 얼음덩어리들이 떨어질 경우 속수무책이라는 것이 드러났다.

이제 이전의 등반 흔적이 더 이상 나타나지 않아, 나의 동료들이 올랐을 때 우리는 서로를 격려했다. 그렇게 가파르지는 않지만 매우 미끄러운 슬랩 몇 개를 지나자 살얼음이 붙어있는 10미터 정도의 벽들로 둘러싸인 일종의 작은 원형극장 같은 곳이 나왔다. 왼쪽 벽으로 달라붙은 나는 아래쪽에서는 볼 수 없었던 매우 가파른 홈통 — 아니면, 얼음으로 된 통 — 같은 곳과 맞닥뜨렸다. 슬랩 위에 있던 우리에게 쏟아져 내린 얼음조각들이 어디에서 나왔는지 비로소 이해가 됐다.

약간 오버행진 얼음 통같이 얼어붙은 이곳을 돌파하기 위해 아이젠을 다시 신었다. 그리고 배낭에서 아이스해머를 꺼내 우리를 별로 환영하지 않을 것 같은 그 벽에 스텝을 깎기 시작했다. 두 피치를 곧장 오르자, 얼음 통의 한쪽 면이 수직

벽으로 바뀌었다. 그래서 나는 훈련을 할 때 아주 효과적이었던 반원형 아이스스크루 하나를 사용했다. 친구들 컨디션이 괜찮은지, 그들의 확보지점이 확실한지 물어본 다음 노출이 아주 심한 곳을 10미터쯤 횡단해 단단한 바위에 닿았다. 에스포지토와 티조니가 내게 오는 동안 라스트인 티조니는 피톤을 회수하는 과정에서 몇 번 미끄러져 추락했었다.

우리는 다시 아이젠을 벗고, 별다른 어려움 없이 50미터를 올라, 레지에 도달했다. 그리고 오른쪽으로 15미터를 횡단했더니 인상적인 디에드르 아래였다.

날이 점점 어두워져 갔으므로, 등반시간을 생각하면 여기서 쉬는 것이 맞을 것 같았다. 우리들의 등반은 만족스러웠다. 여기서 밤을 보내기로 했다. 베르크슈른트에서부터는 대략 450미터 위이고, 해발고도는 3,350미터였다. 하루 종일 우리가 먹은 것이라고는 각설탕과 말린 자두 몇 개뿐이어서, 저녁을 많이 먹었다.

밤이 몹시 추웠기 때문에 우리들은 내일 날씨가 좋을 것이라는 기대에 부풀었다. 하지만 워커 스퍼 옆의 쿨르와르에서 들리는, 귀청을 찢는 낙석의 불협화음에 잠을 설치고 말았다. 가까스로 선잠이 들라치면, 바로 옆에 붙어있던 이 친구들은 제발 잠 좀 자자는 나의 간청을 무시하고, 오랫동안 이야기를 나누며, 큰소리로 웃음을 터뜨리기까지 했다. 그날 밤은 간간이 불평불만과 낙석소리, 친구들의 농담이 들려오는 가운데 그럭저럭 흘러갔다.

아침에 우리는 굳은 근육을 풀기 위해 몸을 조금 움직였다. 전날 저녁과 마찬가지로 에스포지토가 작은 얼음조각들을 스토브로 녹여 차를 만들었다. 그리고 그는 각자가 요구하는 대로 조금씩 그리고 공명정대하게 캔에 들어있는 식량을 나누어주었다.

이제 우리는 머리 위에 있는 거대한 디에드르를 넘어서야 했다. 어려운 오버행이었는데, 자세히 살펴보니 오른쪽은 피톤을 박을 수 있는 작은 크랙도 없을 정도로 단단한 바윗덩어리였다. 따라서 엄청난 오버행이 처음부터 버티고는 있지만, 나는 왼쪽을 택해 악전고투를 하며 조금씩 고도를 높여갔다. 50미터를 올라가니 바위가 밖으로 불룩 튀어나와 추락의 공포를 느꼈다. 이 구간을 겨우 오르자 작은 천장이 앞을 가로막고 있었다. 인간 피라미드를 만들어 곧장 넘어서는 것 말고는 달리 방법이 없었다. 나는 에스포지토를 이곳까지 올렸다. 아주 위태로운 자세에서 겨우 균형을 잡으며 친구의 어깨에 올라선 나는 아주 작은 틈에 피톤 하나를 가까스로 박았다. 이러는 동안 에스포지토는 죽을 지경이라고 불평을 쏟아냈다. 지속적이고 힘이 몹시 드는 육체적 고통에 시달리기는 나 역시 마찬가지였다.

나는 잠깐 쉰 다음 등반을 이어나갔는데, 길을 가로막고 있는 또 하나의 불룩 튀어나온 바위와 맞닥뜨렸다. 그러나 이곳은 친구가 올라와서 한 번 더 피라미드를 만들 만한 공간이 없었다. 나는 별수 없이 혼자 해결해야 했다. 다행히도 피톤 몇 개를 박아가며 등반을 이어 나갈 수 있었다. 하지만 이 구간을 넘어서는 데 시간이 많이 걸렸다. 이때 두 사람이 스퍼를 향해 빙하를 올라오고 있다고 티조니가 신호를 보내왔다. 우리는 그들에게 소리를 질렀다. 하지만 그들이 대답을 하지 않아 우리는 그들을 모르는 사람이라고 생각했다. 그런데 후에 알고 보니, 그들은 주스토 제르바수티와 아르투르 오토즈Arthur Ottoz였다. 그들은 바위 슬랩에 도착해서 크로 스퍼Croz Spur에서와 마찬가지로 루트를 빼앗긴 것을 알고 다른 곳으로 향했다.

우리는 거대한 디에드르를 빠져나와서 위의 경사가 심하고 매우 단단한 빙벽을 향해 등반을 계속해나갔다. 아이젠을 다시 신었다. 나는 스텝 커팅을 하며, 수직이라서 눈이 거의 없는 바위와 얼음의 혼합구간 두 피치를 올라갔다. 그곳 약 1미터 위에서 피톤을 박다가 해머가 튕겨 나의 코와 오른쪽 눈

◆ 제르바수티는 1936년 페터스-마이어 파티에 의해 크로 스퍼를 선점 당해, 제2등으로 오른 것에 만족해야 했다. 그는 자신의 책 『제르바수티의 등반Gervasutti's Climbs』 165쪽에서 1938년의 캐신 파티와는 서로가 고함을 질렀다고 밝히고 있다. 그는 또한 이 책에서 산악인으로서 캐신의 자질을 흥미롭게 평가하는데, 동시대에 독일을 이끌던 알피니스트보다 캐신에게 훨씬 후한 점수를 주었다.

▲ 그랜드 조라스 북벽. 캐신-티조니-에스포지토 루트(왼쪽)와 페터스-마이어 루트(오른쪽)

사이에 작은 상처가 났다. 피가 줄줄 흘러내렸다. 친구들이 올라와서 내 발 밑 얼음이 피로 붉게 물든 것을 보고 적잖이 놀랐다. 내가 손으로 눈덩어리를 만들어 상처 부위에 대 피를 거의 멈추게 하자 에스포지토가 밴드를 붙여주었다.

"영락없는 해석이네." 내가 왼쪽으로 움직이며 등반을 시작하자 티조니가 놀려댔다.

좁은 얼음 통은 등반이 가능할 것 같았지만, 한 지점이 거대한 천장 형태의 난해한 장애물에 가로막혀 있었다. 나는 그 밑 수평 크랙을 따라 15미터를 오른쪽으로 횡단했다. 하지만 로프가 모자랐다. 에스포지토에게 뒤따라 올라오라고 소리쳤다. 그가 크랙 중간까지 와서, 내가 박아놓은 피톤들 중 하나에 사다리 2개를 걸고 매달렸다. 그리고 우리의 상황이 위태롭다는 것을 알고 확보를 더 단단히 하기 위해 어렵게 피톤을 하나 더 박은 다음, 등반을 계속해나가는 나를 확보해주었다. 하지만 10미터를 더 나아가자, 크랙이 끝나 횡단을 계속할 수 없었다. 나는 위를 올려다보았다. 우리의 길을 막고 있는 천장으로는 해결책이 나오지 않아, 지금까지의 모든 노력이 수포로 돌아갈 듯싶었다. 그렇다고 이곳에서 그냥 되돌아갈 수는 없지 않은가.

나는 다른 방법을 찾기로 하고, 에스포지토로 하여금 나를 12미터 정도 내려달라고 부탁했다. 그런 다음 펜듈럼을 했다. 몇 번의 시도 끝에 상당히 좋은 돌출 바위를 잡았다. 그곳에서 작은 스탠스를 향해 조심스럽게 이동했다. 나는 다시 위를 올려다보았다. 누런 색깔을 띤 거대한 천장 밑에 도착했다. 다행히 이번에는 그렇게 나쁘지 않아서 오른쪽으로 오버행을 넘을 수 있었다. 그리고 8미터를 더 올라가니 양호한 레지가 나왔다.

나머지 두 사람 역시 미묘한 등반으로 인해 조심스럽게 따라 올라왔다. 로프 끝에 있는 티조니는 더욱 조심해야 했다. 그는 우리보다 왼쪽으로 15미터가량 위에 있었다. 그래서 그는 무거운 짐을 멘 채 아래로 내려서는 어려운 등반을 해야 했다. 만일 그가 미끄러지기라도 한다면 모두에게 심각한 결과가 일어날 터였다. 하지만 그는 잘 해냈고, 우리 셋은 곧 레지에 함께 모였다. 우리가 매우 까다로운 이 구간을 돌파하는 데는 5시간이나 걸렸다.

이렇게 횡단을 해서 스퍼의 오른쪽 측면 위에 있는 수직의 등반선으로부터 벗어나게 되었다. 바로 오른쪽은 워커 스퍼와 윔퍼Whymper 스퍼를 가르는 거대한 얼음 쿨르와르가 있었다. 그곳이 좀 으스스해 보여서 우리는 다시 어렵게 스퍼의 왼쪽 측면으로 돌아갔다. 루트는 갈수록 어려웠다. 나는 30미터를 곧장 올라갔는데, 결국 왼쪽에 있는 2개의 오버행 크랙으로 나오고 말았다. 첫 번째 크랙을 오르고 나니 두 번째 오버행 크랙은 피톤을 박지 않아도 될 만큼 상태가 좋았다. 나는 로프가 더 필요했다. 그렇지 않으면 안전하지 못할 것 같았다. 할 수 없이 에스포지토를 뒤따라 올라오도록 했다. 나는 그에게 내가 등반하는 데 줄이 부족하지 않도록 내 쪽으로 최대한 올라와 달라고 소리쳤다. 이렇게 어려운 구간에서 확보도 없이 동시 등반한다는 것이 얼마나 위험한지 알고 있었지만, 달리 방법이 없었다.

나는 2미터를 아래로 내려가 왼쪽으로 횡단했다. 얼음의 통로가 시작되는 그곳에 눈이 얼어붙어 생긴 아주 좁은 수평의 레지가 있었다. 우리가 오른쪽으로 돌 수밖에 없었던 거대한 오버행이 이제 발밑에 놓여 있었다. 다행히 그곳을 돌파한 것이다. 하지만 정상까지는 아직도 500미터는 남아있었다. 우리가 어두워지기 전에 그곳에 도착할 수 없다는 것은 확실했다. 벌써 오후 5시 반. 우리는 벽의 한가운데에서 비박에 들어가야 했다.

운 나쁘게도 날씨가 나빠지기 시작하더니 눈까지 내리기 시작해 벽을 하얗게 물들였다. 우리는 이 그랑드 조라스 북벽과 몽블랑의 폭풍설에 대한 악명을 잘 알고 있었다. 더군다나 티조니가 아주 어려운 구간에서 피톤을 다 회수하지 못해, 우리에게 남은 것이 별로 없었다. 우리는 피톤의 숫자를 세어보았다. 우리에게 남은 것은 14개의 암벽용 피톤과 3개의 아이스스크루가 전부였다. 만약 우리가 탈출해야 한다면 이것으로 충분할까?

그러는 사이에 티조니는 추위를 견디지 못하고, 에스포지 토와 내가 여러 가지 경우의 수를 놓고 고민하고 있는 레지로 올라오겠다고 고집을 부렸다. 셋이 있기에는 좁은 레지이기 때문에 티조니와 모두를 위해 결국 내가 다시 등반에 나서야 했다. 이미 늦은 오후여서 또 한 번의 비박지를 찾기에 시간도 별로 없었다. 어디쯤 가야 좋은 비박지가 있을까?

나는 다시 쿨르와르에 붙었는데, 바위가 젖어 있어 더 어려웠다. 로프 한 동 길이만큼 올라가니 거무칙칙하고 완만한 슬랩이 시작되었다. 그 80미터 위에는 3일 전 우리가 정찰할 때 봐두었던 거대한 '그레이 타워Grey Tower'가 있었다. 그곳이 바로 스퍼의 ⅔지점이었다. 좁은 오버행 크랙이 나타나 우리는 다시 한 번 피라미드를 만들어야 했다. 자동으로 에스포지토가 어깨를 들이대며 "잠깐만 빌려주는 거야."라고 했다. 그다음은 어렵기는 했지만 할 만했다. 어둠이 밀려오자 티조니가 나 보고 서두르라고 재촉했다. "그럼, 내게 날개 한 쌍을 보내주는 게 어때?" 하고 내가 소리쳤다. 1시간쯤 지나 사방이 캄캄해졌을 때 우리 셋은 그레이 타워 밑에 도착했고, 그곳에서 밤을 보냈다. 티조니는 모자 위에 차 한 잔은 충분히 만들 수 있는 눈이 쌓여 있는 채로 어둠 속에서 손을 더듬으며 올라왔다. 우리가 하루 종일 먹은 것이라고는 각설탕뿐이었다.

우리는 정상 500미터 아래에 있었다. 공간이 좁아서 나는 더 편하게 쉴 요량으로 잡담에 열중인 친구들과 떨어져, 작은 바위 턱으로 자리를 옮겼다. 서서히 잠이 들 무렵 요란한 천둥소리가 샤모니 계곡에서 들려왔다. 우리는 이 천둥번개가 그랑드 조라스 북벽을 아끼는 마음에 저 아래쪽에서만 폭력을 휘두르고 있는 것이라고 생각했다.

"그렇다고 우리한테 도움될 건 하나도 없어." 에스포지토가 말했다. 그리고 우리는 저 밑의 구름 위에서 펼쳐지는 요란한 불꽃놀이를 경탄스럽게 지켜보았다. 덕분에 하늘이 대낮같이 밝았다. 상대적으로 우리를 둘러싼 어둠이 더욱 진하게 느껴졌다.

다음 날 아침은 맑은 하늘과 함께 찾아왔지만 오래가지 않을까 봐 걱정했다. 해발 3,700미터여서 훨씬 더 추웠다. 남은 것이 거의 없어 아주 간단히 아침을 먹은 후에 우리는 서둘러 오르기 시작했다. 처음에는 쿨르와르 한가운데의 기울어진 크랙을, 그다음에는 검은 오버행 바위벽을 통과해서 그레이 타워 위쪽의 마치 당나귀 등처럼 생긴 스퍼를 향해 오른쪽에서 왼쪽으로 이동했다.

스퍼의 측면을 몇 피치 오르자, 100미터 위에 똥색의 아주 누런 오버행이 보였다. 왼쪽에 가능해 보이는 루트가 있었는데, 그곳의 가파른 깔때기 모양 바위 안쪽으로는 낙빙이 주기적으로 떨어져 내렸다. 나는 운을 믿고 그곳으로 올라갔다.

나는 그 깔때기에 있는 잠재적 죽음의 덫 속으로 들어갔다. 처음에는 얼음이었지만 점차 바위가 더 많았다. 게다가 바위까지 불안정해서 피톤을 믿을 수가 없었다. 60미터쯤 끝냈을 때 눈이 내리기 시작했고, 주로 얼음조각이었지만 온갖 잡동사니가 우리에게 떨어졌다. 마침내 나는 오른쪽에서 탈출구를 찾았다. 한 피치를 더 올라가니 다시 오버행이 나타났다. 하지만 이번에는 운이 좋아서 벽에서 조금 삐져나온 화강암 덧장바위flake를 이용해 오른쪽으로 몇 미터를 돌 수 있었다.

나는 홀드에 얼어 붙어있는 딱딱한 눈을 치워야 했다. 이렇게 전진하다 보니 자연스럽게 시간이 많이 걸렸다. 가파른 홈통을 오른 다음 에스포지토를 기다리고 있는데, 내 위쪽에서 해머 두들기는 소리가 들렸다. 너무나 놀란 나는 우리 위쪽에 누군가가 있는 것이 틀림없다고 생각했다. 그러자 스퍼에 붙은 첫날 아침에 보았던 발자국이 기억났다. 아마도 그들은 스퍼를 우회한 모양이었다. 하지만 잠시 후 나는 그 소리가 내 앞 오른쪽에 있는 고드름에서 작은 구멍 안으로 떨어지는 물방울의 반사음이라는 것을 알게 되었다.

　우리는 이제 — 비록 보이지는 않지만 — 정상이 가까이에 있다는 것을 본능적으로 느꼈다. 구름이 잔뜩 낀 하늘이 우리를 무겁게 짓누르고 있었다. 3일 동안이나 이 벽과 힘들게 싸웠지만 조금도 피곤을 느끼지 않았다. 우리는 조각이 나서 느슨하게 붙어있는 바윗덩어리들을 붙잡고 곧장 올라갔다. 돌풍이 불어와 우리를 감싸고 있던 안개가 순간적으로 걷히자, 오른쪽으로 거의 우리들 높이에 있는 뿌엥트 윔퍼Pointe Whymper가 눈에 들어왔다. 우리는 이제 정상에서 150미터쯤 아래에 있었다. 우리가 스퍼로 돌아가려 하자 갑자기 사나운 폭풍설이 몰아닥쳤다.

　사방에서 번갯불이 연달아 번쩍이더니 우박이 내렸다. 우리는 계속 갈 수 없었다. 비박색을 머리에 뒤집어서서 피켈의 금속 부위를 가렸다. 눈이 내렸다. 하지만 30분 정도가 지나자 모든 것이 잠잠해졌다. 그래서 우리는 악착같이 등반을 재개했다. 홀드가 얼음으로 뒤덮여 있어 힘이 몹시 들었다.

　우리가 가파른 얼음 통로에 들어서자마자 눈이 다시 내리기 시작했다. 하지만 우리는 수그러들지 않고 계속 내리는 눈과의 힘든 싸움이 될지라도 어떻게 해서든 빨리 등반을 끝내고 싶었다. 폭풍설이 난무하는 가운데, 토요일인 8월 6일 오후 3시 우리는 마침내 워커의 정상에 발을 들여놓았다. 우리가 승리를 거둔 것이다!

우리는 곧 하산을 걱정했다. 더군다나 우리 중 어느 누구도 그랑드 조라스의 정상에 와본 적이 없었다. 우리가 알고 있는 것이라고는 비교적 덜 위험한 길이 100미터쯤 떨어진 곳에 있는 뿌엥트 웜퍼에서 시작된다는 것이었다. 따라서 우리는 그리로 가기로 했다. 폭풍설로 인해 눈앞을 잘 분간할 수 없는 길을 150미터쯤 내려가, 피켈로 앞쪽의 길을 찍어 확인해보고 있는데 갑자기 그곳이 무너지고 있다는 느낌이 들었다. 우르릉거리는 불길한 소리에 이어 굳은 눈의 판 전체가 무너지면서, 폭이 5~6미터에 이르는 거대한 크레바스가 나타났는데, 그 위에 스노브리지가 있었다. 나는 동료들에게 붙잡아달라고 소리쳤지만, 나의 말은 곧바로 폭풍설에 묻히고 말았다. 그러나 나는 로프에 안전하게 확보되어 크레바스 위쪽 가장자리에 안전하게 서 있었다.

크레바스가 완전히 드러나서 우리는 돌아가려 했지만 성공을 거두지 못했다. 안전한 루트를 찾을 수 없어 다시 돌아올라가 날씨가 좋아지기를 기다리기로 했다. 우리는 다시 스퍼로 올라갔다. 그런 다음 남쪽에서 불어오는 광풍을 피해 북쪽 사면으로 10미터를 내려가, 산마루 밑에 낙석으로부터 더 잘 보호받을 수 있는 작은 바위 턱에 자리 잡았다. 나는 안전을 위해 피톤 몇 개를 때려 박으면서 티조니에게 먹을 것이 얼마나 남아있는지 배낭 안을 확인해보라고 말했다. 그는 레코 사투리로 욕지거리를 뱉어냈다. "어느 미친놈이 내 배낭 안에 돌멩이를 집어넣었네!" 그러더니 무엇인가 공중으로 획 날았다. 그 순간에는 미처 알지 못했지만, 나는 곧바로 내가 발견한 달걀만 한 크기의 돌들이 삼각형으로 붙어있는, 기막힌 녹색의 수정을 기억해냈다.

"티조니, 안 돼. 그거 수정이야." 하고 내가 소리쳤다.

"너무 늦었어. 미리 말했어야지!"

우리는 비박색을 덮고 최대한 편하게 자리를 잡았다. 폭풍설은 조금도 수그러들지 않아, 눈이 내리고 바람이 불었다. 밤이 닥쳤다. 우리는 서로 바싹 붙어 발끝으로 비박색 끄트머리를 감싸서 바람이 들어오지 못하게 했다. 그러나 돌풍이 워낙 강해서 사방에서 바람이 파고들어 비박색을 우리로부터 걷어가 날려버리기라도 하려는 듯 위협했다. 우리는 오들오들 떨었는데, 탈수와 허기의 고문에 더해 3일 동안의 격렬한 투쟁으로 누적된 피로가 한꺼번에 몰려왔다. 나는 티조니가 동상 초기증상을 호소해 그의 발을 주물러주었다. 우리는 튼튼한 슬링으로 바위에 확보되어 있었다. 그렇지 않았다면 아마 바람에 날려갔을 것이다.

아침 7시, 폭풍설이 잠깐 그친 사이에 우리는 위치를 확인할 수 있었다. 모두 지쳐 있었지만 아이젠을 착용하고 뿌엥

▲ 워커 스퍼를 초등한 후 의기양양하게 그랑드 조라스 산장으로 돌아오고 있는 캐신, 티조니, 에스포지토

▲ 앙트레베로 돌아온 캐신과 티조니 그리고 에스포지토

트 윔퍼로 갔다. 우리는 하강을 하면서 안개로 인해 너무 왼쪽으로 방향을 틀고 말았다. 나는 아이젠 밴드가 얼어있는 바람에 제대로 옭아매지 못한 아이젠 한 짝을 잃어버렸다. 돌풍이 부는 것을 보고 우리는 빙하의 반대쪽으로 내려섰다는 것을 알았다. 우리는 바위로 되돌아가기로 했다. 가파른 얼음은 — 특히 한 쪽만 크램폰을 착용한 상태로는 — 위험하다고 생각한 것이다.

운이 좋게도 우리는 일단의 독일인들을 만났는데, 그들은 우리에게 가장 좋은 하산 길을 알려주고, 뜨거운 차와 토마토도 주면서 우리의 성공을 축하해주었다. 우리는 조금 놀랐다. 왜냐하면 우리는 그들에게 우리가 어디에 있었는지 말해주지 않았기 때문이다. 하지만 그들은 3일 동안 신문이 우리의 등반을 보도하고 있었다고 말해주었다.

우리가 산장(현재의 보칼라테Boccalatte 산장이 있는 곳에 있던 산장)을 향해 제대로 된 길로 내려가자 한 무리의 사람들이 우리를 마중 나왔다. 그런데 그 앞에는 한 손에는 카메라를, 다른 손에는 샴페인 병을 들고, 긴 양말을 신은 발로 눈 위를 걸어오고 있는 이상한 사람이 있었다. 그는 비토리오 바랄레로부터 귀띔을 들은 신문 기자 기도 토넬라Guido Tonella 였다. 바랄레는 일 때문에 오지 못했다. 제네바에서 레쇼 산장으로 달려온 토넬라는 처음 이틀 동안 우리의 등반을 쌍안경으로 지켜보며, 신문사에 뉴스를 전화로 전달하기 위해 몽땅베르Montenvers와 산장을 오가곤 했다. 그런 다음 그는 우리를 환영하기 위해 콜 뒤 제앙을 넘어온 것이었다. 그와 함께 있던 관광객들과 다른 사람들은 우리 주위에서 야단법석을 떨며 즐거워했고, 우리의 배낭과 장비들을 앙트레베까지 날라다 주었다.

우리는 모두 합쳐 82시간 동안 산에 있었고, 그중 35시간을 등반에 썼다. 그리고 우리가 사용한 피톤 50개 중 절반은 회수하지 못하고 산에 남겼다. 우리는 10밀리미터 대마로프 두 동과 6밀리미터 대마로프 한 동을 썼는데, 그중 10밀리미터 두 동의 총 길이가 50미터였다.

신루트의 매력

하루 열 시간에서 열두 시간을 사무실에서 일하다 보니 더 이상 견딜 수가 없었다. 1939년 여름의 몸 상태는 에스포지토, 티조니와 함께 워커 스퍼를 끝내 올랐던 작년 여름과는 다르다는 느낌이 들었다.

지난겨울 휴가기간 동안에는 항상 그랬던 것처럼 스키에 몰두했다. 날씨가 좋으면 내가 좋아하는 그리네타로 달려가 어려운 암벽등반 루트 여러 곳을 올랐는데 언제나 즐겁기만 했다. 이 등반은 진지했고 소중한 훈련이 됐다. 몸이 본격적으로 궤도에 오른 7월 9일, 나는 피에리노 카타네오Pierino Cattaneo와 함께 콘카레나Concarena 산군에 있는 골렘Golem 동쪽 리지에 신루트를 개척했다. 그 지역을 잘 아는 그는 나에게 숲이 우거진 카포 디 폰테Capo di Ponte의 완만한 발카모니카Valcamonica 계곡 위로 우뚝 솟은 깨끗하고 인상적인 이 석회암 벽에 대해 종종 이야기를 꺼내곤 했었다.

우리는 친한 친구 프랑코 갈림베르티Franco Galimberti와 함께 차로 레코를 출발했다. 그리고 한참을 걸어서 7월 8일 저녁 나토네Natone 산장에 도착했는데, 그곳에 있던 일반 등산객들이 우리를 따뜻하게 맞이해주었다. 다음 날 아침 일찍, 침니들을 감싸 오르는 안개를 보고 살짝 걱정이 앞서기도 했지만, 우리는 어쨌든 출발했다. 당연히 함께 등반하기로 했던 갈림베르티는 무슨 일인지 출발하는 우리를 보고도 지켜보기만 하고 먹는 데만 정신이 팔려 있더니 결국 따라나서지 않았다.

피에리노가 목표로 삼은 것은 마지막 리지까지 곧장 뻗어 오른 800미터의 스퍼였다. 직선으로 곧장 뻗어있어 만만해 보이지 않았다. 우리는 돌덩어리들이 널려있는 초원지대를 지나 스퍼의 밑에 도착했다. 그런 다음 로프를 묶고 잘 발달된 크랙을 올랐다. 힘이 많이 들고 어려운 디에드르의 끝에는 천장이 있었다.

로프를 이용해 왼쪽으로 이동한 우리는 뱃머리처럼 튀어나온 리지의 상단을 향해 계속 올라갔다. 나는 두 줄 로프에 의지해 밑으로 내려가 루트를 끊고 있는 바윗덩어리를 돌아서 레지에 도착했다. 등반은 흥미진진했고 아주 재미있었다. 하늘이 맑게 개고 주위가 고요해서 등반을 계속할 수 있다는 만족감이 더할 나위 없이 좋았다. 클라이머들은 결코 두려움에 떨어서는 안 된다. 위험을 정확하게 계산하고자 하는 노력도 꼭 필요한 일이긴 하지만, 긴장이 심신의 조화를 무너뜨리는 것처럼 공포 역시 몸을 경직시킬 수 있기 때문에 안정되고 차분한 마음을 유지할 수 있어야 한다.

정상 부근에 이르자 등반이 쉬워졌다. 그러나 바위가 너무나 잘 부서져 우리는 긴장의 끈을 늦출 수 없었다. 11시간의 등반 끝에, 그리고 18개의 피톤을 쓰면서 우리는 정상에 올랐고, 주위의 파노라마를 즐겼다. 연회색의 하늘과 산을 감싸 오르는 안개를 보고, 우리는 그것을 이제는 쉬어도 된다는 안내장으로 받아들였다.

8월의 연례적인 휴가기간 동안 나는 엔리코 보치Enrico Bozzi 교수와 함께 브렌타 산군으로 가서, 제일 먼저 캄파닐레 바소Campanile Basso에 있는 페르만Fehrmann 루트를 올랐다. 그런 다음 우리는 차를 몰고 산 마르티노San Martino에 있는 팔라Pala 산군으로 갔는데, 나는 그곳이 생전 처음이었다. 우리는 그곳에서 벨로 델라 마돈나Velo della Madonna 리지를 오른 다음, 레코로 돌아오지 않고 포Po 계곡을 건너 발 다오스타Val d'Aosta 로 갔다.

그곳에 있는 에귀 뒤 레쇼Aiguille du Leschaux를 우고 티조니와 함께 등반하기로 한 약속이 있었기 때문이었다. 발 베니Val Veni에는 나의 등반 문하생들이 캠핑을 하고 있어 여러모로 좋았다. 나는 여러 가지 계기로 인해 몇 해 전 이 피너클의 북벽 밑으로 간 적이 있었다. 어떤 친구가 이 피니클이 이직까지 등반되지 않은 숙제처럼 나에게 이야기한 것도 한 가지 이유였다. 그래서 나는 그 피너클에 대해 제대로 된 정보는 없었지만 그 해 겨울부터 관심을 갖고 자료를 수집하기 시작했다. 그러나 결과는 기대에 미치지 못했다. 내가 받기로 한 사진도 오지 않았고, 이탈리아산악회의 월보에도 그 벽에 대한 정보가 없었다. 한 잡지에 실린 쓸데없는 기사 몇 줄이 전부였다. 다른 기사들과 함께 실린 몇 줄 기사에는 이런 말이 있었다. "그 피너클을 정복하려는 어떤 어리석은 야망도 이루어질 수 없을 것이다."

8월 12일, 정해진 약속시간에 맞춰 우리는 쿠르마예의 유명한 광장에서 티조니를 만났다. 그리고 그날 밤 나는 보치, 티조니와 함께 걸어서 앙트레베에 있는 카사 델랄피니스타Casa dell'Alpinista로 갔다. 팔룸보Palumbo가 우리를 따뜻하게 맞이해주었는데, 그는 우리 짐을 보더니 무슨 모의를 꾸미고 있냐고 자꾸 말을 걸어왔다. 우리는 그의 극진한 호의에 대한 보답이 아니라는 것은 알고 있었지만 아직까지 계획 단계에 있었기 때문에 그에게 사실을 털어놓고 싶지 않아서 대충 얼버무렸다.

아침 일찍 우리는 발 페레트Val Ferret를 지나, 세자레 달마 초Cesare Dalmazzo를 기념해 세운 산장으로 갔다. 그곳에서 제 르바수티를 만나는 행운을 잡았는데, 그는 토리노등산학교 Torino Alpine School를 운영하고 있었다. 그는 또한 산장도 관리 하고 있어서 우리가 편히 지낼 수 있도록 해주었다. 우리는 제르바수티에게까지 숨기고 싶지 않아 산장의 작은 테라스 에서 우리가 온 이유를 밝혔다. 우리는 지난날 워커 스퍼에 서 그를 따돌린 일이 있었는데 한 번 더 우리는 그의 영역 안 에 있게 된 셈이었다. 그럼에도 그는 진정한 신사답게 우리 가 가고자 하는 피너클에 대해 자세히 알려주었다. 이것은 우리가 얻은 최초의 소중한 정보였다.

오후에 티조니와 나는 트리올레Triolet 빙하를 거슬러 올라 가 벽을 면밀히 관찰했다. 그곳에는 눈이 많이 쌓여 있었다. 많은 눈이 내리는 변덕스러운 계절이긴 하지만 마치 봄과 같 은 느낌도 들었다. 나는 꼼꼼하게 살펴보고 등반이 가능한 루트를 찾았다. 티조니도 내가 고른 루트를 좋아했다. 그러 고 나서 산장으로 돌아와 등반에 필요한 장비를 챙겼다.

우리는 그다음 날 새벽 3시에 출발했다. 추위가 뼛속까지 파고들었다. 달이 없는 하늘에 구름 한 점 없었다. 우리는 우리가 어제 남긴 소중한 발자국을 따라갔다. 베르크슈른트에 도착했지만 어둡기는 마찬가지였다.

나는 티조니의 어깨에 올라탄 다음 베르크슈른트 위쪽 가장자리에 아이스스크루 하나를 박았다. 그리고 피켈을 박으며 등반을 시작했다. 얼음이 낀 경시면은 기막혔다. 눈이 녹아 흘러내린 물로 봅슬레이 활주로 같은 통로가 만들어져서, 그곳을 이용해 올라갈 수 있었다. 바닥의 눈이 딱딱해 아이젠이 잘 박혔다. 하지만 아이젠을 신고 등반하는 것에 힘이 들었던 티조니는 나 보고 스텝 커팅을 만들어 달라고 요구했다. 나는 투덜대는 그를 무시하고, 1시간 반쯤 내 스타일대로 등반을 계속해나갔다.

얼음이 점점 바위로 바뀌기 시작했다. 우리의 정찰이 정확했다는 것이 확인되었다. 내가 이미 관찰했던 것처럼, 비록 얇은 살얼음이 돌출된 바위와 홀드에 달라붙어 있어 미끄럽고 위험하기는 했지만, 첫 구간의 경사진 화강암은 그렇게 나쁘지 않았다. 시간이 지나면, 그늘이 사라지고 이 위협적인 얼음도 햇빛에 녹아 단단한 바위의 속살이 드러날 터였다. 처음 150미터 구간은 간간이 5급이 나타나기도 했지만, 대체로 4급이었다.

오전 11시쯤 우리는 칼날같이 뾰족한 바위에 도착했는데, 그곳에는 비바람에 삭은 슬링이 하나 걸려 있었다. 티조니가

▶ 레쇼의 어려운 구간을 등반하고 있는 캐신. 캐신이 전전戰前에 기록한 주요 초등 중 유일하게 남아있는 등반 사진이다. 이중 로프와 홀링 로프가 눈에 띈다.

나중에 혹시 사용할지도 모를 상황에 대비해 슬링을 시험하려고 체중을 실어보았다. 이 슬링에 대해서는 제르바수티도 모르고 있었겠지만 언젠가 여기서 로프 두 동을 이용한 하강이 있었다는 의심의 여지없는 증거였다. 하지만 위쪽으로 올라간 흔적은 더 이상 나타나지 않았고, 등반은 점점 더 어려워져갔다.

갑작스럽게 찾아온 허기를 채우기 위해 잠깐 선 다음, 오버행 디에드르 두 곳을 피해, 노출이 심한 대각선 바위 턱을 이용해 횡단하기로 했다. 약 25미터를 가자 왼쪽으로 향하는 얕은 크랙이 나왔다. 이곳이 문제였다. 진정한 어려움은 바로 이곳에서부터 시작됐다. 나는 피톤을 하나 박아 확보를 했다. 크랙이 얼음판 위에 살짝 드러나 있어, 해머로 얼음을 깨자, 얼음이 마치 유리처럼 산산조각 부서졌다. 끊임없이 떨어지는 이 얼음 폭포를 바로 맞게 된 티조니가 소리쳤다. "너 때문에 죽을 지경이다. 좀 잘 해봐."

이 크랙을 지나니 떨어져 내린 돌덩어리들이 잔뜩 쌓여 있는 쿨르와르가 나타났다. 얼핏 보기에는 위험해 보였지만, 대체로 돌덩어리들이 바위에 단단히 얼어 붙어있었다. 쿨르와르는 또 다른 바위 턱으로 이어졌다. 그런 다음 오른쪽으로 2개의 커다란 디에드르를 지나 침니로 들어가니 마음이 편해졌다.

우리는 불룩 튀어나온 바위를 일직선으로 갈라놓은 듯이

얕게 파인 크랙을 곧장 올라갔다. 아주 어려운 20미터를 오르며 몇 개의 피톤을 박았다. 티조니는 따라오면서 어렵게 박아놓은 피톤들을 요령 있게 잘 회수했다. 우리는 왼쪽으로 조금 내려가 몇 미터 길이의 대각선 크랙을 찾아냈고, 그곳을 통해 작은 디에드르에 이르렀다. 아주 매끄러운 데다 오버행이었다. 손으로 잡을 수 있는 홀드와 피톤을 박을 수 있는 곳은 오직 미묘한 크랙뿐이었다. 나는 그곳을 손가락 끝과 등산화 고무창의 마찰력만을 이용해 올라야 했다. 크랙의 어떤 곳은 보통의 피톤으로는 너무 넓어서, 나는 반원형 아이스스크루 몇 개를 골라 챙겨야 했다. 그곳이 정말로 어려워 우리는 악전고투 했고, 100미터를 올라가는 데 거의 8시간이나 걸렸다. 그랬는데도 또 아주 고약한 돌출 바위가 나왔다. 그곳에는 화강암의 특징과 단점이 모두 모여 있었다. 손으로 잡기 쉽게 튀어나와 있는 곳은 단 한군데도 없었고, 작은 주름조차 없었다. 나는 완전한 모험을 감행해야 했다. 로프 2개를 이용한 인공등반의 장점을 최대한 살리면서 처음으로 사다리를 썼다. 티조니와 나 사이에는 25미터 길이의 로프 두 동으로 연결되어 있을 뿐이어서 상황이 녹록치 않았다.

나는 부족한 카라비너들은 회수해 쓰기 위해 아래로 내려가기를 반복해야 했는데, 어떤 경우에는 마지막 피톤 하나에만 확보된 채 극도의 노출과 안전을 전혀 보장받지 못하는 상

황에 처하기도 했다. 나는 피톤 하나가 운도 좋게 아주 잘 박힌 것을 확인하고, 이제 로프가 다 된 티조니를 올렸다. 내 밑은 오직 허공뿐이었다. 오버행으로 인해 몸이 자꾸 밖으로 처진 티조니는 나를 따라 올라오는 데 피곤한 기색을 보였다. 이 지점에서 우리는 5개의 피톤 회수를 포기했다. 하지만 이 피톤을 나중에 다시 써야 할지도 모른다는 생각에 신경이 쓰였다. 벌써 저녁이었다. 우리는 고생 끝에, 경사진 좁은 레지 하나를 찾아냈다. 그것은 허공에 매달려 있다는 표현이 알맞을 정도로 노출이 심했다. 그런 곳에서 피톤 2개를 박고 로프를 마치 사다리 같은 형태로 만들어 확보한 다음, 비박에 들어갔다. 이와 같이 로프에 묶인 우리는 잠을 제대로 잘 수 없었다. 시간은 느릿느릿 흘러갔다. 칠흑 같은 밤에 낙석 소리가 귓전을 뚫고 들려왔다. 그러면서도 해는 떠오르고 날이 밝았다. 일출은 말로 표현할 수 없을 정도로 아름다웠다. 이 멋진 광경을 표현할 말이 과연 있기나 한 것일까! 이러한 광경이 자극하는 마음의 상태는 한없이 복잡했다. 클라이머들이 자신들을 둘러싼 아름다움에 무감각하다는 말은 사실이 아니다. 이러한 느낌을 제대로 담은 등반 보고서가 거의 없는데, 아마도 루트의 기술적인 세부사항이나, 아니면 특별히 어려운 한 구간을 등반하는 방법을 설명하는 데 집중했기 때문일 것이다. 하지만 누구나 다 지극히 개인적인 그러한

◀ 에귀 뒤 레쇼 북벽의 1939년 캐신-티조니 루트

기쁨을 세세하게 표현할 수 있는 것도 아니고, 때로는 표현하고 싶지 않았을 수도 있을 것이다.

이제 우리는 정상 200미터 아래에 있었다. 아침 해가 우리의 팔다리를 따뜻하게 하는 동안 모처럼 긴장을 풀고 편히 쉴 수 있는 시간을 가졌다. 잠시 후 우리는 난이도 5급의 30미터 디에드르를 등반했다. 눈이 쌓여 있는 작은 레지에 도착한 우리는 어느 쪽으로 가야 할지 잠시 망설였다. 우리는 왼쪽을 선택했고, 약간 오른쪽 칼바위에서 끝나는 거대한 디에드르 위쪽에 도달했다. 곧 단단한 화강암에 선반 모양의 어려운 루트에 이어 얼음 덮인 사면이 나타났다. 그 위에서 나는 디에드르의 왼쪽으로 가서, 홀드에 단단하게 들러붙은 얼음을 해머로 까냈다. 티조니는 잘게 부서져 내리는 얼음조각을 또 한번 흠뻑 뒤집어썼다. 이어졌던 그의 독설은 상상으로 남겨두는 것이 더 좋을 것 같다.

이제 어려운 곳은 모두 지나간 줄 알았는데, 그것으로 끝이 아니었다. 얼음이 단단하고 매끄러운 데다 오버행이 3개나 있어 우리는 어쩔 수 없이 몇 번이나 디에드르 밖으로 나와야 했다. 결과적으로 마지막 디에드르를 끝내는 데 7시간 동안 사력을 다했고 확보를 위해 피톤을 몇 개 썼다. 우리는 정상에서 깨달았다. 거대한 몽블랑 산군의 장엄한 광경을 행복하게 바라볼 수 있는 감정도 우리와 함께 올라왔다는 사실을. 하지만 우리가 바라보고 있는 것은 저 멀리 워커 스퍼였다. 그곳을 오른 지도 벌써 1년이 됐다. 행복한 순간들과 폭풍설에 시달리던 처참한 시간들이 떠올랐다. 우리의 정신과 마음속에 생생하게 살아있는 그 순간순간들은 언제나 그대로 남아있을 것이다.

레쇼 북벽의 이 800미터 루트를 끝내는 데는 등반에만 18시간이 걸렸고, 25개의 피톤이 필요했다. 상단부의 난이도는 6급이었는데, 종종 워커 스퍼에서와 같은 난이도를 보였지만, 짧고 덜 지속적인 것이 특징이었다.

그날 우리는 성공에 만족하며, 특별히 맑고 깨끗한 하루의 햇빛을 조용하고도 평온하게 즐겼다. 오후 4시경 하산을 시작했다. 따뜻한 햇볕에 눈이 녹아 무릎까지 빠졌다. 황혼이 질 무렵 우리는 이탈리아산악회의 비박 터에 도착해 샘물에서 나오는 시원한 물로 갈증을 풀었다.

가파른 등산로를 따라 어두워진 후에 계곡 밑에 도착했는데, 그곳에서 우리를 기다리고 있던 친구 보치의 소중한 역할 덕분에 길을 잃지 않을 수 있었다. 그는 트리올레 빙하에서 이틀 동안이나 우리를 쌍안경으로 지켜보고 있었다. 앙트레베에서 팔롬보가 샴페인을 땄다. 그는 우리의 성공을 직감적으로 예감하고 있었다.

1940년은 이렇다 할 만한 등반을 하지 못했다. 그해 5월 나는 결혼을 했는데, 전쟁이 유럽 전역을 휩쓸었다. 게다가 나의 등반 활동도 뜸해졌다. 당시 토리노에 있던 이탈리아산악회 회장 제네시오Genesio가 발 베니에서 열린 캠프에 나오도록 나를 초청했다. 그곳에서 나는 레냐노Legnano 출신의 친구들인 알도 프라티니Aldo Frattini, 몰리나토Molinato와 로돌포 바랄로Rodolfo Varallo를 만났다. 나는 그들과 나중에 에귀 누아르 드 푸트레이Aiguille Noire de Feuterey의 남쪽 리지를 등반하기로 약속했다. 우리들 중 몸이 제대로 된 사람은 아무도 없었다. 따라서 우리가 이 엄청난 루트를 끝내는 데는 시간이 많이 걸렸다. 우리는 하산 중 밤이 되어 비박을 해야 했다. 밤사이에 날씨가 나빠졌고, 아침에 일어나 보니 눈이 10센티미터나 쌓여 있었다.

그로부터 이틀 후 우리는 몽블랑에 가서 이노미나타 Innominata 리지를 오르기로 했다. 프라티니와 몰리나토가 우리와 합류했지만, 바랄로는 건강이 좋지 않아 되돌아갔다. 이 두 친구와 함께 나는 새로 지은 에클레Eccles 비박산장으로 올라갔다. 그런데 그곳에는 놀랍고도 기쁘게 주스토 제르바수티와 파올로 볼리니Paolo Bollini가 몽블랑의 프레네이Frêney 벽에 있는 루트 하나를 등반하려고 와 있었다.

제르바수티와 그의 동료가 어려운 등반을 앞두고 일찍 떠나고 싶어 했기 때문에 우리는 초저녁에 잠자리에 들었다.

▶ 1940년 이노미나타와 프레네이 오른쪽 필라를 등반한 후 고넬리 산장 앞에서 포즈를 취한 캐신, 파올로 볼리니, 주스토 제르바수티, 알도 프라티니와 몰리나토

그들은 밝은 달빛을 최대한 이용해서 벽으로 접근하고자 했다. 우리의 루트는 비박산장 가까운 곳에서 시작되기 때문에 뒤늦게 떠나도 됐다. 우리는 결국 이 늦장에 대해 혹독한 대가를 치렀다. 루트는 상태가 아주 나빴고, 끝부분에는 눈까지 쌓여 있었다.

우리는 등반이 시작되는 첫 구간에서는 얼음이나 바위에 상관없이 꾸준히 전진할 수 있었다. 하지만 위로 올라가는 두 번째 피치에는 바위 위에 얇은 살얼음이 덮여 있었고, 이로 인해 우리의 속도가 떨어졌다. 리지 위에는 눈이 군데군데 쌓여 있어, 우리의 전진은 훨씬 더 느려졌고, 지치기까지 했다. 어떤 곳에서는 눈이 허벅지까지 빠졌다. 그리고 가끔은 억지로 기다시피 해서 움직였다. 땀으로 흠뻑 젖은 채 뒤에서 움직이지도 못하고 다른 사람을 기다리는 것이 너무나 추워서 우리는 선두를 수시로 바꾸었다.

상황이 이렇다 보니 등반은 점점 더 답답해져 갔고, 시간만 까먹었다. 그리고 우리가 느끼는 중압감으로 인해 고소 증세가 더 심했다. 밤이 다가왔지만 우리는 여전히 정상과는 멀리 떨어져 있었다. 하지만 운이 좋게도 둥근 달이 떠올라, 사방이 대낮처럼 밝았다. 정상 가까이에서, 사람의 목소리가 들리더니 두 사람이 그림자 진 남벽을 오르고 있는 모습이 보였다. 제르바수티와 볼리니가 프레네이의 웅대한 오른쪽 필라를 방금 전 끝낸 것이었다. 우리는 그들의 과감한 도전을 축하해주었다. 그리고 모두 다 함께 정상을 향해 계속 올라갔다.

우리보다 고소에 더 적응되었던 그들이 몽블랑 정상까지 길을 뚫어놓아서 우리에게 소중한 도움이 됐다. 물론 그들이 많은 눈과 능선의 상태를 보고 놀란 것은 사실이다. 다행히도 발로Vallot 산장으로 내려가는 길은 눈이 딱딱해 우리는 더 빨리 걸을 수 있었다.

산장 안에는 눈이 잔뜩 쌓여 있었다. 아마도 우리 이전의 누군가가 창문을 열어놓은 모양이었다. 우리는 최대한 편하게 자리를 잡고, 작은 알코올 스토브에 차를 끓여 실컷 마셨다. 나는 프라티니가 몹시 춥다고 해서 그의 팔다리를 주물러주었다. 그리고 우리는 젖어 얼어붙은 담요 밑에서 서로를 꼭 껴안고 잠을 청했다.

아침에, 눈을 치운 다음 산장 안을 대충 정리하고 우리는 고넬라Gonella 산장으로 내려갔다. 그날 늦은 오후, 원기를 되찾은 우리는 캠프사이트에 도착했다.

◆ 제르바수티는 자신의 책 『제르바수티의 등반Gervasutti's Climbs』 176쪽에서 프레네이 필라의 등반에 대해 간결하고 서정적으로 묘사하는데, 이때의 캐신 일행과의 만남은 전혀 언급하지 않고 있다.

제3부

전쟁의 슬픔과 평화의 기쁨

12

전쟁이 가져온 행운

나의 등반 활동은 전쟁 기간 동안 현저히 줄어들었다. 나는 군수품을 생산하는 공장에서 일하고 있어서 군대에 징집되지는 않았다. 나에게는 알프스에 가서 신루트를 개척할 기회가 여전히 있었다. 하지만 나는 등반 활동을 인근의 산으로 국한시켰다.

지역의 클라이머 상당수가 파르티잔 활동에 뛰어들었다. 나는 해방위원회에 들어갔고, 산에서 활동하는 파르티잔과 도시 파르티잔 간의 연락을 유지하는 임무를 담당하는 암벽등반조의 책임자로 임명됐다. 나는 유럽을 지배하고 그 국민들로부터 자유를 빼앗으려는 나치즘과 파시즘을 극도로 혐

오했다. 또한 특히 유태인들을 혐오하는 파시스트들의 비인
간적인 박해도 잘 알고 있었다.

이탈리아는 1943년 연합군과 평화협정을 맺었다. 그런데
휴전이 이루어지던 바로 그날 무솔리니는 자신의 살로공화
국Salo Republic을 세운 다음 독일과 동맹을 맺어, 나치를 등에
업고 이탈리아 북부 전역을 장악했다. 그리하여 나의 조국은
둘로 나뉘고, 남쪽에서 올라오는 동맹군들의 진격이 늦는 사
이에 점령지역에서는 잔인한 동족상잔이 벌어졌다.

나는 남의 의심을 사지 않기 위해 일에 몰두했다. 하지만
저녁과 주말에는 비정규군에게 식량과 장비를 갖다 주고, 사
람을 모으고 훈련을 지원하며 시간을 보냈다.

레코는 지리적으로 파르티잔 조직의 중요한 거점이어서
베르가모Bergamo와 밀라노Milano에 있는 나치 사령부의 골칫
거리가 됐다. 그들은 대대적인 수색과 보복작전을 펼쳤다.
1943년 9월과 10월 두 달 동안 그들은 우리의 조직을 분쇄
하려 했다. 가옥과 헛간, 도피처들이 불타고 사람들이 끌려
갔다. 그들은 또한 박격포와 대포로 무장된 군대까지 동원했
다.

하지만 우리는 활동을 계속해나갈 수 있었다. 그리고 겨
울 동안에는 모든 활동의 중심이 되는 해방 단체들과의 효율
적인 협력관계를 구축하면서 조직을 강화하는 데 힘썼다. 이

조직은 인종 캠페인을 시의적절하게 효과적으로 벌였고, 따라서 우리는 많은 유태인들을 도울 수 있었다. 그리고 포위된 상당수의 동맹군들을 계곡 높은 지대로 안내하여, 최종적으로 국경을 넘어 스위스로 탈출하도록 도왔다. 서로 다른 지역 간에 연락이 필요했던 이런 작전들은 정보원들에게 노출될 우려가 있어 상당히 위험했다.

1944년까지 레코의 단체들은 밀라노와 가까워 파르티잔 단체 중 우월한 위치에 있었다. 따라서 우리 단체는 공중 투하되는 무기와 물자를 수령하는 책임을 지고 있었다. 1945년 초에 지안친토 라차리니Giancinto Lazzarini가 이끄는 미국인들이 특수임무를 띠고 들어왔다. 덕분에 우리는 이 지역에 있는 모든 파르티잔 단체들을 무장시킬 수 있었다.

전쟁이 막바지에 이른 몇 달 동안, 우리는 철도와 다리에서 사보타주sabotage 행동에 돌입했다. 4월 26일 치열한 시가전이 레코 전역에서 벌어졌다. 나의 친구이자 대단한 등반 파트너였던 비토리오 라티가 피아차 가리발디Piazza Garibaldi에서 벌어진 전투 중에 사망했다. 이때 안젤로 네그리Angelo Negri와 알폰소 크로티Alfonso Crotti 역시 죽었다. 하루 뒤에는 이탈로 카셀라Italo Casella와 작은 나비라는 뜻의 파르팔리노Farfallino로 불리던 조반니 주디치Giovanni Giudici 역시 작전 중 사망했다. 이 둘의 사망사고는 코모에 있는 무솔리니와 합류하려고 플로렌스에서 올라오고 있던 파시스트 소속 검은 여단의 파견대와 교전 중에 일어났다. 우리는 15명으로 그들을 공격했는데, 그들은 시의 외곽 코르소 마르티리Corso Martiri에 있는 한 가옥으로 숨어들었다. 그들은 우리보다 수적으로 절대적 우세(그들은 150명이었다.)에 있었지만, 우리가 훨씬 더 강하다고 생각했는지 항복하겠다는 신호를 보내왔다. 나는 앞으로 나아가 그들과 협상을 벌였고, 그들의 안전을 보장했다. 그러는 동안 그 가옥의 다른 쪽에서 나도 전혀 인식하지 못하는 사이에 총알이 날아와 카셀라와 주디치가 포함된 우리 측 몇 명이 죽고 말았다. 그들은 이미 백기를 들어 항복을 표시하고 있었기 때문에 이것은 아주 기만적인 행위가 아닐 수 없었다.

전쟁은 5월 8일에 끝났다. 비록 잠시였지만 여름 동안 나는 당국을 도와 사회 안전망 재건을 위해 일했다. 9월에 사회가 안정을 찾아가면서 나는 일상의 내 일로 돌아왔다.

◆ 이 작전에서 캐신은 얼굴과 팔에 부상을 당했다. 그는 이때의 공적으로 후에 십자무공훈장Cross of Military Valour을 받았다.

13

1947년의 등반

트레 소렐레 디 소라피스(북서벽)
토레 델 디아볼로(남동벽)

전후 시절

고향으로 돌아온 지 얼마 지나지 않아, 나는 이탈리아산악회 레코 지부 회장으로 선출됐다. 이 자리는 조직을 정비해서 우리 지역 안에 있는 산장을 재건할 책임이 있었다. 산장은 대부분 전쟁 중 파손되거나 멸실되어 있었다. 친구들의 도움을 받아가며 재건사업을 시작했고, 우리는 머지않아 진정한 등반의 세계로 돌아갈 수 있었다. 처음에는 그리네타에서, 그 다음에는 브레갈리아와 발 마시노에서, 그리고 점차적으로 롬바르디의 산군 전역으로….

1946년은 또한 '라니 델라 그리네타Ragni della Grignetta'라고 불리는 단체의 탄생을 알리는 해였다. 이 단체는 젊고 유능한 클라이머들의 집합체였는데, 그들은 나에게 리더나 후원자 역할을 맡아달라고 요청했다. 어려운 등반에 매진하는 이 젊은이들은 머지않은 장래에 '레코의 거미들'이라는 자신들의 별명을 전 세계에 널리 알릴 터였다.

1947년 8월 한 달 동안 나는 미주리나에 있는 캠프에서 '거미들'과 함께했다. 그리고 8월 7일 나는 펠리체 부티Felice Butti와 함께 트레 소렐레 디 소라피스Tre Sorelle di Sorapis(소라피스의 세 자매)의 주봉에 신루트 하나를 개척했다. 1929년 에밀리오 코미치와 고르디아노 브루노 파비안Gordiano Bruno Fabian이 2개의 신루트를 추가한 곳이 바로 이 소라피스 그룹이었다. 그중 첫 번째인 소렐라 디 메조Sorella di Mezzo의 북서벽 루트는 상당히 중요한 의미가 있었다.

우리는 미주리나를 차로 떠나, 트레 크로치Tre Croci 고개에 차를 두고 그곳에서부터 루차티Luzzatti 산장까지 걸어서 올라갔다. 산장에서 왼쪽으로 방향을 틀어 돌무더기가 쌓여 있는 걸리를 지나 작은 빙하에 도달했다. 우리는 피켈 대신 가져온 스틱을 써가며 딱딱한 눈 위를 계속 올라갔다. 그러자 누런 바위 띠가 나타나, 우리는 소중하게 써온 스틱을 그곳에서 던져버린 다음, 로프를 묶고 등반 준비를 했다. 스틱은 빙하를 타고 아래로 미끄러져 내려갔다.

2피치를 올라 위쪽이 바깥으로 기운 작은 디에드르 밑에

▲ 트레 소렐레 디 소라피스의 코미치-파비안 루트(왼쪽)와 캐신-부티 루트(오른쪽)

도달했는데, 이곳은 6급의 아름다운 구간이었다. 나는 크랙을 따라 몇 미터를 올라간 다음, 로프를 이용해 왼쪽으로 가서, 두 줄의 로프와 사다리가 필요한 오버행 디에드르 밑에 도달했다.

그다음 20미터는 비교적 쉬운 침니를 따라 올랐다. 하지만 얼마 안 가 그것조차도 오버행의 좁은 6급 크랙으로 다시 바뀌었다. 부티가 커다란 돌멩이들이 여기저기 쌓여있는 레지를 향해 내게 왔을 때 작은 빙하에서 보았던 대침니가 우리 바로 앞에 있었다. 약간 쉬운 바위를 통해 한 레지 위에 오르자마자 난폭한 폭풍이 몰려왔지만, 우리는 그 레지의 바로 오른쪽에서 폭풍을 피할 수 있었다. 레지 위에 그럴듯한 천장이 있었던 것이다.

몸도 젖지 않은 데다 마음껏 들이마시고 싶을 정도로 공기가 신선해, 우리는 더 오랫동안 쉬면서 먹고 마셨다. 날씨가 좋아질 기미를 보이자 정상을 향해 올라가기 시작했고, 저녁 7시쯤 마침내 정상에 올라섰다. 9시간이 걸린 등반이었다. 우리는 20개의 피톤을 썼는데, 그중 10개를 벽에 남겨놓고 왔다. 난이도는 부분적으로 6급인 곳도 있었지만, 대체로 5급이었다.

트레 치메 디 라바레도Tre Cime di Lavaredo가 짙은 석양을 받으며 희미하게 솟아있었고, 미주리나 호수를 둘러싼 짙은 녹색의 소나무 숲에 검은 그림자가 드리우고 있었다.

본래의 계획에 비박은 없었지만, 폭풍 때문에 다음 날 아침까지 기다렸다가 내려갈 수밖에 없었다. 하산은 불편했다. 루트를 벗어나는 바람에 시간이 많이 소모되어, 마지막 구간에서 우리는 로프 두 동으로 하강하는 방법을 써야 했다.

3일 뒤인 8월 10일, 나는 카를로 마우리Carlo Mauri를 데리고 토레 델 디아볼로Torre del Diavolo의 남동쪽 측면에 있는 아름다운 루트 하나를 등반했다. 난이도는 6급이 섞인 5급이었다.

나는 듈퍼Dülfer 침니를 20미터쯤 올라가 첫 번째 촉스톤 위로 올라선 다음, 대각선으로 가로질러 모서리에서 오버행을 넘어섰다. 바위는 확실한 6급이었다. 상당히 애를 먹으면서 피톤 하나를 겨우 박기는 했지만, 믿기에는 너무 불안했다. 그래서 한 번 더 오버행을 넘은 다음 젊은 제자 마우리를 그곳으로 끌어올렸다.

그의 표정과 미소를 보고 나는 그가 무엇을 원하는지 알았다. 그가 다소 수줍어하면서 선등을 하고 싶다고 해서 나는 너무나 기뻤다. 물론 나는 그를 안전하게 확보해줄 자신이 있었다. 그는 일단 오른쪽으로 붙어 올라가더니, 다시 모서리로 나와서 그곳에 있는 오버행을 솜씨 좋게 넘어갔다. 그를 지켜보는 것은 무척 즐거웠다. 그는 오버행 위에서 밖

▲ 토레 델 디아볼로의
   캐신-마우리 루트

으로 나와 왼쪽으로 2미터 정도를 갔는데, 그곳에는 겨우 발만 디딜 수 있는 작은 스탠스가 있었다. 로프가 더 이상 움직이지 않는 것을 보고 나는 그가 멈추어 섰다는 것을 알아차렸다. 그가 확보용으로 피톤 하나를 박는 소리를 듣고, 나는 잘하고 있다는 격려의 고함을 질렀다. 그런 다음 그는 훨씬 더 어려운 오버행 아래까지 곧장 올라갔다. 그는 확보를 잘 봐달라고 소리를 지르고 그 오버행에 치열하게 달라붙었다. 그는 마침내 상당히 상태가 좋은 레지에 올라섰고, 내가 그곳으로 올라가 그와 합류했다.

이후는 내가 줄곧 선등으로 나섰다. 난이도는 여전히 상당했지만 조금씩 쉬워졌다. 오버행 하나와 맞닥뜨린 나는 사다리와 마우리의 로프 조작 도움으로 피톤 하나를 단단히 때려박았다. 그가 나에게 왔고, 우리는 마지막 남은 수직의 피치를 올라 정상에 섰다.

14

1945~1953년의 등반

에귀 누아르(서벽, 라티-비탈리 루트) 시오라 그룹 종주
피츠 제멜리(플라티론), 피츠 첸갈로(북서 리지)
피츠 바딜레(북동벽), 몬테 디스그라치아(북벽)
피츠 로곤치오(북벽), 치마 오베스트(북벽)

최고의 재등

나는 1945년부터 1958년까지 이탈리아산악회 레코 지부 회
장을 역임하며, 열정과 의무감을 갖고 이탈리아산악회의 목
표를 실현하기 위해 최선을 다했다. 그러나 아이거 북벽에서
의 구조작업 실패에 대한 책임을 놓고 불쾌한 설전이 벌어진
후 산악회 내에서 갈등까지 일어나, 1958년 나는 회장직에
서 물러났다.

◆ 크로티 구조작업에 대한 이야기는 『하얀거미The White Spider』에 자세히 나와 있다. 아이
거 북벽의 제2등은 1947년 가스통 레뷔파Gaston Rebuffat와 베르나르 피에르Bernard Pierre
가 달성했으며, 제3등은 1949년 8월 발터 보나티, 안드레아 오지오니Andrea Oggioni, 에
밀리오 빌라Emilio Villa가 이룩했다.

1950년부터 1965년까지 나는 등산학교연합회의 국가위원회 위원장으로 있었다. 따라서 그 당시 나는 어떤 때는 두 가지 일에 매달려야 했고, 종종 나의 여가시간을 여러 행사에 빼앗겼다. 그럼에도 나는 프레 알프스Pre-Alps, 알프스 그리고 돌로미테에서 중요한 루트를 재등하며 활발히 활동했다.

루트를, 특히 고전 루트를 재등하는 것은 언제나 즐겁다. 이전에 내가 개척한 루트를 다시 오르면, 개척 당시 어려운

▲ 1957년 아이거 북벽에서의 극적인 구조작업 후 캐신, 알프레드 헬레파르트Alfred Hellepart (후드를 뒤집어쓴 사람)와 클라우디오 코르티Claudio Corti(환자)의 모습. 캐신은 이 사건에서의 코르티의 역할을 몹시 비난했다.

▲ 푸트레이 리지를 등반하기 전 크라베리 비박산장에서의 캐신과 카를로 마우리

동작을 하면서 겪은 괴로웠던 순간들을 떠올리곤 했다. 어려운 곳에서 악착같이 피톤을 박으면서 느끼는 등반의 고통은 감정을 요동치게 하고 그 심오함은 이루 말할 수 없다.

이런 과정에서 가장 멋진 등반이 1950년 7월 17일에 있었다. 내가 카를로 마우리와 짝을 이루어, 비토리오 라티와 지지 비탈리가 1939년 에귀 누아르Aiguille Noire에 개척한 직등 루트를 제4등으로 오른 것이다. 또한 나는 브레갈리아와 베르니나 지역에서 기억에 남을 만한 많은 등반을 했는데 역시 7월 마우리, 펠리체 알데기, 아르날도 티조니Arnaldo Tizzoni와 함께 피츠 첸갈로Piz Cengalo의 북서 리지에 있는 레만Lehmann−가이저Gaiser 루트를 올랐다. 1952년에는 알데기와 함께 피츠 제멜리Piz Gemelli의 플라티론Platiron 리지를 완전히 끝냈고, 마침내 1955년에는 이전에 여러 번 실패했던 시오라 산군의 연봉들을 마리오 콜롬보Mario Colombo(스나피투스Snapitus)와 함께 14시간 만에 완전 종주하는 쾌거를 이루어냈다. 바위에서의 이러한 등반과 더불어, 나는 로베르토 오시오Roberto Oosio와 함께 피츠 로제그Piz Roseg 북벽을 오르는 행운도 잡을 수 있었다. 등반 도중 엄청난 우박 세례를 받기도 했지만, 정상에 올랐을 때는 날씨가 개어, 우리는 악천후가 물러간 뒤에 찾아오는 놀랍도록 깨끗한 자연을 체험했다.

특히 기억에 남는 것은 피츠 바딜레의 내 루트를 1956년 로베르토 오시오와 함께 재등한 일이다. 나는 이 멋진 곳에 다시 오게 되어 너무나도 기뻤는데, 시오라 산장에 도착하고 보니 이곳의 모든 것이 내 눈에 너무나 익숙할 정도로 1937년과 별반 달라지지 않았다는 사실을 깨달았다. 나는 등반이 아주 어려운 봉우리로 둘러싸인 원형의 협곡에서 시오리의 날카로운 침봉군들을 위아래로 훑어보았다. 제멜리의 유명한 '플라티론'을 가로질러 첸갈로 쪽으로 올라가니, 마침내 믿어지지 않을 정도로 엄청난 바딜레를 마주할 수 있었다.

그 후, 1971년 여름 나는 젊은 '거미'들인 피노 네그리Pino Negri, 마리오 콘티Mario Conti 그리고 내 아들 피에란토니오 Pierantonio와 함께 영화를 찍기 위해 이곳을 다시 올랐다. 따뜻한 햇볕이 내리쬐는 아름다운 날이었다. 바딜레로 다가가며, 나는 이 벽의 정복이 나에게 가져온 영향을 다시금 되새겨보았다. 그것은 내 인생을 송두리째 바꾼 하나의 큰 사건이었다.

바딜레의 이 루트는 인상 깊었던 오버행들을 돌아가고, 일부 구간에서 과감한 방법을 쓰면서 망가지기 시작했는데, 문제는 등반이 계속되면서 너무나 많은 피톤을 썼다는 것이다. 생각해보라. 이런 곳을 자유등반으로 올랐다면 얼마나 멋있었을까. 하지만 이런 생각 때문에 내 마음이 어지럽지는 않았다. 날씨와 산 그리고 나의 감정까지도 그저 모든 것이 아

름다웠다. 멀리 아래쪽에 있는 소라 산장의 지붕이 반짝거렸
다. 벽의 한가운데에 보석같이 단단히 박혀 있는 작은 설원
의 비박 터에서 산장이 내려다보였다.

우리는 등반을 조금 늦게 시작했다. 헬리콥터와 스위스 구
조대가 벽에서 부상당한 클라이머를 구조하고 있었기 때문
이다. 따라서 우리는 낙석을 맞을지 모르는 위험을 무릅쓰고
싶지 않았다. 이로 인해 우리는 루트의 중간쯤에서 비박을
해야 했다. 덕분에 나는 호기심을 불러일으킬 정도로 놀라
운 일몰과 일출을 영상에 담을 수 있었다. 자연의 아름다움
에 흠뻑 취하는 기쁨은 등반이라는 행위와 서로 상반된 이미
지로 겹치면서 나에게 엄청난 감동으로 다가왔다. 산에서는
사회적 인간이 아닌, 있는 그대로의 자신이 소중하다는 것을
깨닫게 된다. 그리고 벽 등반 시에는 우리 인간이 겪을 수 있
는 모든 것을 경험할 수 있기 때문에 깨끗한 영혼과 정직한
마음, 결단이 중요하다.

아침에 우리는 로프 길이만큼 피치를 끊어가며 등반을 다
시 시작했다. 이 루트에서 가장 어려운 거대한 디에드르가
나타났고, 이어서 나의 초등으로 이름이 붙여진 '제2의 캐신
비박'이 나왔다. 이로써 가장 어려운 곳은 지났지만, 우리는
여전히 주의를 기울여야 했다. 나는 등반을 마음껏 즐겼다.
순수한 자유등반을 통해서 나 자신의 능력과 경험을 확인하

는 계기가 되었고, 나의 젊은 친구들이 보여준 능력은 나름 대로 등반만큼은 할 만큼 했다고 생각하는 나에게도 크나큰 신뢰감을 심어주었다.

마지막 200미터 구간을 등반하면서는 1937년 당시 나와 내 진구들이 겪었던 끔찍했던 순간들이 떠올랐다. 그때는 정말 마지막 순간까지 결과를 알 수 없었다. 하지만 그동안 너무 많이 변해, 이제 정상에는 1967년 레코의 거미들이 세운 라다엘리Radaelli 비박산장까지 있었다.

이날의 등반은 35년 전 젊은 나이로 바딜레 북동벽을 정복한 나의 기억 속에 여러 가지로 의미가 있었는데, 우연의 일치치고는 아주 묘하게도 함께 등반한 아들이 그 당시의 내 나이와 같았던 것이다!

오랫동안 나는 1942년 카를로 네그리Carlo Negri와 파우스토 로벨리Fausto Rovelli가 초등한 몬테 디스그라치아Monte Disgrazia의 북벽을 재등하고 싶었다. 나는 타베지아Taveggia 비박 터까지 최소한 다섯 번은 가보았지만, 마지막 800미터를 앞두고는 언제나 산의 상황이 조금 더 좋아지기를 기다리다가 내려오곤 했었다.

바위 틈 곳곳에 해마다 얼음이 끼어있는 이 벽은 섣부른 판단을 믿고 등반할 수 없기 때문에 등반 가능 여부를 신중하게 판단해야 한다. 얼음이 낀 벽을 등반하는 데 가장 이상적인 조건은 신설이 얼음을 덮어 단단하게 굳는 경우이며, 이렇게 되면 보다 빨리 올라갈 수 있다.

1957년 7월, 이 벽을 올라갈 수 있는 기회가 나에게 찾아왔다. 나는 아르날도 티조니와, 카를로 마우리는 오도네 로제티Oddone Rossetti와 파티를 이루어, 우리는 2개 파티로 움직였다. 우리가 키아레지오Chiareggio 산장에 도착했을 때는 며칠 전과 다르게 날씨가 좋지 않았다. 기온이 올라가고, 열풍sirocco이 불어왔다. 우리는 일단 벽 밑으로 가서 기회를 엿보기로 했다.

우리는 타베지아 비박 터에 한밤중에 도착했고, 아침 일찍 움직여 해가 떠오를 때 벽 밑에 도착했다. 벽 밑으로 가는 빙하 초입에는 발자국이 보였지만 중간부터는 루트 왼쪽으로 발자국이 멀리 비켜나있었다. 손드리오Sondrio에서 온 두 명의 알피니스트가 벽에 붙었지만 상태가 좋지 않아 후퇴했다는 사실을 나중에 알게 되었다.

이 발자국들을 따라간 마우리와 로제티는 그곳에서 등반을 시작하기로 했고, 티조니와 나는 오리지널 루트를 선택했다. 베르크슈른트를 넘은 우리는 쿨르와르를 200미터 올랐다. 벽의 이 지점에는 눈이 없어서 우리가 순수 얼음구간을 등반하는 동안 마우리와 로제티는 언제나 오버행 세락이 있는 혼합등반 구간에 있었다. 우리가 300미터쯤 올랐을 때 나는 티조니가 등반하는 모습을 영상으로 담고 싶어서 그에게 선등을 넘겨주었다. 나는 카메라를 잡고 있고 그는 끝까지 다 올라가지 않았는데, 갑자기 위쪽에서 폭발음과 함께 우르릉거리는 소리가 들려왔다. 커다란 얼음덩어리가 떨어진 것이다. 그 얼음덩어리가 우리 위에서 박살이 나면서 수많은 얼음파편이 튈 때 나는 그것이 어디에서 떨어졌는지 도대체 이해가 되지 않았다. 왜냐하면 위쪽은 전부 바위였기 때문이다.

우리가 피켈을 붙잡고 벽에 납작 달라붙어 있는 동안 얼음 조각들이 우리를 한바탕 휩쓸고 지나갔다. 티조니는 무릎에 한 방 맞았지만 못 가겠다는 말은 입 밖에 꺼내지도 않았다. 내가 다시 선등을 넘겨받고 쿨르와르를 빠져나와 마우리와 로제티보다 더 높은 곳에 도달했다. 하지만 위에서 떨어져 내리는 것도 없고 눈도 단단해서 그들은 더 빨리 움직였다. 그러나 그들 역시 어려움에 빠지기는 마찬가지였다. 마우리의 아이젠이 망가진 것이다. 우리는 수직에 가까운 얼음으로만 거의 세 피치를 오른 다음 마우리의 발자국을 따라 세락으로 갔고, 거기서 우리를 기다리고 있는 친구들을 만났다. 마우리는 크램폰 때문에 더 이상 선등을 설 수 없었다. 그래서 우리 파티가 앞으로 나섰다. 얼음이 아래쪽보다 훨씬 더 단단해서 나는 많은 스텝을 까내야 했다. 높이 오르기도 했지만 하늘에 구름이 잔뜩 끼어 찬바람이 강하게 불어왔다.

　벽을 세로로 가르고 있는 크레바스를 만나서 반원형 아이스스크루를 하나 박고 크레바스를 넘어가 작은 바위들이 널려 있는 곳에 도달했다. 그곳은 편하지도 믿을 만하지도 못했다. 우리는 자진해서 얼음이 있는 곳을 찾아 스텝 커팅을 계속하면서 리지에 올라섰는데, 정상 50미터 아래였다. 곧바로 키아레지오로 가야 했기 때문에 우리는 정상에서 쉬운 루트를 이용해 내려왔다.

　등반 시간은 그렇게 많이 걸리지 않았다. 아주 재미있었고, 난이도는 눈의 상태에 따라 믿을 수 없을 정도로 달랐다. 사실, 우리보다 이틀 먼저 오른 메렌디Merendi와 프리지아Frisia는 스텝 커팅을 하지 않았지만, 우리는 벽의 ¾을 그렇게 올라야 했다.

　등반할 수 있는 기회가 오기를 오랫동안 손꼽아 기다렸던 또 하나의 멋진 루트는 1938년 개척된 6급의 피초 리곤치오Pizzo Ligoncio에 있는 빈치Vinci 루트였다. 이 벽은 키아벤나Chiavenna 동쪽의 험악한 발 코데라Val Codera에 자리 잡고 있다. 1959년 8월 나는 카시미로 페라리Casimiro Ferrari, 안토니오 인베르니치Antonio Invernizzi, 줄리오 밀라니Giulio Milani와 팀을 이루어 등반에 나섰다. 우리는 리곤치오의 완만한 사면을 통해 곧장 벽 밑으로 다가갔다. 이 벽은 북쪽, 그러니까 등반이 시작되는 발 스파사토Val Spassato 쪽에서 보면 피라미드 형태의 인상적인 바위산이다.

루트는 재미있었다. 심지어 우리는 벽에서 갈라져 벌어진 커다란 바위를 슬랩으로 오르기도 했다. 그곳을 반쯤 올랐을 때 우리는 숨소리조차 죽이면서 살금살금 움직여야 했다. 그 바위는 이미 거의 대부분이 벽에서 떨어져 나와 있었다. 우리는 남쪽에 있는 오미오Omio 산장에서 아침에 출발했는데도, 하루 만에 정상에 올랐다.

옛 향수를 핑계로, 제2차 세계대전이 끝난 다음 내가 다시 오른 모든 루트 중에서 가장 흥미 있었던 곳은 아마도 1935년 내가 라티와 함께 드라마틱하게 초등에 성공한 치마 오베스트 북벽일 것이다. 초등 이후 27년이라는 세월이 흘렀던 그때, 나는 그 벽 밑에서 펠리체 안길레리Felice Anghileri와 로프를 묶었다. 그리고 알레산드로 로카텔리Alessandro Locatelli(니노타Ninotta)와 에밀리오 발세키Emilio Valsecchi가 또 하나의 등반 파티를 구성했다.

나는 지난날의 기억을 더듬으며, 내가 한창 젊었을 때 올랐던 그 바위들의 촉감을 다시 느꼈다. 나는 다시 등반을 하면서, 그 당시의 변변치 못한 장비와 시간도 내기 어려웠던 여건에서 어떻게 이토록 어려운 곳을 올랐는지 도무지 이해가 되지 않았다. 내가 나의 영화 〈레코의 거미들―그 25년

The Lecco Spiders: 25 Years〉에 이 등반의 일부를 담기로 했기 때문에 등반시간이 많이 걸렸다. 우리는 벽을 횡단한 다음 마지막 쿨르와르가 시작되는 곳에서 비박했다. 더 높은 곳에 있던 눈이 녹으면서 생긴 엄청난 물줄기로 인해 우리는 흠뻑 젖었다. 강제 샤워의 고통을 당하지 않은 사람은 아무도 없었다. 갈증을 풀 수 있다는 것만이 유일한 위안이었다.

다음 날 아침 우리는 재빨리 왼쪽의 말라있는 쿨르와르로 옮겼고, 그 쿨르와르를 이용해 우리는 등반을 매우 빨리 할 수 있었다. 초등 때와 어쩌면 이렇게 다를 수가 있단 말인가! 그때는 밤에 눈이 내려 사방이 살얼음으로 뒤덮여 있었다.

1972년 나는 알도 안길레리, 피에리노 라바Pierino Rava, 조반니 파베티Giovanni Favetti와 함께 단 하루 만에 이 루트를 다시 올랐다.

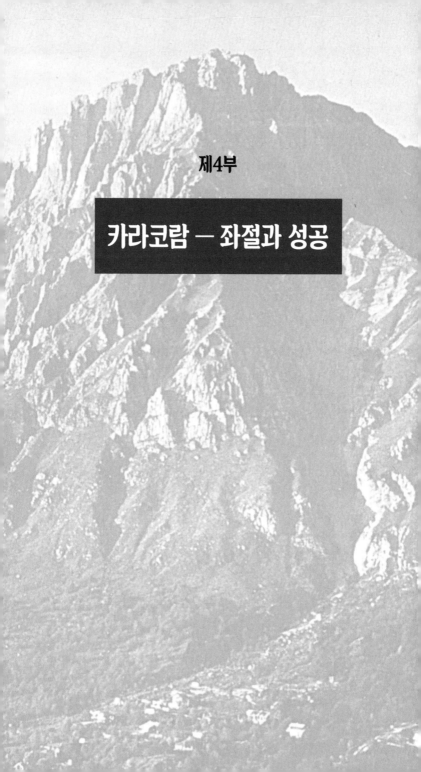

제4부

카라코람 — 좌절과 성공

불공정하고 씁쓸한 배제

1953년 봄, 아르디토 데지오Ardito Desio 교수가 이탈리아산악회의 지원 아래 K2 원정대를 조직하고 있다고 나에게 편지로 알려왔다. 그는 나에게 참가할 의향이 있는지 물었다. 나는 즉시 그리고 기쁜 마음으로 그의 제안을 받아들였다. 히말라야의 거대한 봉우리들은 알피니스트라면 누구에게나 크나큰 매력이었기 때문이다. 나의 첫 번째 임무는 이 교수를 따라 발토로Baltoro 빙하를 거슬러 올라가는 길을 사전 답사하고, 수송 문제의 검토와 루트를 알아보는 것 등이었다.

◆ 세계 제2위의 고봉인 K2(8,611m)는 대히말라야의 카라코람 산군, 발토로 빙하가 시작되는 곳에 있다.

8월 18일 나는 레코를 떠나 데지오 교수의 고향인 밀라노로 향했다. 그리고 그곳에서 다시 기차를 타고 로마로 향했다. 그 사이에 교수는 비행기를 타고 로마로 갔다. 다음 날 아침 우리는 몇 가지 실무적인 문제를 해결하기 위해 파키스탄 영사를 만났다. 그리고 바로 그날 저녁 우리는 카라치Karachi 행 비행기에 몸을 실었다. 도착하자마자 우리는 현지 신문을 통해 미국 원정대의 K2 도전 소식을 알 수 있었다. 또한 그들이 첫 번째 도전에서는 실패했지만 다시 시도할 것이라는 사실도 알게 됐다. 그러나 신문은 원정대원들이 혹독한 시련을 겪었으며, 날씨가 아주 나빴다고 보도했다. 만약 미국인들이 성공을 거두었다면, 우리는 어쩔 수 없이 다른 봉우리를 선택해야 했을 것이다.

우리는 8월 27일까지 카라치에 머무르면서 통관 업무를 마무리하고, 라왈핀디Rawalpindi로 떠났다. 데지오 교수는 다시 한 번 비행기를 이용했다. 물론 나는 다시 한 번 기차를 타야 했다. 1,300킬로미터가 넘는 그 여행은 지루했다. 인더스 강의 거대한 충적토 계곡을 넘나들며, 달리는 열차에 사정없이 휘몰아치는 열대의 거대한 모래지대를 질러가는 데 36시간이 걸렸다. 열기와 살갗에 달라붙는 모래 그리고 황량한 산야가 만들어내는 긴 여행이었다. 내가 라왈핀디역에 도착하자 데지오 교수가 마중 나와 있었다. 우리는 그가 미리 잡아놓은 호텔로 갔다.

미국 원정대에 의무대원으로 참가했던 아타 울라Ata Ullah 소령이 우리와 합류하기로 되어 있었다. 그는 찰스 휴스턴 원정대가 폭풍우로 인해 등정 시도를 포기할 수밖에 없었다고 확인해주었다. 미국인들은 분명 1년 후에 다시 시도할 터였다. 하지만 지금은 우리 차례였다. 이미 구두로는 승인을 받은 것이나 다름없었다. 8월 30일 아타 울라 소령의 자택에서 미국 원정대원을 위한 환영회가 열렸다. 우리 측에서는 데지오 교수만 참석했다. 내가 들은 바로는, 미국인들이 자신들의 루트와 캠프사이트 사진들, 1939년 원정대의 기록필름을 보여주었다고 한다. 9월 1일 아침 나는 아타 울라 대령을 따라 미국인들을 전송하기 위해 공항에 나갔다. 나는 이때 휴스턴을 비롯한 원정대원들과 그들이 성공하지 못한 루트의 특징들에 대해 오랫동안 이야기를 나눌 수 있었다. 한편 신문은 여러 나라의 산악인들이 그다음 해의 K2 등반허가서를 제출했다고 전했는데, 이는 우리에게 확실한 경고신호로 다가왔다.

9월 4일 우리는 비행기를 타고 스카르두Skardu로 떠났다. 그곳에 도착하자 정부 연락관이 따뜻하게 우리를 맞아주었다. 그는 데지오 교수에게 우선 스탁Stak 계곡을 조사해보라고 권유했다. 인더스 강의 오른쪽에 있는 그 계곡에서

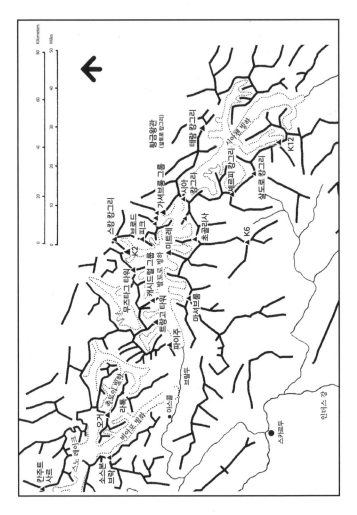

는 6개월 전 거대한 눈사태가 발생했었다고 한다. 하라모시

Haramosh(7,397m) 정상에서 시작된 그 눈사태가 쿠티아Kutiah

계곡의 상부를 완전히 새로운 빙하지대로 만들어서 상당히

위험하다는 것이었다. 우리는 발토로로 들어가기 전에 이곳

부터 알아보기로 했다. 따라서 우리 계획에 대폭적인 수정이 불가피했다. 나는 높은 산의 고개를 넘어야 하는 새로운 길을 지도에 그려 넣고, 장비를 다시 조정하느라 갑자기 부산을 떨어야 했다. 우리는 9월 6일 아침에 떠났다. 먼저 다소Dasso까지는 경찰의 호위를 받으며 짐꾼들을 썼고, 인더스 강을 건널 때는 배를 이용했으며, 그런 다음 주둔군의 지프를 타고 인더스 강 하류 쪽으로 약 20킬로미터를 내려갔다. 우리는 21일 저녁까지도 발토로 빙하 입구에 있는 우리 본래의 목적지 파이주Paiju에 도착하지 못했다.

우리가 마침내 도착한 발토로 빙하는 커다란 바윗덩어리들이 널려 있어 이전의 원정대들이 남긴 케른cairn을 따라 똑바로 가야 했는데, 처음에는 몹시 피곤했다. 빙하의 표면은 산에서 흘러내린 상태에 따라 화강암이나 석회암 또는 점판암으로 이루어진 반모레인으로 주름 잡혀 있었다. 우리는 점판암으로 된 돌무더기가 좀 더 작아서 걷기에 편한 왼쪽 둑을 향해 대각선 방향으로 이동했다. 계속 걸어 올라가자 주변이 점차 장엄한 풍경으로 바뀌었다. 발토로의 양쪽에는 화강암 벽과 침봉들이 거대한 탑처럼 치솟아, 그 높이와 아름다움 그리고 위압적인 인상이 압도적이었다. 가장 위압적인 바위는 5,000미터에서 6,000미터 높이로 솟아있는 피라미드들이었다.

22일 오후 릴리고Liligo에 도착해, 왼쪽에서 흘러나오는 첫 번째 지류를 만났다. 불안정한 큰 바위들과 자갈들이 널려 있는 발토로의 남면을 따라 우리는 계속 전진했다. 그런 다음 어느 산의 벽 밑을 지나, 우르두카스Urdukas의 돌출된 절벽을 올라갔다. 해발고도가 4,230미터인 이곳은 빙하로부터 100미터 위에 있어 삼면이 내려다보이는 아름다운 곳이었다. 이곳은 1909년에 아브루치Abruzzi 공이 보급캠프로, 그리고 1929년에 스폴레토Spoleto 공작이 베이스캠프로 삼았던 곳이기도 했다. 바위 사이에는 범의귀가 다발을 이루며 꽃을 피우고 있었는데, 궁핍하기 짝이 없는 황량한 주위의 땅과 묘한 대조를 이루었다. 이제 겨우 16킬로미터를 올라왔을 뿐인데, 우리에게 남은 짐꾼은 7명이 전부였다. 우리는 고소 장비를 그들에게 나누어주었다. 그리고 모레인의 왼쪽으로부터 우르두카스를 가로질러, 24일을 꼬박 걸은 끝에 발토로 빙하에서 가장 높은 지점으로 올라갔다.

날씨가 나빠지기 시작하더니 24일 오후에는 눈이 내렸다. 짐꾼들은 텐트 안으로 들어가지 않고 장비 보관용으로 쓰는 커다란 천막 밑에 들어가 쉬기를 좋아했다. 그들은 옷을 완전히 벗고 천막 밑으로 기어들어가 서로 나란히 누웠다. 그들의 행동은 이해할 수 없었다. 그들은 고기를 담았던 빈 깡통에 눈을 조금 담아와 녹여달라고 부탁했다. 그런데 우리가 주전자에 끓인 뜨거운 물은 한사코 사양했다. 그들이 요구하고 받아들인 유일한 것이 약품이었다. 그들은 어떤 약이든 맹목적일 정도로 믿음을 보였다. 그리고 머리가 아프다, 배가 아프다, 또는 고소증세가 있다고 손짓발짓을 하며 도망치는 짐꾼이 언제나 한 명씩은 있었다. 고통을 참는 그들의 능력은 참으로 탁월했으며, 내성이 길러지지 않은 몸에 대한 약의 효과는 즉각적이었고, 모든 통증에 효과를 발휘했다.

나는 25일 아침에 눈을 뜨자마자 텐트 밖으로 기어 나와 날씨부터 확인했다. 날씨는 개려는 듯했다. 그러나 우리 주위는 밤새 가벼운 눈이 내려 온통 하얗게 변해있었다. 해발고도 7,273미터의 무즈타그 타워Mustagh Tower는 벽의 높이만 3,000미터로 매우 인상적이었다. 그리고 남쪽으로는 7,281미터 높이의 마셔브룸Masherbrum이 있었다. 여기 콩코르디아Concordia에 있으면 모든 것이 어마어마하다. 세락과 바위, 빙벽과 능선까지도. 이곳 빙하 계곡에는 남쪽으로 미트레Mitre(6,237m), 그리고 북쪽으로는 두 개의 거대한 띠가 변해서 발토로 빙하 양쪽 측면으로 기둥같이 늘어진 듯한 모습의 크리스털Crystal(6,275m)이 있다. 미트레로부터 비그네Vigne 빙하가 시작되는데, 그 위쪽이 초골리사Chogolisa(7,754m)다. 더 멀리 고드윈 오스틴Godwin Austen 빙하 끝에 거대한 피라미드의 K2(8,611m)가 우뚝 솟아있다.

우리는 그 아래쪽부터 정찰할 계획이었다.

우리를 마주한 것은 가셔브룸Gasherbrum4봉이었다. 이 봉우리는 여기서 보면 영락없는 발토로의 마터호른이다. 하지만 콩코르디아에서 보면 얼음이 햇빛에 빛나고 수직 사다리꼴 모양인 바윗덩어리였다. 그 당시에는 감히 어느 누구도 그 산을 시도할 엄두조차 내지 못했다. 주위는 한눈에 다 담을 수 없을 정도로 광대했다.

우리는 K2가 보고 싶어 고드윈 오스틴 빙하를 따라 올라갔다가, 미국인들이 베이스캠프를 쳤던 곳에서 멈추었다. 그곳에는 옷가지들과 산소통, 그 밖의 잡다한 것들이 널려 있었다. 27일 아침 우리는 마침내 3명의 짐꾼을 대동하고 정찰에 나섰다. 우리 텐트가 있는 곳으로부터 전진베이스캠프까지는 전부 빙하로 이루어져 있는데, 5시간이 걸렸다. 역시 그곳에서 미국팀 텐트 한 동을 발견했다.

우리는 목표로 하고 있는 루트를 면밀히 조사했다. 이탈리아산악회보에 실린 셀라Sella의 사진에서 본 곳도 있었고, 미국인들의 다양한 사진에서 본 곳도 있었다. 흥미를 잡아끄는 곳곳을 사진에 담았지만, 정작 정상은 구름에 싸여 있었다. 날씨가 나빠지기 시작해, 더 이상 머무를 수 없었다. 하루 운행 일정에서 길을 잃지 않으려면 이쯤에서 돌아서는 것이 좋을 것 같았다. 짐 무게가 가벼워진 짐꾼들의 발걸음이 가벼웠다. 덕분에 우리는 이틀거리를 하루로 줄일 수 있었다. 하지만 짐꾼들이 우리가 가져온 그날의 밀가루 음식뿐만 아니라 다음 날의 캔 음식까지 다 먹어버려서 서둘러 우르두카스로 돌아가야 했다.

날씨가 점점 추워지고 있었다. 우리는 짐꾼들이 습관처럼 해대는 불평을 들은 척도 안 하고 서둘렀다. 그러자 그들이 마침내 두 손을 들었다. 10월 1일, 파이주로 돌아왔다. 우리는 돌아올 때를 대비해 숨겨두었던 식량과 연료를 모두 회수한 뒤 다음번의 원정을 위해 일부를 남겨 놓았다. 그러는 동안 차고 강한 바람이 불어 닥쳐 모래를 공중으로 날리고, 우리 주머니 속까지 채우는가 하면 눈을 따갑게 만들었다.

너무 삭아서 공포감을 일으키는, 덩굴줄기로 만들어진 '줄라jula' 다리로 우리는 도르모르두Dormordu 강을 다시 건넜어야만 했다. 하지만 짐꾼들이 강한 바람을 핑계로 거부하는 바람에 우리는 계곡 상류까지 올라가 힘겹게 강을 건넜다. 이곳에서 급류가 두 갈래로 갈라졌다. 그중 더 넓은 곳은 물이 짐꾼들의 허리까지 찼다. 그들은 모든 장비를 건너편으로 나르고, 다시 돌아와 데지오 교수를 업어 날랐다. 그는 한 사람에게 업힌 다음 다시 다른 사람에게 업혀 별 탈 없이 강을 건넜다. 내 차례가 되었는데 한 사람만 강을 건너왔다. 두 번째 강을 건널 때 그가 돌부리에 걸려 넘어지는 바람에 나는 그의 머리를 타고 넘어 물에 빠졌다. 내가 급류에 휘말릴까봐 놀란 그가 내 다리를 재빨리 붙잡았다. 덕분에 가까스로 일어설 수 있었다. 나는 몸을 부르르 떨어 물을 털어냈지만, 이 냉동 목욕 덕분에 옷을 몽땅 다 갈아입어야 했다.

10월 3일 아스콜Askole에 도착했다. 그곳에는 우리를 따라 발토로에 왔었던 7명의 짐꾼들이 우리가 감사의 뜻으로 약속했던 양 한 마리를 잡아 놓고 있었다. 그들은 결국 한바탕 잔치를 벌였다.

우리가 가야 할 길은 아직도 30킬로미터나 남아있었다. 그러나 짐꾼들은 브랄두Braldu 강의 지류에 놓여 있는 '줄라' 다리는 건너지 않겠다고 손을 내저었다. 할 수 없이 우리는 길고 가파르며 지루한 우회로를 이용해 강을 건널 수 있는 곳을 찾아야 했다. 우리는 2명의 짐꾼을 겨우 설득해 데지오 교수를 데리고 '줄라'를 건너도록 했다. 그는 이틀 전에 입은 무릎 부위의 작은 부상으로 인해 특히 내리막길을 내려가는 데 어려움을 겪었다.

우리는 32일간의 행군 끝에 연락장교의 고향인 스카르두로 돌아왔고, 다른 손님들과 함께 그의 집으로 식사초대를 받았다. 떠날 준비는 꽤 신속하게 진행됐다. 하지만 라왈핀디로 우리를 태우고 나갈 비행기를 3일 동안이나 기다려야 했다. 그곳에서 아타 울라 소령을 다시 만나게 되어 무척 기뻤다. 몇 시간 후 우리는 카라치로 향하고 있었다. 그 교수는 비행기로, 나는 다시 기차를 타고. 우리는 카라치에서 이틀을 머문 다음 비행기를 타고 10월 16일 이탈리아로 돌아왔다.

정찰등반에서 소기의 성과를 거둔 우리는 실질적인 준비에 들어갔다. 나는 데지오 교수를 비롯한 이탈리아산악회의 다른 간부들과 함께 원정대원의 한 사람으로 임명됐다. 따라서 나는 K2 원정대의 다른 사람들처럼, 밀라노의 중심부에 있는 메디컬센터로 가서 신체검사를 받아야 했다. 그곳은 이러한 원정등반에 신체적으로 적응능력이 있는지 검사하는 전문기관이었다. 그들은 나에 대한 검사 결과가 만족스럽지 못하다고 말했다. 다른 몇몇 사람들도 마찬가지였는데, 그중에는 쿠르마유르 출신의 오토즈와 레이Rey 그리고 마쿠냐냐 Macugnagna 출신의 팔라도 있었다.

그 후 나는 팔라와 함께 로마에 있는 공군 메디컬센터에서 한 번 더 전문적인 정밀검사를 받도록 조치됐다. 3명의 의료 장교 — 대령과 소령 그리고 대위 — 가 나를 처음부터 끝까지 다시 검사를 했는데, 모든 검사가 끝났을 때 대령은 나에게 결과가 아주 양호하며 좋은 건강상태로 원정등반에 참가할 수 있을 것이라고 말했다. 그때 마침 우연히 로마에 있던 나의 친구 로베르토 오시오Roberto Osio가 나와 함께 있어서 이 모든 대화를 들었다.

이렇게 구두 확인이 있은 후, 정밀검사에 대한 모든 자료가 이탈리아산악회로 보내졌다. 이제 이탈리아산악회에서의 내 입지가 흔들리지 않을 이런 좋은 소식에 뛸 듯이 기뻐하며, 나는 곧장 밀라노로 데지오 교수에게 달려갔다. 그 역시 결과에 만족할 것이라고 확신하고서…. 하지만 그는 기뻐하는 기색을 전혀 보이지 않았다.

사실, 밀라노와 로마에서 신체검사를 받는 사이에도 그랬지만, 원정대 조직위원회 회의가 열리는 사이사이에, 데지오는 나 보고 조직위원회에서 빠져줬으면 하는 의사를 전하긴 했었다. 그에 의하면 원정대를 조직하는 데는 한 사람이면 되기 때문에 주로 레코에서 활동하는 내가 시간을 낭비할 필요가 없다는 것이었다. 그런데 나보다 좀 야무지고 나의 법률 대리인이기도 한 친구 카보드Cahbod는 나에게 물러서지 말라고 충고했다. 그러나 나는 신념을 갖고 위원회에서 사임했다. 솔직히 나는 내가 꼭 필요하지 않다면 쓸데없이 원정 비용을 추가시켜서는 안 된다고 보았다. 그러자 위원회는 분명 어떤 사람의 영향을 받은 듯이 편향된 결정을 내렸는데, 로마의 정밀검사는 밀라노의 결과를 재확인하기 위한 것일 뿐이라고 선언했다. 즉 내가 신체적 부적격자라는 것이었다. 위원회에서 사임했기 때문에 이제 나는 더 이상 원정대에 관여할 일이 없었다. 최종적인 결론은 원정 출발을 한 달여 남겨두고 나의 원정대원 자격 취소로 내려졌다. 건강 상태가 나쁘다는 것이 내가 들은 말이었다.

이탈리아 최초의 카라코람 원정대에 참가할 수 없다는 것도 속상한 일이었는데, 더욱 씁쓸했던 것은 그들이 나를 배제하기 위해 사용한 비열한 방법이었다. 나는 새로 시작한 사업도 포기한 채 발토로에 두 달 동안이나 있으면서 원정대를 위한 사전 작업을 하고, 등반이 가능한 루트를 정찰하는 등 데지오 교수와 이탈리아산악회를 위해 최선을 다했다. 그러자 원정대의 수장인 데지오 교수가 나로 인해 자신의 명성이 흐려질지도 모른다고 두려워하는 것 같았다.(이것은 사실로 확인됐다.) 실제로 우리가 발토로에서 돌아오자 저널리스트나, 기자, 산악인들은 지질학자보다는 알피니스트인 나와 이야기를 나누려고 했다. 이러한 현상에 짜증 난 것이 틀림없었던 데지오는 나에게 이렇게 되면 원정대에서 배제될 수도 있다고 경고하며 기자들의 인터뷰에 응하지 말라고까지 요구했다. 오직 자신만이 언론을 상대해야 한다는 것이었다.

데지오 교수가 원정을 준비하고, 과학자로서 자질이 충분하다는 것을 의심한 사람은 아무도 없었다. 비록 위원회가 나를 배제한 진짜 이유를 공표하고 싶지 않았다 하더라도, 그들이 '신체적 부적격'이라는 허위 사실을 구실로 삼아서는 안 되었다. 이것은 나에게 심한 충격을 준 중대한 기만이었다. 나는 이로 인해 오랫동안 고통을 받았다.

나는 특별 신체검사를 자주 받아 걱정할 아무런 이유가 없었다. 하지만 의료계에 있는 친구들의 재확인에도 불구하고 그 일이 계기가 되어 나는 어려운 등반을 할 때마다 혹시 진짜로 내 건강에 이상이 있는 것은 아닐까 하고 불안해했다.

설상가상으로 원정대가 떠난 후인 1954년 5월 나는 스키를 타다 발목을 다쳐 3개월 동안 깁스를 하고 지냈다. 다행히도 여름이 끝나기 전에 발목이 좋아져 나는 다시 등반을 시작할 수 있었다.

나는 환자가 아니라는 것을 스스로 증명이라도 해 보이듯 프레 알프스 지역에 있는 화강암과 석회암에서 아주 어려운 루트들을 여러 번 등반했다.

원정대는 성공했다. 하지만 이탈리아산악회와 데지오 교수 사이에 오랫동안 논쟁이 벌어져 뒤끝이 좋지 않았다.◆ 이러한 논쟁과 원정대의 우여곡절에 대해 굳이 언급하고 싶지

◆ 데지오 교수는 자신의 책 『K2 등정Ascent of K2』과 『산의 세계The Mountain World』에서 캐신을 둘러싼 이런 논란에 대해서는 전혀 언급하지 않았다. 더욱이 정찰등반에 대해서도 상세한 기록을 남겼지만, 캐신에 대해서는 단 한 줄만 썼다. 이러한 차이점은 각자가 받은 서로 다른 재정적 후원에 의해 설명될 수 있을지 모른다. 데지오는 한 과학 단체에서, 반면 캐신은 이탈리아산악회에서 후원을 받았다. 어쩌면 데지오의 결심에 의해 캐신이 배제되었는지도 모른다. 그는 원정이 과학적 목적을 우선으로 해야 하거나, 아니면 에베레스트와 낭가파르바트 등정 이후 많은 사람들이 관심을 가진 영광스러운 등반의 가능성에 의해 이런 목적들이 희석되어서는 안 된다고 믿었다. 데지오는 『산의 세계』에서 이렇게 말한다. "단일 원정대 내에 2개의 상반된 목적이 존재한 이 프로젝트는 세

않지만, 만약 내가 그곳에 있었다면 그러한 오해는 일어나지 않았을지도 모르고, 그와 동시에 위대한 초등을 이룩하는 데 어떤 나의 역할이 있었을지도 모르겠다.

계 최고봉들을 향한 최근의 다른 원정대와는 달랐다. 산악계는 과학적 활동이 등반의 과업을 선정하는 데 중대한 지장을 초래할지 모른다고 당혹감을 감추지 못하고 있다." 그는 또한 이 책에서 대원 선발에 대해 언론이 지대한 관심을 가졌다고 밝혔다. 이런 상황으로 보면 데지오는 원정대 내에서 캐신의 역할이 과학적 목적을 달성하는 데 위협이 될지도 모른다고 판단한 것 같다. 결국 캐신이 배제됨으로써 원정대 내의 과학자들과 산악인들은 "매우 엄격한 데지오 교수"(발터 보나티의 표현)에게 복종할 수밖에 없었다. 그럼에도 이 대규모 원정대의 조직과 리더십은 등반과 과학적 프로그램을 수행하는 데 있어서 훌륭한 역할을 했다. 이런 점은 그때까지 K2에서 실패한 다른 원정대와 비교하면 극명하게 드러난다.

1957년의 등반
기셔브룸4봉 초등

멋진 설욕전

K2 원정에서 배제당한 나에게 이탈리아산악회가 1957년 가을의 두 번째 이탈리아 카라코람 원정대를 이끌도록 해주어서 나는 무척 기뻤다. 이탈리아산악회는 발토로에 미등으로 남은 마지막 8천 미터급 고봉인 가셔브룸1봉Gasherbrum I(8,080m)이나 초골리사Chogolisa(7,665m), 또는 마셔브룸Masherbrum(7,821m)에 대한 등반허가를 신청해놓고 있었다. 그런데 파키스탄 카라치에 있는 대사관으로부터 등반허가서 받는 일을 책임진 포스코 마라이니Fosco Maraini는 안타깝게도 이 봉우리들은 이미 모두 허가서가 발급된 것을 확인했다. 우리는 7천 미터급 봉우리 중에서 그 대상지를 골라야 했다.

나는 1953년 데지오 교수와 K2를 정찰하러 갔을 때 본 가셔브룸4봉(7,925m)에 마음이 끌렸다. 내가 이 사실을 쿠르트 딤베르거Kurt Diemberger와 상의하자, 그도 가셔브룸4봉이 발토로에서 가장 아름다운 봉우리라고 화답했다. 그러면서 그는 북쪽의 브로드피크Broad Peak(8,051m)와 남동쪽의 초골리사에서 보니 등반이 가능한 루트가 있을 것 같다고 덧붙였다. 이런 정보 말고, 기술적으로 어렵다는 사실 외에 그곳에 대해 아는 사람이 없었다. 2월 20일 허가서가 나왔다. 따라서 우리는 4월 10일까지 장비 선적 준비를 끝내야 했다. 원정자금은 K2에 비해 턱없이 부족했다. 그럼에도 나는 토니 고비Toni Gobbi와 함께 동분서주한 끝에 3월 20일까지 거의 모든 준비를 끝냈다. 원정대원들은 몽블랑 지역에서 일주일 동안 장비 시험을 끝내고, 몬차Monza로 가서 장비를 포장했다.

4월 30일, 발터 보나티Walter Bonatti와 카를로 마우리, 토니 고비, 베피 데 프란체스크Bepi De Francesch, 주세페 오베르토 Guiseppe Oberto, 도나토 제니Donato Zeni로 구성된 원정대가 제노아를 떠났다. 포스코 마라이니는 카라치에서 필요한 허가와 비자를 받기 위해 같은 날 비행기로 떠났고, 나 역시 5월 10일 비행기로 뒤따랐다. 5월 12일 우리 원정대는 에어컨이 나오는 기차를 타고 라왈핀디로 향했다. 그곳에서 우리는 마라이니와 파키스탄 연락장교 다르Dar 대위를 만났다. 하지만 우리는 안타깝게도 5월 25일까지 기다린 후에야 스카르두행 비행기에 가까스로 몸을 실을 수 있었다. 마침내 모든 준비를 끝낸 원정대가 5월 30일 정오 스카르두를 떠났는데, 모두 450명이나 되는 대규모였다. 6월 15일 아침 콩코르디아 합류점에 도착한 우리는 그곳을 발토로 빙하에 있는 우르두카스와 오가는 거점으로 삼고, 베이스캠프는 가셔브룸4봉 바로 밑에 치기로 했다. 이 작업에 하루가 걸렸다.

다음 날인 17일 아침 대다수의 포터들이 고비, 보나티, 오베르토를 따라 베이스캠프로 떠났다. 나는 마우리와 제니, 마라이니에게 K2 베이스캠프 자리에 가볍게 갔다 오자고 제안했지만, 그들은 꼼짝도 하지 않았다. 그래서 시간도 보낼 겸 나는 스키를 타고 우리 베이스캠프로 향했다. 1시간쯤 지나 나는 되돌아오는 포터 4명을 만났다. 그들은 밀가루를 지고 있었다. 그들이 전해준 고비의 종이쪽지에는 너무 멀어 아직 베이스캠프에는 도착하지 못했지만, 그날 내로는 도착할 계획이라고 되어있었다. 그 종이쪽지에 나는 지형을 좀 더 알아보기 위해 1시간쯤 더 간 다음 돌아갈 것이라고 적어 뒤쪽에 남아있는 친구들에게 보냈다.

기분이 좋아진 나는 건조한 공기를 한껏 들이마시며 스키를 타고 빠르게 내달렸다. 홀로 있으니 해방감이 느껴졌다. 바위와 얼음, 그리고 거칠고 야생 그대로인 자연과 끝없는 정적 간의 조화를 즐겼다. 눈이 없는 모레인 지대가 나타나 스키를 벗어 어깨에 걸머지고 한동안 걸었다. 그리고 더 이상 눈이 나타나지 않자 나중에 돌아오는 길에 찾을 요량으로 안전한 장소에 스키를 숨겨놓았다. 2시간 반이 지나자 앞선 행렬이 밤을 지내기 위해 머물렀던 곳이 나타났다. 나는 마른 곳에 캠프를 칠 수 있는 모레인 지대가 얼마나 뻗어있는지 알아보기 위해 계속 갔다.

그러나 나는 잠시 쉰 다음 돌아가기로 결심했다. 나에게는 사탕 봉지 하나와 내 친구들이 지나간 자리에서 발견한, 작은 병에 든 시럽 하나 외에 먹을 것이 없었다. 나는 주위의 봉우리들을 보고 싶었다. 하지만 구름에 가려 적잖이 실망했다. 청명한 날이었다면 경치는 그야말로 장관일 터였다. 나는 스키를 도로 찾아 아침에 4명의 포터를 만난 장소로 내려갔다. 푹푹 빠지는 부드러운 눈으로 인해 금방 지쳤다. 그러더니 눈이 오기 시작했다. 신설이 스키 바닥에 달라붙어 무겁고 걸리적거렸다. 눈이 내리던 날씨가 점차 화이트아웃으로 변해갔다. 하지만 나는 그냥 계속 갔다.

어느 지점에서 길을 잃었다가 다시 찾기도 했다. 나는 큰 걱정 없이 평온한 마음으로 계속 갔다. 하지만 나도 모르게 온 길로 되돌아가고 있었다. 눈 폭풍은 방금 전 내가 어디에 있었는지도 알아차리지 못할 정도로 심했다. 포터들을 만난

자리를 지났지만, 나는 내가 꾸준히 전진한다 해도 우리 캠프에 도착하지 못하리라는 사실을 깨달았다. 나침반으로 방향을 확인하자 오히려 거꾸로 가고 있었다. 나는 미리 방향을 확인하지 않은 나 자신을 심하게 질책했다. 하지만 다행스럽게도 눈이 그쳐 스키로는 더 빨리 갈 수 있었다. 그렇다해도 만약 서두르지 않았다면, 나는 그날 밤을 보내기 위해 이글루igloo를 만들어야 했을지 모른다. 어두웠다. 하지만 나는 캠프파이어 불빛을 볼 수 있을지도 모른다는 희망을 갖고 계속 갔다. 혹시 캠프파이어 불빛을 볼 수 있다면 금방 방향을 알 수 있을 터였다. 주위가 온통 물이 차있는 크레바스여서 극도의 주의가 필요했다.

마침내 약간 솟아오른 둔덕에 이르자, 어둠 속에서 희미한 불빛을 내고 있는 우리 캠프가 눈에 들어왔다. 밤 9시 30분, 정확히 12시간을 걸은 나는 친구들이 있는 곳으로 돌아왔다. 내가 텐트로 가까이 다가가자 그들이 즐겁게 떠드는 소리가 들렸다. 그들은 아직 돌아오지 않은 나를 전혀 걱정하지 않고 있었다. 사실, 그들은 내가 저쪽 동료들에게 갔을 것이라 생각하고 있었다.

이런 일이 있고 난 후 며칠 동안 날씨가 불안정했다. 토요일인 9월 21일 하루는 베이스캠프에서 돌아온 포터들을 비롯한 그들의 조장들과 협상하는 데 보냈다. 그들은 파키스탄

법에 따라 자신들이 의당 받아야 하는 양의 보조 산소통과 식량을 달라고 끊임없이 졸랐다. 우리는 결국 반밖에 먹지 않은, 많은 양의 밀가루와 버터, 연유를 그들에게 주어야 했고, 결국에는 우리에게 남은 것이 없어, 우리는 그들에게 그중 일부를 팔라고 해야 하는 웃지 못할 해프닝이 벌어졌다. 만약 우리가 좀 더 유연하게 처신했더라면, 아마도 수많은 입씨름과 운행 지연은 일어나지 않았을지도 모른다. 예를 들면, 미국인들은 재빨리 결정을 내릴 수 있는 총괄 대장이 있어 좋았다. 그래서 그들의 원정은 훨씬 더 효율적이었다.

6월 23일, 우리는 마침내 베이스캠프에 도착했다. 그런데 압력밥솥을 다루다가 팔을 심하게 덴 마우리의 표정이 영 좋지 않았다. 보나티와 고비는 이미 1캠프를 설치했고, 가셔브룸3봉(7,952m) 사면 밑에 설치할 캠프 자리를 알아보기 위해 더 멀리까지 갔다 왔다고 나에게 보고했다. 우리는 이제 이런 일을 지루하게 반복해야 했다. 캠프 설치 계획을 세우고 나자, 포터들이 다른 대원에게 가서 이야기를 나누는 모습이 보였다. 그는 나에게 다가와, 우리들과 똑같은 장비를 지급받지 않는 한 자신들은 움직이지 않을 것이라고 말했다. 나는 1캠프까지는 지급할 수 없고, 우리와 함께 1캠프 위로 올라가는 사람들에게만 매트리스와 침낭 그리고 다운재킷을 나누어주겠다고 대답했다. 그러나 포터들은 모두 '나리Sahib'

의 것과 같은 것으로 달라고 고집을 부렸다. 나는 너무 화가
나 그들을 모두 해고하고 싶었다. 하지만 베이스캠프는 너무
멀리 떨어져 있고, 그렇게 되면 우리가 져 날라야 하는 장비
들이 너무 많을 것 같았다. 협상은 밤까지 계속됐다. 그리고
마침내 우리와 함께 고소캠프까지 올라가는 4명에 한해 추가
장비를 지급한다는 조건으로 협상이 마무리됐다.

원정대의 살림살이가 넉넉한 것도 아닌데, 결정적인 순간
에 끊임없이 더 달라고 요구하는 이런 행동은 우리의 신경을
몹시 자극했다. 도전이라는 무거운 부담을 갖고 있는 우리는
고소적응을 위해 조금이라도 더 체력을 회복하고 마음의 평
화와 평온을 찾는 것이 중요하기 때문이다.

폭설과 눈사태에 대한 끊임없는 공포 그리고 피로는 우리
의 첫 번째 정상 도전에 가장 큰 위협 요소였다. 하지만 순조
롭게 북동릉 7,200미터에 5캠프를 설치했다. 빠른 회복을
보인 보나티와 마우리가 정상을 지척에 둔 곳까지 올라갔고,
7월 19일 우리는 모두 베이스캠프로 돌아왔다.

사실 대원들의 상태는 좋았다. 따라서 며칠 동안 캠프를
다시 손보며 두 번째 공격에 대비하고 있는 모습이 마치 조선
소에 있는 것 같았다. 식량을 다시 포장하고, 로프와 슬링을
챙기고, 찢어지거나 낡은 옷은 바꾸고, 행운만을 바라지 않
도록 공격 계획을 아주 자세히 검토했다.

첫 번째 공격이 끝난 다음 대원들 간에 정도 차이는 있었지만 피로로 지쳐가고 의기소침해지는 분위기가 있었다. 하지만 이제 우리는 우리의 산에 대해 그 어느 때보다도 더 뜨거운 열망을 품게 됐다. 베이스캠프와 4캠프를 차례로 오가며, 한층 수준 높은 계획들을 이행했다. 캠프 간의 통신은 무전기에 의존했는데, 이것은 유용하기도 했을 뿐더러, 우리가 하나라는 느낌을 끊임없이 잊지 않도록 해주었기 때문에 대원들의 사기를 고양시키는 소중한 수단이 되었다.

27일 아침 우리(캐신, 마우리, 보나티와 데 프란체스크)는 1캠프를 향해 떠났다. 일주일 동안 날씨가 좋았는데, 하늘에 구름이 다시 끼었다. 다음 날 피부화상을 일으킬 정도의 뜨거운 태양 아래서도 무거운 짐을 두 구간에 걸쳐 날랐다. 오베르토와 제니가 4일 동안이나 장비와 물자를 정리하고 있던 2캠프에서 잠깐 쉰 우리는 사람을 몹시 지치게 하는 부드러운 눈을 뚫고 3캠프에 도착했다. 그곳에서 식욕을 잃은 나는 그날 밤 잠을 설쳤다. 사실 아침에 일어나니 머리가 빙빙 돌면서 모든 것이 이리저리 흔들리는 느낌이었다.

날씨는 여전히 불안정했지만, 어쨌든 우리는 출발했다. 2명의 포터와 고비가 따라붙었는데, 먼저 짐을 올려두고 온 고비가 내 배낭을 메어주었다. 나는 고비 뒤를 따라 올라가고 있었는데 여전히 머리가 빙빙 돌면서 뒤처졌다. 콜에 도

▲ 가셔브룸 남쪽 빙하 시작 지점에 있는 2캠프에서 바라본 가셔브룸4봉. 루트는 아이스폴을 올라, 눈이 쌓인 분지에 이른 다음 오른쪽에 보이는 북동릉을 따라가는 것이다.

착하자 나를 추월했던 데 프란체스크까지 심하다 싶을 정도로 정신을 못 차렸다. 고비는 여기까지 올라오고 이제 내려가야 했다. 그는 자신이 메었던 배낭을 나에게 주었고, 우리는 계속 앞으로 나아갔다. 심한 눈보라가 기승을 부렸다.

마침내 4캠프에 도착했다. 몹시 지친 나는 쓰러지다시피 텐트 안으로 기어들어갔다. 데 프란체스크가 텐트 문을 닫았는데, 그 역시 텐트 안에 눈이 가득 차있다는 것조차 알아차리지 못할 정도로 지쳐있었다. 폭풍이 더욱 날뛰는 속에 나는 호흡을 가다듬으려 노력했다. 바람의 영향을 받지 않는 텐트의 오른쪽은 완전히 눈밭이었다. 나는 가까스로 일어나 무엇을 좀 마시면 나아질까 싶어 커피를 끓였다. 그리고 데 프란체스크에게도 조금 주었다. 그는 나의 몸 상태가 아주 나쁘다는 것을 알고, 친절하게도 내 텐트의 눈까지 치워주었다.

위협적인 허리케인이 밤새 불어 닥쳤다. 이 고도, 이 위치에서는 바람이 불자 맑은 하늘인데도 눈발이 날렸다. 나는 한잠도 자지 못했다. 텐트 안의 모든 것이 계속 빙빙 도는 것 같았다. 아침이 되어 일어났는데 멍한 상태는 여전했다. 그런데 끔찍한 밤을 보낸 데 프란체스크도 끙끙 앓는 소리를 냈다. 눈보라가 여전히 기승을 부려 나는 작은 텐트 밖으로도 나갈 수 없었다. 그리고 무엇을 조금이라도 삼키면 곧바로

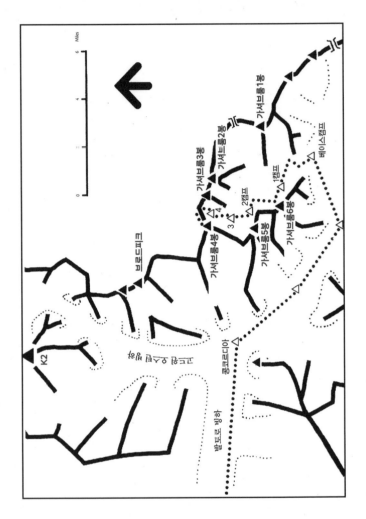

올라왔다. 이런 상태가 종일 계속되다 저녁이 되니까 조금 좋아져, 그날 밤은 그런대로 눈을 붙일 수 있었다. 나는 첫 번째 공격 때 이곳에 3일 동안 있으면서 5캠프까지 세 번이나 짐을 날랐었다! 베이스캠프에서 너무 빨리 올라온 데다 제대

로 먹지 못한 것이 고산병의 원인인 듯했다.

천문학에 관심이 많아서 프란체스크에게 달이 바뀌었는데도 왜 날씨가 여전히 나쁜지 물어보았다. 이유는 모르지만 어쨌든 날씨는 항상 바뀐다는 것이 그의 대답이었다. 그는 체면을 세우기라도 하려는 듯 이렇게 덧붙였다. "분명, 몬순 시즌이지? 그렇다면 약하긴 해도 그 영향력이 여기까지 미치고 있는 게 틀림없어."

우리는 보나티와 마우리가 오고 있는지 텐트 밖을 가끔 내다보았다. 하지만 저녁이 되었는데도 그들은 나타나지 않았다. 우리는 그들이 날씨 때문에 운행을 일부러 늦추고 있다고 생각했다. 7월 1일 오전 10시경, 그들이 악천후를 뚫고 4명의 포터와 함께 오는 것을 데 프란체스크가 발견했다. 눈도 오고 바람도 밤에 부는 것만큼 세차게 불고 있었다. 그들은 2차 공격에 필요한 것들을 갖고 오고 있었다. 나는 여전히 좋지 않았다. 이런 상태라면 나는 이곳에 있을 필요 없이 포터들과 함께 3캠프로 내려가는 것이 더 좋을 듯싶었다. 그다음 날 아침 공격에 나서려던 보나티와 마우리는 나의 결정에 당황하면서, 대신 고비와 오베르토를 즉시 4캠프로 올려 보내달라고 요구했다.

혼자 남게 되는 제니에게는 좀 미안했다. 그는 자신의 역할을 의사로 한정시키는 대신 등반대원으로 나섰으면 훨씬 더 좋았을 것이다. 그의 성격으로 보면, 우리 같은 원정대의 의사로서는 성이 차지 않는 것이 틀림없었다. 특히 이런 고도에서는 대원 각자의 노력에도 불구하고 불가피하게 다가오는 심신의 황폐 상황에서 원정대의 의사에게 필요한 덕목은 친착과 평온, 배려와 심지어는 아버지와 같은 따뜻한 성격일 터였다. 포터들을 위해서도 매한가지였다. 결국 나의 단호한 반대에도 불구하고 제니는 혼자 4캠프를 향해 떠났다.

3캠프에 있던 나는 식량과 연료를 갖고 오도록 포터 2명을 아래쪽 캠프와 베이스캠프로 내려보냈다. 하지만 3일 아침, 타끼Taqi 포터만이 연료가 반쯤 든 가스와 식량을 배낭에 넣고 2캠프에서 올라왔다. 이틀을 쉬자 몸이 완전히 회복됐다. 의사가 나를 보고 아직 '완전'하지 않은 상태라고 말하기는 했지만….

저녁 무렵 3캠프로 올라오고 있는 두 사람이 보였다. 식량과 우편물을 갖고 오는 마라이니와 그의 포터 이스마엘Ismael이었다. 우편물은 이런 미묘한 상황에서 실제로 사기를 북돋아주기 때문에 소중했다. 나는 집에서 온 소식을 동료들에게 전달해주기 위해 다음 날 4캠프로 다시 올라가기로 했다.

그날 저녁 우리는 이제 곧 결론을 내야 하는 우리의 프로젝트에 대한 아이디어와 희망을 나누며 오랫동안 이야기했다.

나는 산소를 써보니 좋았다며, 내가 타끼와 남아서 5캠프로 되도록 많은 산소통과 마스크를 나르겠다고 마라이니에게 말했다. 다음 날 아침 나는 빨리 올라갔는데, 타끼는 나보다 짐을 덜 졌는데도 뒤따라오느라 애를 먹었다. 아이스폴 지대에 고정로프를 설치하면서 우리는 오전 10시쯤 4캠프에 도착했다. 그리고 잠시 쉬면서 배를 채우고 나니 힘이 솟아 그 날 오후 많은 짐을 지고 5캠프로 올라갔다. 그곳에는 텐트가 한 동뿐이었다. 보나티, 마우리, 고비 그리고 데 프란체스크가 정상 공격을 위한 마지막 출발 지점이 될 6캠프를 능선 위에 치기 위해 다른 한 동을 갖고 간 때문이었다.

3일 동안 날씨가 화창했다. 우리는 이런 날씨가 지속될지도 모른다는 희망에 부풀었다. 어쨌든 산소를 조금이라도 더 위로 가져오기를 잘했다는 느낌이 들었다. 나는 다시 4캠프로 내려가기로 했다. 놀랍게도 가스통에 연결하는 스토브가 텐트에 없었던 것이다. 이 고도라면 사람은 하루에 4~5리터의 물을 마셔야 하는데 물을 녹일 방법이 달리 없었다. 타끼는 두통에 시달렸다. 아무래도 중압감과 급격한 고도변화 때문인 듯했다.

7월 5일 아침, 나는 오베르토와 타끼에게 3캠프로 내려가 스토브 두어 개를 갖고 올라올 포터가 있는지 알아보라고 말했다. 우리가 써야 할 것을 제니가 5캠프로 이미 갖고 올라간 때문이었다. 하지만 그 사이에 날씨가 변했다. 정상은 강풍에도 걷히지 않는 안개에 휩싸였다. 우리는 보나티와 마우리가 이런 불리한 상황 속에서도 어떻게든 임무를 완수해낼 수있기를 기도했다. 그때 무전기가 울렸다. 6캠프를 구축하러 갔던 고비였다. 그는 자신들이 스토브를 찾았고, 제니가 갖고 내려가고 있다고 말했다. 나는 그를 마중하러 나가 콜 근처에서 만났다. 그는 고비가 식량을 갖고 6캠프로 올라갈 것이며, 심한 결막염을 앓고 있는 데 프란체스크를 대신해 자기가 그곳으로 올라갈 것이라고 말했다. 여러 상황을 종합해보면, 데 프란체스크가 4캠프로 내려오는 것이 더 좋았을지모른다. 왜냐하면 이제 나는 몸 상태가 아주 좋아 그를 대신할 수 있었기 때문이다.

6일 아침, 4캠프에 남은 사람은 나 혼자였다. 움직이지 않고 가만히 있는 것이 좋지 않다고 생각한 나는 가셔브룸3봉 (7,952m)의 남동릉을 정찰하기로 했다. 나는 작은 침니 하나를 넘어 7,350미터의 고도에 도달했지만 원정대장으로서의 내 책임을 망각하고 있는 것 같아, 우리의 목표인 가셔브룸4봉을 등정한 후에 마저 올라가기로 하고 더 이상 위험을 무릅쓰지 않았다. 나는 그곳에 아이스해머와 피톤 몇 개를 남겨두었다. 나중에, 5캠프로 올라가면서 보니 내가 간 길이 바로 가셔브룸3봉 정상으로 가는 제대로 된 길이었다. 너

▲ 캐신이 가셔브룸3봉을 탐색하면서 찍은 가셔브룸4봉의 위쪽 부분. 오른쪽의 북동릉이 이들의 등반 루트.

무나 좋은 기회였는데…. 나쁜 날씨만 아니었다면 정상에 올라갔을지도 모른다. 어쨌든 가셔브룸3봉은 초등을 허락하지 않은 채 그대로 남게 됐고, 결국 그 정상은 1975년 8월 폴란드 원정대의 것이 됐다.

나는 그 산의 남서벽뿐만 아니라, 가셔브룸5봉(7,147m)에 대해서도 멋진 사진을 몇 장 찍었다. 이쪽에서 보는 가셔브룸5봉은 매우 인상적이었다. 나는 가셔브룸4봉의 북동쪽 콜로 되돌아가 고비, 데 프란체스크와 제니를 만났는데, 그들의 말에 의하면 보나티와 마우리가 정상을 공략하기 위한 고정로프를 설치하고 나서 하루를 쉬고 있다는 것이었다.

저녁 7시경 4캠프로 돌아온 제니는 능선이 아주 어렵기는 하지만 고정로프를 잘 설치해놓았다고 말했다. 그들은 흰 바위가 있는 곳까지는 도달하지 못했다. 그러나 날씨만 허락해준다면, 성공 확률은 높았다. 정상 공격의 결과를 기다리는 것조차 쉽지 않은 고뇌의 연속이었다. 왜냐하면 우리는 어느 누구 할 것 없이 극도로 예민해진 신경과 지속적으로 싸워야 했기 때문이다. 정찰할 때 보니 능선이 꽤 길었다. 더구나 커니스cornice 밑에는 흰 바위들이 사면을 이루고 있었다. 6일 정오가 다 되어갈 무렵 나는 고함소리를 두 번 들었는데, 그 소리는 정상에서 나는 것 같았다. 제니 역시 그렇게 느꼈다. 하지만 안개와 바람으로 인해, 우리가 고비, 데 프란체스크와 저녁 7시에 서로 소리를 질러 의사소통을 하기로 한 것은 물거품이 됐다. 그때부터 내리기 시작한 눈은 밤새 계속됐다.

다음 날 아침 일찍 나는 텐트 주위의 눈을 힘들게 치웠다. 그러나 쓸 데 없는 짓이었다. 내가 눈을 어느 곳으로 내던지든 바람이 다시 제자리로 날려 보냈다. 텐트 문을 열기만 하면 텐트 안에 있는 모든 것이 순식간에 하얗게 변해 텐트 문도 아주 조금씩 열어야 했다. 심지어 내 바지 주머니까지 눈이 가득 들어찼다. 나는 대원들이 몹시 걱정됐다. 식량과 연료는 많이 있겠지만, 그들은 몹시 지쳐있을 터였다. 그들이 과연 날씨가 나빠지기 전에 성공할 수 있을까? 일단 정상에 올라간다 해도 능선을 따라 5캠프로 돌아오는 것은 고정로프가 잘 설치되어 있다 해도 힘든 일일 터였다. 우리에게 식량은 많이 남아있고 고비와 데 프란체스크에게도 마찬가지였지만, 연료가 많지 않다는 것이 문제였다. 연료는 마실 물을 만드는 데 매우 중요하고, 물을 만들지 못하면 아무 것도 할 수 없다는 것은 너무나 자명한 사실이었다.

오후 3시쯤 소리가 들렸다. 내가 텐트 밖으로 뛰쳐나가 보니 눈보라를 헤치고 2명이 다가오고 있었다. 고비와 데 프란체스크였다. 그들은 가셔브룸4봉이 이탈리아 앞에 마침내 무릎을 꿇었다고 말했다. 나는 얼마쯤 뒤에서 따라오고 있는

▲ 가셔브룸4봉 등반의 마지막 구간인 어려운 혼합등반 지역을 오르고 있는 베피 데 프란체스크

보나티와 마우리에게 뛰어가 그들을 얼싸안았다. 나 역시 그들만큼 감격이 복받쳐 올랐다. 우리는 사납게 날뛰는 폭풍을 피해 텐트 안으로 기어들어갔다.

우리는 너무 행복해 어쩔 줄 몰랐다. 우리는 이야기꽃을 활짝 피우며, 그동안 겪었던 많은 어려움을 토로했다. 보나티와 마우리는 환하게 웃으며 흥분에 싸였지만, 몹시 피곤해 보였다. 그들이 나에게 데 프란체스크의 추락에 대한 이야기를 들려주었는데, 그때가 우리 원정등반이 비극으로 바뀔 뻔한 가장 극적인 순간이었다. 축하를 하러 이들을 마중 나가던 데 프란체스크가 어둠 속에 발을 헛디뎌 50미터를 추락한 것이다. 그는 오직 천운으로 치명적인 부상을 모면했는데, 부드러운 눈 위로 큰 충격을 받지 않고 떨어졌다. 그와 함께 있었던 고비는 이미 사고를 확신하고, 너무나 놀라 벌어진 입을 다물지도 못한 채 텐트로 돌아갔다. 한데 데 프란체스크가 그곳에 서 있었다. 그는 혼자서 텐트로 돌아온 것이다. 고비는 도저히 믿을 수 없었다. 그는 자신이 유령을 보고 있다고 생각했다. 하지만 그는 오베르토의 웃음소리를 듣고 나서야 모든 일이 잘 되었다는 사실을 깨달았다. 고비는 껑충 뛰어가 자신의 친구를 껴안았다. 데 프란체스크는 오히려 고비가 길을 잃었다고 생각하고 있었다.

보나티와 마우리는, 우리가 으르렁거리는 폭풍 속에 그들을 걱정스럽게 기다리던 마지막 순간까지 상세히 설명하며 이야기를 이어갔다. 험상궂은 날씨와 싸우며 수많은 우여곡절을 겪은 그들은 마침내 7,350미터에 있는 '회색 타워'에 도달했다. 아주 어려운 '회색 타워'를 넘어서자 '세 번째 타워'에 이어 '마지막 타워'가 니티났다. 그들은 얼음으로 뒤덮인 날카로운 커니스에서 나쁜 날씨 때문에 결국 멈추어야 했는데, 그곳이 7,750미터였다. 그곳에서 그들은 발길을 돌려야 했다. 정상까지는 수직으로 채 200미터도 안 되는 곳이었다.

8월 4일 그들은 이전 등반대의 최고점을 넘어섰고, 설릉 위에 솟아있는 '블랙 타워'에 고정로프를 설치했다. 대략 7,850미터 지점이었다. 8월 6일 칼날 같은 능선을 따라 그 산에서 두 번째로 높은 곳에 도달했는데, 바위가 이제 화강암에서 석회암으로 바뀌었다. 멀리 발토로에서 희미하게 빛나고 있는 것과 같은 색깔이었다. 그러고 나서 정상이 나타났다.

가셔브룸4봉의 정상 부근은 5개의 이빨을 가진 톱니 모양이었고, 피라미드와 같은 K2의 측면 안부saddle에서 발토로 분지로 흘러들어가는 구름이 일으키는 바람에 의해 거칠게 쓸려 있었다. 정상을 향해 이 5개의 이빨 같은 능선을 건너가는 것이 특히 어려웠다. 피톤을 박을 만한 바위가 없었을뿐더러 두꺼운 눈에 덮여 있어 홀드가 보이지 않았기 때문이

▲ 1957년 가셔브룸4봉 앞에서 포즈를 취한 캐신. 이 산은 그의 원정대에 의해 초등됐다.

다. 오후 12시 30분 마침내 가셔브룸4봉의 정상이 무릎을 꿇고, 이탈리아의 등산 역사에 빛나는 성공을 안겨주었다. 게다가 보나티와 마우리는 등반의 난이도가 4급 내지는 5급으로 점점 높아지기 때문에 이제껏 히말라야에서 이루어진 등반 중에서 가장 어려운 것으로 생각한다고 말했다.(그 당시 이것은 의심할 여지없는 사실이었다.)

우리는 함께 식사를 했다. 그리고 행복해진 우리는 마침내 조용히 쉬었다. 우리는 그날 밤 3명이 한 텐트를 썼다. 밖은 여전히 눈이 내렸다. 날씨는 좋아지지 않았지만 우리는 하산을 하기로 결정했다. 그리하여 고생 끝에 아이스폴 지대까지는 도착했는데, 눈 상태가 너무 좋지 않아 베이스캠프로 돌아가는 것은 그야말로 고문이었다. 어떤 곳에서는 눈이 무릎까지 빠졌다. 1캠프까지는 크레바스 밭이었다. 포터 한 명이 그 속으로 빠지는 사고가 있었지만 다행히 심각한 결과로 이어지지는 않았다.

8월 14일 우리는 간신히 포터들을 출발시켰다. 그들은 우리가 남겨놓은 식량과 장비를 전부 거두어들여 짐을 잔뜩 지고 출발했다. 우리는 콩코르디아 원형협곡에 도착했다. 그러나 이대로 이 산을 그냥 떠날 수는 없었다. K2의 베이스캠프로 가서 푸코즈Puchoz에게 경의를 표하고 싶었다. 8월 15일

◆ 마리오 푸코즈Mario Puchoz는 1954년 이탈리아 K2 원정등반 중 사망했다.

오후 우리 모두는 이 위대한 산악인의 추모비 앞에 섰다.

그날 밤 우리는 어둠 속에서 빙하의 미로를 헤맸지만 콩코르디아로 무사히 돌아왔다. 다음 날 아침 우리는 빛과 구름이 뒤엉켜 현란한 춤을 추는 가셔브룸4봉을 바라볼 수 있었다. 그날 오후 늦게 우르두카스에 도착했는데, 자연이 한없이 아름다워 보였다. 푸른 초원에 야생화가 만발한 모습은 몇 달 동안 모레인과 얼음, 바위만 보아온 우리 눈에는 그야말로 꿈같은 세계였다.

릴리고Liligo에서 나는 동료들에게 거대한 트랑고 타워를 정찰하자고 제안했다. 트랑고는 화강암으로 된 종탑처럼 압도적이고 인상적인 봉으로 계곡 안쪽에 자리 잡고 있었다. 하지만 하루라도 빨리 집으로 돌아가고 싶었던 그들은 내 아이디어를 받아들이지 않았다. 이틀 후 우리는 긴 여행의 종착지인 아스콜에 도착했다. 우리는 점차 일상에 적응해가면서 오염되지 않고 거친 자연이 주는 무한한 가치에 감사하는 마음을 갖게 되었다. 오랫동안 오직 살아남기 위해서 억지로 음식을 먹었던 우리는 맛있고 달콤한 자두를 보자 정신없이 달려들었다. 한데 자두에서 씨를 빼내 그것을 볶아 파는 발티 사람들을 보니, 그들은 씨에 더 많은 관심을 갖고 있는 것 같았다.

우리는 '자크zak(배)'를 타고 스카르두에 도착했다. 차갑고

▲ 1957년의 이탈리아 가서브룸 원정대원들.

1 다른 대위 2 주세페 오베르토
3 도나토 제니 박사 4 발터 보나티
5 토니 고비 6 포스코 마라이니
7 베피 데 프란체스크
8 리카르도 캐신
9 카를로 마우리

거친 물살이 내달리는 쉬가르Shigar 강을 따라가는 이 여행은 우리 모험의 마지막 흥분이었다.

가셔브룸4봉에서 내 몸은 나의 등반 50년 경력과 열정을 보상해주기라도 하듯 완벽하게 적응해주었다. 고소에서 흔히 일어날 수 있는 컨디션 난조나 여러 가지 복병에도 의심할 여지없이 잘 대처할 수 있었다.

이렇게 되자 K2 원정등반에서 배제당한 서러움이 한층 더 강하게 밀려왔다. 다른 어떤 것보다도 더 아쉬웠던 것은 그때 나는 젊었다는 것이었다. 이탈리아산악회 회보에 실린 내용이 전혀 사실과 다르다는 것은 명백한 사실이다. 1954년 2월 1일자 회보 48쪽에는 이렇게 되어있다.

"유감스럽게도 위원회는 일부 유명 후보자들에 대한 최근 임상심리학 검사의 좋지 않은 결과를 따를 수밖에 없었다. 그중에는 산악인 라카르도 캐신이 포함되어 있는데, 그는 고소의 스트레스에 대하여 신체적으로 부적합하다는 판단을 받았다. 확대 해석하면 ― 다른 무엇보다도 ― 그는 생명을 위협받을 수도 있다."

이탈리아로, 나의 사랑하는 레코로 돌아오자, 나는 빵 몇 조각과 물 한 병, 건포도와 내가 공장에서 직접 만든 피톤들을 낡은 배낭에 넣고 친구들과 함께 레세고네와 그리냐로 떠나던 날들이 그리웠다. 워커 스퍼 역시 마찬가지였다. 그로

부터 꼭 20년 후인 1957년 8월 6일 산악인으로서 그리고 이
탈리아인으로서 내 자긍심이 보상받았다는 것은 행운이 깃
든 우연의 일치였을까?

제5부

원정등반

17

데날리 남벽

나는 데날리 남벽을 오르겠다는 야심찬 계획을 갖고 1961년 북미를 처음 방문했다. 북미는 역사와 사람들, 발전의 수준 그리고 자유를 향한 정신에서 우리 유럽인들에게는 여전히 동화와 같은 나라였다. 데날리Denali(6,194m)⁺는 북미에서 가장 높은 산으로 외지고 신비스럽지만, 자원이 풍부하고 환상적인 풍경을 가진 알래스카에 위치하고 있다. 원정등반을 한번 해보자는 아이디어로 이탈리아산악회의 우리 지부에 상상력의 불을 지핀 사람은 카를로 마우리였다. 하지만 그는

⁺ 원서에는 Mt. Mckinley로 되어있지만, 본 번역서는 미국 정부의 지명 변경(2015년 8월 30일)에 따라 데날리로 표기했다. 알래스카인들은 이 산을 데날리로 부른다.(편집자 주)

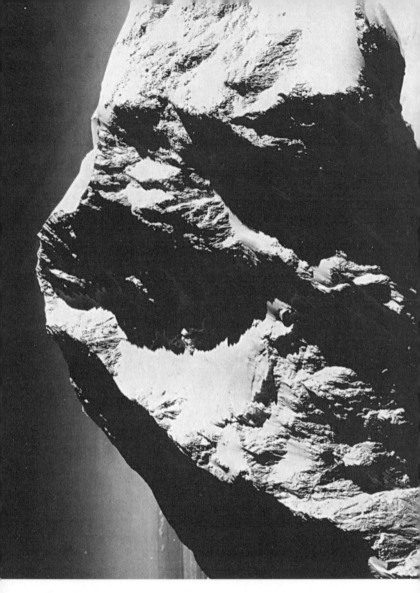

▲ 데날리 남벽. 그림자로 드러나는 왼쪽의 리지가 캐신 루트다.

스키를 타다 큰 부상을 당해 준비에 참가하지 못했다. 우리는 피에트로 메치아니Pietro Meciani의 소중한 도움으로, 보스턴 과학박물관장인 브래드포드 워시번Bradford Washburn 박사와 접촉했다. 데날리를 훤히 꿰뚫고 있는 그는 미등으로 남아있으면서도 웅대한 남벽을 추천해주었다.

프랑스 원정대가 똑같은 프로젝트를 추진하고 있다는 소식이 들려와 우리는 행동을 서둘렀다. 그리하여 내가 이끌 5명의 대원들이 선발됐다. 지안카를로(잭) 카날리Giancarlo(Jack) Canali, 지지 알리피Gigi Alippi, 로마노 페레고Romano Perego, 루지노 아이롤디Luigino Airoldi 그리고 안니발레 주키Annibale Zucchi. 이들은 젊은 알피니스트들로 기술적인 능력이나 과감성에서 높이 평가받을 만했다. 준비된 장비가 선적되자, 나는 로마노 페레고와 함께 원정대의 행정을 위해 6월 5일 말펜사Malpensa를 떠나, 뉴욕을 거쳐 보스턴에 도착했다.

워시번 박사는 자신이 소중하게 모아온 데날리의 지도와 사진들을 나에게 보여주었다. 그리고 그 벽이 갖고 있는 잠재적인 위험성을 바로 알아차릴 수 있는 직접적인 정보도 주었다. 그는 다정다감한 사람이었다. 그는 우리에게 저녁을 산 뒤 데날리의 입체사진을 보여주었는데, 사진을 보니 그 산은 사방이 깎아지른 절벽이었다. 5~6일 후에는 나머지 대원들이 앵커리지에 도착할 것이고, 우리는 시간을 내서 뉴욕을 방문했다. 우리는 사람들이 북적거리는 광장에서 혼란에 빠지기도 하고, 고층 건물의 아찔한 벽을 올려다보고, 인간이 만든 마천루에 매혹되기도 하며 이 거대한 도시를 구경했다.

우리는 6월 9일 앵커리지 공항에 도착해 그곳에 사는 이탈리아인 디니엘리 씨Mr. Dinielli이 환영을 받았다. 그의 집은 먼 고국에 두고 온 우리들의 집과 똑같은 분위기였다. 나는 다시 한 번 따뜻한 환대에 감명 받았다.

6월 11일, 나는 카힐트나Kahiltna 빙하 동쪽 지류 비행장 근처에 있는 지역으로 스키가 달린 작은 비행기에 우리를 태우고 갈 용감무쌍한 조종사 돈 쉘든Don Sheldon을 만났다. 나는 또한 고향을 떠나 앵커리지에서 건축 하도급 사업을 하고 있는 지안니 스토코Gianni Stocco를 만났는데, 그의 도움으로 우리는 장비를 놓아둘 장소를 골랐다. 이탈리안 아메리칸으로 뉴욕에서 온 아르만도 페트레카Armando Petrecca와 스토코는 자신들이 열정적인 클라이머라면서 우리 원정대에 합류하기를 원했다. 하지만 나는 그들의 제안을 받아들이기에 앞서 먼저 그들의 능력을 알아보기 위해 며칠 동안 판단을 미루었다. 북미의 유명 산악인 봅 굿윈Bob Goodwin이 우리와 합류하기로 약속이 되어있었는데, 그와 연락이 닿지 않아서 나는 그가 올 수 없는 상황이라고 판단했고, 결국 스토코와 페트레카를 받아들이기로 결정했다.

그런 다음 나는 돈 쉘든의 비행기를 타고 사람이 거주하는 마지막 작은 마을 탈키트나Talkeetna로 갔다. 데날리가 있는 지역을 지나가면서 우리가 오를 남벽을 처음으로 가까이서 볼 수 있었다. 바위와 얼음이 섞인 거대한 남벽은 매우 위협적이었다. 나는 앵커리지로 돌아왔고, 다음 날 모든 대원들이 모였다. 하지만 장비는 여전히 통관절차를 밟고 있었다. 그들은 뉴욕에서 나의 절친한 옛 친구인 에르나니 파에Ernani Faé를 만났다고 전해주었다. 우리가 젊었을 때 그는 암벽등반의 선구적인 인물이었다. 나는 돌아가는 길에 그를 꼭 만나보고 싶었다.

그 다음 며칠 동안 우리는 장비와 사람을 실어 날랐다. 먼저 탈키트나로 그리고 내가 워시번 박사의 도움으로 선택한 벽 밑 가까운 빙하의 한 지점으로. 실제로 등반이 시작되는 곳과 가장 가까운 여기까지는 쉘든의 비행기로 갈 수 있었다. 러셀 산Mt. Russel을 등정하고 막 돌아온 봅 굿윈까지 우리와 합류해, 우리는 이제 모두 9명이 됐다. 우리는 쉘든의 경험과 능력 덕분에 모든 장비를 차례차례 등반 지역으로 옮길 수 있었다. 그리고 일부 장비는 우리의 등반을 가볍게 하면서 수송량을 줄일 수 있도록 4킬로미터 위쪽에 투하했다. 그

◆ 1930년대의 유명한 돌로미테 클라이머. 1934년 알비세 안드리크Alvise Andrich와 함께 해낸 푼타 치베타 북서벽 등반이 가장 유명한데, 이는 그 당시 실제적인 6급의 자유등반이었다. 안드리크-파에 루트는 돌로미테의 가장 우아한 루트 중 하나로 평가받고 있다.

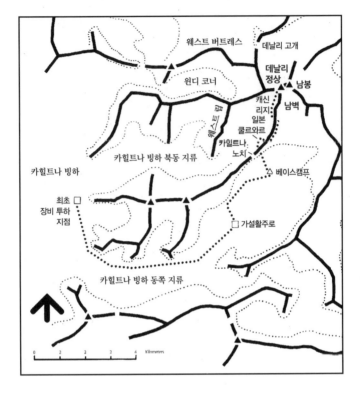

러나 쉘든이 우리를 내려준 곳은 개념도를 보고 점찍어놓은
곳과는 멀리 떨어진 곳이었다. 눈 상태로 인해 우리가 원하
는 곳에 착륙할 수 없었던 것이다. 따라서 우리는 많은 어려
움을 겪었다. 장비가 4킬로미터 떨어져 있는 상황에서 우리
가 카힐트나 빙하 북동 지류에 내렸기 때문에 우리는 동쪽 지
류로 이동해야 했다. 잭 카날리와 지지 알리피, 밥 굿윈이 장
비를 옮기는 동안 돈 쉘든과 나는 다른 사람들이 남아있는 탈
키트나로 돌아왔다. 그러나 날씨가 너무 나빠 우리는 쉘든이

왕복으로 비행할 수 있는 24일까지 기다려야 했다.

베이스캠프에서 준비에 들어가자 등반은 갑작스레 활기를 띠었다. 식량과 장비, 텐트, 연료 그리고 등반에 필요한 것들이 베이스캠프에 차곡차곡 쌓였다. 그 위도에서 여름철에는 정말 밤 9시까지도 어둡지 않아, 우리는 늦게까지 작업을 할 수 있었다. 모두들 자기희생과 열정의 정신으로 맡은 바 임무에 충실했다. 이제 모든 것은 우리, 오직 우리에게 달려있었다. 우리를 둘러싼 거친 동토의 환경과는 너무나도 대조적으로 우리의 작은 거주 공간에 활력이 넘쳐났다. 우리 위쪽으로는 데날리 남벽이 희미하게 빛나고 있었다. 나는 그 속에 숨어있는 작은 비밀이라도 캐내보려고 자주 그 벽을 관찰했다.

본격적인 공격에 나서기 전에 이런 시간을 보내면서 봅 굿윈은 상당한 능력이 있는 반면 페트레카와 스토코는 이런 위험천만한 모험을 감행하기에는 제대로 준비가 되어있지 않다는 사실을 알았다. 나는 육체적·기술적·정신적으로 준비가 되어있지 않으니 돌아가라고 단도직입적으로 말하며 그들을 설득했다. 만약 내가 마음이 약해 그들을 데려간다면, 그것은 후회해봐야 소용없는 치명적 약점이 될 것이 뻔했다. 그들은 스스로 제 앞가림을 할 수 있다는 인상도 주지 못했다. 더구나 이런 특별한 상황에서는 더욱 그러할 터였다. 이 문제에 대해서, 제대로 준비된 진정한 산악인이라면 모름지

기 어떠한 어려운 상황이 닥쳐도 스스로 극복해야 할 뿐만 아니라 남을 도와줄 수 있는 잠재적인 능력까지 갖추어야 한다고 나는 강조하고 싶다.

이제 우리는 벽을 공격할 수 있는 준비를 끝냈지만 날씨가 우호적이지 않았다. 7월로 접어들면서 3일 동안이나 눈이 내려 우리는 기다리는 수밖에 없었다. 그 사이에 우리가 한 일이라고는 고작 가설활주로에 가서 일부 장비를 가져와 베이스캠프에 있는 텐트를 보강한 일 뿐이었다. 아주 어려운 루트로 데날리를 오른다는 흥미진진한 프로젝트 준비도 바빴지만, 텐트를 정리하고, 눈을 치우고, 음식을 만들고, 개인 장비를 정리하고, 집으로 편지를 쓰는 등의 단순하면서도 잡다한 일들도 바쁘기는 매한가지였다. 더군다나 나는 원정대장으로서 가장과 같은 역할을 하면서 대원들의 정신을 고양시키고, 필요하면 의사 노릇을 하는 것은 물론, 일기를 쓰고, 원정대의 소식을 우리 산악회뿐만 아니라 언론에까지 전해 주기로 되어있는 나의 친구 에르나니 파에와도 연락을 주고받아야 했다. 음식을 만드는 것은 기분전환에 도움이 됐다. 탈키트나에서 비행기를 기다려야 하는 어쩔 수 없는 시간 동안 알리피와 아이롤디의 들볶임에 못 이겨서 내가 잡은 통통한 송어 몇 마리로 저녁 요리를 만들었다. 그놈들을 빙하에 만든 '천연 냉장고'에 보관해 왔었는데, 이제 그놈들은 우리

◀ 데날리 남벽 밑의 카힐트나 빙하 동쪽 지류 끝에 있는 베이스캠프

▲ 데날리의 남서벽과 남벽 사이에 있는 캐신 리지. 사각형으로 표시된 곳이 쉘든의
비행기를 위한 가설활주로가 있던 곳이다.

를 한껏 즐겁게 해주고 사기를 드높이는 특별한 파티를 만들어주었다.

나와 함께 텐트를 쓴 굿윈은 훌륭한 동료였다. 하지만 우리는 서로를 잘 알지 못해 아쉬웠다. 대원들 간에도 서로에 대해 잘 몰라서 긴 대화를 유지해 나가기 어렵긴 마찬가지였다. 내 룸메이트는 시간이 나면 언제나 잠을 잤다. 날씨가 계속 좋지 않아서 건설적인 어떤 일도 시작할 수 없었다. 다만 하나의 진전이 있다면 스토코와 페트레카가 결국에는 이 등반이 자신들에게 너무 어렵다는 것을 받아들이고 앵커리지로 돌아가기로 한 것이었다. 우리의 대상지가 갖고 있는 치명적 어려움을 생각해보면 환영할 만한 일이었다. 7월 4일 그들은 가설활주로로 내려가 돈 쉘든이 자신들을 태우러 오기를 기다렸다. 한편 우리는 베이스캠프로 장비를 옮기는 하루의 끝자락에, 텐트에 모여 아이롤디와 굿윈이 준비한 또 한 번의 멋진 저녁을 즐겼다. 우리는 앞으로의 계획을 논의하며 제발 날씨가 좋아지기를 기도했다.

수요일인 7월 6일 정오, 햇빛이 나자 우리는 리지가 시작되는 곳까지 이어지는 커다란 쿨르와르를 공략하기로 빠른 결정을 내렸다. 그 리지는 바위들이 튀어나온 곳을 향해 오른쪽으로 뻗어있었다. 하지만 우리가 부서진 바위 사이에 있는 작은 쿨르와르에 간신히 도착하자 눈이 내리기 시작했다.

▲ 캐신 리지 하단에 있는 5급의 오버행 구간

▲ 일본 쿨르와르에 닿기 전에 있는 화강암 슬랩 지대를 넘어서고 있다.

원정등반

◀ 화강암 슬랩 지대 위쪽에 있는 '회색 타워'를 향해 전진하고 있다. 이곳을 넘어서면 왼쪽에 있는 일본 쿨르와르로 하강해야 한다.

▶ 일본 쿨르와르로 하강하는 구간. 난이도 6급의 이곳은 카날리, 알리피와 아이롤디가 극심한 추위와 폭풍 속에 루트를 뚫었다.

원정등반

그럼에도 우리는 모든 구간에 만족할 만한 수준의 고정로프를 설치했다. 그날 저녁은 일상적인 대화와 가벼운 토론으로 그럭저럭 흘러갔다. 우리 중 노래를 불러 다른 사람을 즐겁게 해줄 수 있는 사람이 없다는 것은 애석한 일이었다. 가셔브룸4봉에서는 보나티와 마우리, 제니가 있어서 자주 노래를 불렀는데, 우리의 사기를 진작시키는 데는 그만한 것이 없었다.

그다음 날은 날씨가 화창했다. 그러나 계곡 아래쪽에 낮게 깔린 구름덩어리들은 우리가 과감한 행동에 나서는 것을 경고하고 있었다. 불안정한 날씨가 가장 두려웠다. 우리는 무거운 짐을 지고 고정로프를 따라 쿨르와르를 올라갔고, 전날 도달한 최고점을 넘어섰다. 그리고 살얼음이 끼어있는 바위 구간을 공격했다. 카날리가 앞장섰는데, 그는 그곳을 넘어서기 위해 온힘을 다했다. 그다음 훨씬 더 어려운 구간은 알리피가 나섰다. 그러는 동안 예상대로 눈이 내리기 시작했다. 하지만 우리는 등반을 계속해나갔다. 알리피는 첫 번째 오버행을 인공등반으로 넘어갔다. 그러자 불룩 튀어나온 거대한 화강암이 나타났다. 그는 우리에게 이런 식으로는 더 이상 전진할 수 없다고 말했다.

나는 페레고에게 더 좋아 보이는 왼쪽으로 넘어가보라고 말했다. 그리고 그가 등반을 멈추었을 때 나는 직접 상태를

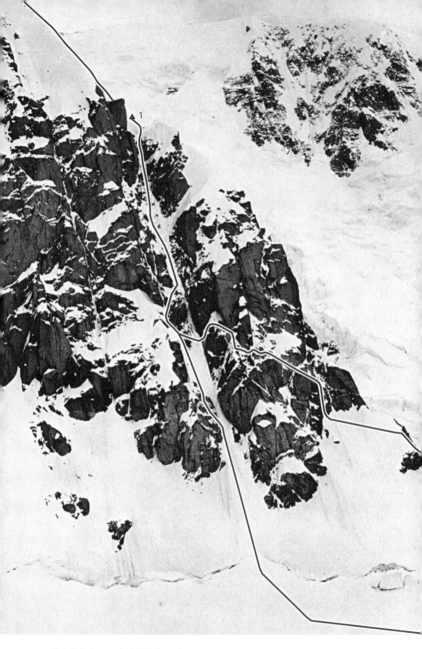

▲ 데날리의 웨스트 립에서 바라본 일본 쿨르와르. 캐신 루트는 오른쪽에서 이곳으로 들어선다.

확인해보기 위해 그에게 다가갔다. 우리는 리지 위의 어느 콜에 있었는데, 그사이에 안개가 짙게 낀 데다 시간도 너무 늦었다. 우리는 일단 내려간 다음, 다음 날 다시 시도해보기로 했다.

그제야 나는 우리가 등반한 곳이 워시번 박사가 준 지도에 표시해놓은 곳(3,563m)이 아니라, 빙하에서 200미터를 더 올라간 곳에 있는 인접지역이라는 사실을 깨달았다.

베이스캠프로 돌아오니, 몸이 조금 불편했던 아이롤디의 상태가 좋아져 있었다. 그리고 가설활주로에서 텐트 한 동과 많은 식량을 갖고 올라온 굿윈이 그곳에 있었다. 우리가 다시 등반에 나섰을 때는 굿윈이 함께 갔고, 아이롤디는 쉘든을 만나기 위해 가설활주로로 내려갔다. 뒤늦게 안 사실이지

▲ 일본 쿨르와르를 공략한 후 베이스캠프로 돌아온 아이롤디, 카날리와 알리피

만, 그는 쉘든이 우편물을 떨어뜨려 놓고 떠난 다음 그곳에 도착했다. 우리는 재빨리 콜 위에 있는 전날의 최고점에 도달했다. 하지만 여기서부터 루트가 불분명했다. 계획대로 주키, 알리피, 카날리와 아이롤디가 왼쪽으로 계속 등반해나갔다. 그러는 동안 나는 굿윈과 함께 적당한 장소를 찾아 약간의 식량과 장비를 데포 시켜놓고 베이스캠프로 돌아왔다. 리지 아래쪽은 매우 어렵고 복잡했다. 마침내 그곳을 돌파해서 빙하 위 눈 덮인 리지로 나왔지만, 그곳은 정상으로 가는 데 전혀 도움이 되지 않았을 뿐만 아니라 모두 함께 등반하기에는 너무 위험해 보였다. 각자의 신체 상태를 고려하면, 우리를 두 팀으로 나누어 번갈아 공격도 하고 쉬기도 하는 것이 좋을 듯싶었다. 우리가 베이스캠프로 돌아오는 동안, 그곳에 남은 대원들은 대단한 노력을 기울여 왼쪽으로 루트를 뚫고 나갔다. 그때 한 가지 아이디어가 떠올라서 내가 주키와 페레고를 데리고 왼쪽을 확인해보러 갔지만 불행하게도 가능성이 없어 보였다. 데날리 남벽은 내가 그곳을 처음 살펴보았을 때 예견했던 것처럼, 온통 불확실성과 어려움의 연속이었다. 우리는 마지막으로 포기한 곳에서 다시 시작하기로 했다. 하지만 눈이 계속 내리면서 날씨는 여전히 좋아질 기미를 보이지 않았다. 우리의 '릴리온lilion'이라는 방수텐트는 이런 상황에서 너무나 소중했다. 이것 덕분에 장비에 눈이 달

라붙지도 않고, 로프가 물에 젖지도 않았다. 또 다시 별 진척을 이루지 못한 채 베이스캠프로 내려왔다.

7월 8일 아침 카날리와 알리피, 아이롤디가 벽으로 다시 돌아가 4급과 5급에 이르는 등반을 통해 뱃머리처럼 툭 튀어나온 바위 왼쪽에 있는 디에드르에 가까스로 도착했다. 그 디에드르는 누가 봐도 경사가 몹시 셌지만, 그들은 거기서 해결책을 찾아냈다. 그들은 가파른 쿨르와르를 다시 내려갔는데, 그곳이 리지 위에 뾰족하게 솟아오른 바위 뒤쪽에 있는 콜로 연결되어 있었던 것이다. 그곳은 리지의 반쯤 위에 있는 작은 빙하로 곧장 연결되는 날카로운 설릉 바로 아래였다. 이것은 워시번 박사가 친절하게 넘겨준 개념도에서도 분명히 확인할 수 있었다. 그들은 먼저 로프를 타고 내려갔다. 내려선 지점에서 수직의 얼음이 갈라진 곳과 짧은 벽을 조금 올라갔는데, 그곳이 마침 가파른 쿨르와르 위쪽이었다. 그러자 다행스럽게도 눈은 계속 내리고 있었지만 갑자기 하늘이 맑아져서 콜 위쪽의 커다란 쿨르와르 끝까지 볼 수 있었다. 여러모로 운이 따라 주었다. 그들은 앞으로 나아갈 루트 난이도가 4급 이하는 아닐 것으로 생각하기는 했지만 그 위쪽으로 갈 수 있다고 판단했다.

다음 날 카날리과 알리피가 다시 등반에 나서기로 했다. 주키는 가벼운 결막염 증세가, 페레고는 두 손에 가벼운 염

◀ 캐신 루트가 시작되는 곳에 있는 쿨르와르. 이 쿨르와르는 카힐트나 동쪽 지류에서 시작되어 리지로 이어진다.

▲ 캐신 루트와 캠프를 보여주는 리지의 하단. 베이스캠프는 사진에 나타나지는 않지만 그림자 진 오른쪽의 카힐트나 빙하 동쪽 지류에 있다. 햇빛이 든 카힐트나 북동 지류에 있는 왼쪽 점선은 제2등을 이룬 일본 팀의 등반 루트로, 이들은 쿨르와르를 곧장 치고 올라갔다. 이곳은 이제 '일본 쿨르와르'로 불리는데, 이 루트의 크럭스이기도 하다.

중이 있었다. 한편 굿윈은 카날리, 알리피와 함께 합류하라는 나의 제안에 너무나 기뻐하며 그들과 등반 준비를 했다. 나는 편지도 몇 장 써야 하는 데다 이미 찍어놓은 필름들을 편집해야 해서 베이스캠프에 머무를 수밖에 없었다.

그날 밤 매서운 바람이 텐트로 몰아쳐 우리를 공포에 빠뜨렸다. 그래도 아침이 되자 태양이 산 너머에서 떠올랐다. 하지만 계곡 아래쪽에는 불안정한 날씨를 예고하는 구름들이 낮게 깔려있었다. 그럼에도 나의 친구 셋은 아침 7시에 출발했다. 바람은 내가 교신을 마칠 때까지 거칠게 울부짖었다. 오후 5시가 되자, 그 바람은 파미르 텐트를 거의 납작하게 만들 정도로 강해졌다. 텐트 안에 있자니 텐트 천이 끊임없이 펄럭거리는 소리가 마치 기관총 소리 같아서 귀가 먹먹할 정도였다. 주방 텐트를 살피러 잠깐 밖으로 나갔는데, 먼지와 함께 휘몰아치는 바람에 거의 넘어질 뻔했다. 바람이 잠잠해지자, 이번에는 다시 눈이 엄청나게 내렸다. 나는 이처럼 혹독한 환경 속에 위쪽에서 등반하고 있는 대원들이 걱정되었다. 잠깐씩 고개를 내밀고 첫 번째 쿨르와르 쪽을 바라보면서 그들이 돌아오면 작은 소리라도 들리지 않을까 하고 귀를 쫑긋했다. 밤 9시 30분경, 그들 3명 모두가 온통 얼음을 뒤집어쓰고 돌아와, 나는 안도의 한숨을 내쉬었다.

그다음 날 아침, 나는 아이롤디를 앞세워 주키와 함께 올라갔다. 주키는 1캠프에 칠 파미르 텐트를 지고 있었다. 이제는 익숙해진 각자의 역할대로 영화와 사진 찍는 일은 완전히 내 몫이 됐다. 고정로프를 따라 리지 위로 올라서니 커다란 바위 밑에 평편한 곳이 있어 그곳에 1캠프를 치기로 했다. 우리는 내가 이미 언급한 날카로운 설릉에 도달할 수 있는지 알아보기 위해 계속 올라갔다. 아이롤디가 먼저 지친 기색을 보였다. 하지만 나의 만류에도 불구하고, 그는 내가 전에 쿨르와르가 있는 것으로 본 오른쪽을 향해 더 전진해나갔다. 그는 두꺼운 얼음이 있는 곳을 과감하게 횡단한 다음 그 아래쪽으로 내려섰다. 나는 즉시 뒤를 따라갔고, 그는 계속해서 쿨르와르를 공략해나갔다. 하지만 그곳은 신설이 쌓여있어 아주 어려웠다. 따라서 그는 많은 피톤을 써야 했다. 그는 40미터쯤 가서 멈추더니, 그곳은 얼음과 눈뿐이라고 알려왔다.

내가 그에게 다가갔지만 상황은 뚜렷한 대책이 없었다. 주키가 날카로운 설릉 쪽으로 나아갔다. 가파른 경사면은 무릎까지 빠지는 부드러운 눈의 담요로 덮여 있었다. 한순간만 실수해도 모든 것이 부서져 내릴 것 같은 느낌이 들면서 나는 거의 숨도 쉬지 못하는 지경이 됐다. 우리는 한 번 더 날카로운 설릉 위에 올라섰지만, 짙은 안개로 인해 빙하는 보이지 않았다. 그때 북쪽에서부터 하늘이 아주 조금씩 갈라지는 것 같았다. 우리는 잠시 기다렸다. 하지만 너무 늦은 데다 거의

▶ 일본 쿨르와르 꼭대기에 있는 커다란 바위를 보호막 삼아 설치한 1캠프. 이제 이곳은 이 루트를 시도하는 팀이 언제나 캠프사이트나 비박 장소로 삼는 곳이 됐다.

1시간 동안이나 추위에 떨며 쿨르와르에서 기다리고 있던 아이롤디가 우리를 부르고 있었다. 우리는 전날 친구들이 있었던 회색 타워 밑에 1캠프를 설치할 계획이었기 때문에 갖고 올라온 모든 장비를 정리해 그곳에 두고 고정로프를 이용해 내려왔다. 하강은 결코 끝나지 않을 것처럼 길었지만, 우리는 거의 자정이 가까워진 시간에 베이스캠프로 돌아왔다. 곧바로 나는 다음 날 아침 선두를 바꿔가며 올라가기로 되어있던 페레고, 카날리와 알리피에게 1캠프를 정비하고, 두 번째 콜 위에 2캠프를 친 다음, 설릉 상태를 면밀히 조사해서 빙하에 이르는 가장 좋은 루트를 알아내라고 지시했다.

7월 13일, 우리 6명은 모두 분주했다. 페레고, 카날리, 알리피는 약속대로 2캠프를 향해 떠났고, 주키, 아이롤디와 나는 잠시 쉰 다음 1캠프를 보강할 무거운 짐을 지고 위로 향했다. 우리가 막 하강하려는 순간 페레고, 카날리, 알리피가 정찰 결과를 갖고 돌아왔다. 1킬로미터나 되는 날카로운 설릉은 밀가루같이 불안정한 눈으로 덮여 있는데, 그 밑은 아마도 두꺼운 얼음일 것 같다는 것이었다. 그들은 자신들이 빙하의 첫 번째 베르크슈른트의 벽까지 갔으며, 그 아래에 2캠프용으로 텐트 한 동을 설치했다고 말했다.

페레고는 우리와 함께 내려온 반면 카날리와 알리피는 2캠프로 물자를 나른 다음, 빙하 위의 벽 공략을 위해 그곳에서

자기로 했다. 그러는 사이에 주키와 페레고는 다른 사람들과 합류해서 계속 올라갈 경우에 필요한 장비들을 갖고 1캠프로 올라갔다.

반면에 아이롤디와 나는 쉘든이 떨어뜨려 놓은 우편물을 회수하기 위해 7월 14일 가설활주로로 내려갔다. 그곳에는 쉘든의 비행기에서 떨어뜨렸을 것으로 생각되는 선명한 무언가가 보였으며, 며칠 전 휴가가 끝나 직장으로 돌아가기 위해 베이스캠프를 떠났던 굿윈도 아직까지 그곳에 남아있었다. 사실 쉘든은 그때까지 오지 않았는데, 우리가 깜박 속았던 것은 '가설활주로' 상에 선명하게 보였던 무엇인가가 쉘든이 시야가 나쁠 경우에 대비해서 가설활주로를 알아볼 수 있도록 꽂아놓은 작은 깃발 뭉치였었는데 이를 우편물일 것으로 순간 착각한 것이었다. 굿윈에게 우편물을 전해주면서, 직장문제로 우리와 함께할 수 없는 그에게 깊은 위로를 해주었다.

너무나도 좋은 날씨였다. 나는 쌍안경으로 남벽을 샅샅이 살펴보았다. 얼음이 한 번 쓸린 듯한 그곳은 수많은 오버행벽과 크레바스, 돌출 디에드르로 변해있었다. 나는 정상에서부터 우리가 예상하는 등반선을 조심스럽게 살폈다. 한 지점에 이르자 카날리과 알리피가 수직빙하의 첫 번째 베르크슈른트를 오르고 있는 모습이 분명하게 보였다. 그들은 가운데

스퍼 쪽으로 향하더니 계속해 그 오른쪽으로 나아갔다. 우리가 보기에, 약간 위험해 보이는 구간을 피해서 왼쪽에 있는 얼음 쿨르와르를 올라간다면 좀 더 안전하지 않을까 하는 생각이 들었다.

이제 우리는 마지막 공격에 앞서, 원정등반의 가장 중요한 국면에 접어들었다. 나는 우리의 성공을 보장해줄 여건을 마련하기 위해 행동 계획을 아주 세세히 검토하는 데 정신을 집중했다. 차례로 쉬어가며 원기를 회복한 덕분에 지금까지의 작업은 최상의 성공적 결과를 얻을 수 있었다.

아이롤디와 내가 가설활주로에 갔다 온 다음 날부터 1캠프로 올라갈 준비에 들어갔고, 주키와 페레고는 2캠프를 향해 날카로운 설릉을 등반하고 있었다. 일단 수직빙하에 들어선 그들은 카날리와 알리피가 올랐던 침니를 향해 나아갔고, 한편 그곳을 올랐던 카날리와 알리피는 베이스캠프로 돌아왔다.

주키와 페레고는 얼음 낀 5급의 디에드르를 계속 등반해나가, 5,200미터에서 3캠프 자리로 알맞은 곳을 찾아냈다. 그런 다음 그들은 잠을 자기 위해 2캠프로 내려왔다. 한편 아이롤디와 나는 고소장비와 식량 그리고 파미르 텐트 한 동을 갖고 1캠프로 올라갔다. 사다리가 고정되어 있는 두 번째 쿨르와르의 초입에서 휴식을 위해 베이스캠프로 돌아가는 카날리과 알리피를 만났다.

다음 날인 16일 아침, 우리는 2캠프로 향하다 주키와 페레고를 만났다. 나는 그들에게 첫 번째 콜로 가서, 이곳저곳에 데포 해둔 식량과 장비를 1캠프로 올리라고 말했다. 우리는 2캠프에 파미르 텐트를 치고, 3캠프에는 네팔 텐트를 칠 계획이었다. 하지만 우리가 2캠프에 도착하자 날씨가 변하더니 눈이 오기 시작했다. 밤새 눈이 와서 우리는 더 이상 공격에 나설 수 없었다. 그러는 사이에 카날리와 알리피는 1캠프에 있는 2명의 동료와 합류했고, 그곳에서 비박을 했다. 다음 날 아침에도 눈은 여전히 내리고 있었다. 날씨가 좋아질 기미를 보이지 않아, 아이롤디와 나는 1캠프로 내려가 동료들과 합류하기로 했다. 할 수 없이 쉬게 된 그들은 각자 특색이 뚜렷한 레코 사투리를 써가며 잡담으로 시간을 보냈다. 하지만 나는 우유 한 잔을 마신 다음 다른 텐트에 들어가 쉬는 쪽을 선택했다. 아직까지 위쪽에서 해야 할 작업이 많은데 꼼짝없이 쉴 수밖에 없는 이 상황에 대한 근심걱정으로 나는 잠을 이룰 수 없었다. 오후 늦게 하늘이 맑아져 우리는 모두 의욕에 차서 2캠프로 출발했다. 그리고 상황이 좋으면 그다음 날 3명씩 조를 편성해 3캠프까지 가기로 했다.

아침에 수직빙하를 반쯤 올라갔는데, 쉘든의 비행기 소리가 들렸다. 우리는 그가 노련한 솜씨로 착륙한 다음 굿윈을 태우고 이륙하는 모습을 지켜보았다. 하늘 높이 떠오른 그는 빙그르르 회전을 하며 우리에게 작별인사를 고했다. 우리는 카날리와 알리피가 도달했던 최고점을 넘어서, 주키와 페레고가 점찍어 놓은 3캠프 자리에 도착했다. 끊임없이 차디찬 돌풍이 불어 닥쳐 우리는 납작 엎드리다시피 하면서 텐트 두 동을 쳤는데, 그곳이 5,200미터였다. 추위가 매서워 우리는 작은 텐트 안에 꼼짝없이 갇힌 신세가 됐지만, 너무나 피곤해서 스르르 잠에 빠져들었다. 밤새 눈이 내렸다. 하지만 아침이 되자 날씨가 좋아지는 것 같았다.

우리는 마지막 공격에 필요한 장비를 모두 챙기고, 6명이 두 조로 나뉘어 출발했다. 첫 번째 조는 주키, 페레고와 아이롤디였고, 두 번째 조는 알리피와 카날리 그리고 나였다. 우리의 계획은 정상에 올라간 다음 곧바로 3캠프로 돌아오는 것이었다. 나는 날씨가 좋지 않아 위험을 감수해야 한다는 것을 잘 알고 있었지만 별다른 수가 없었다. 우리 모두 이 결전의 날에 우리가 받아야 하는 중압감과 희생정신 그리고 도전에 대해 잘 알고 있었다. 비록 긴장한 표정이 역력하기는 했지만, 정상을 향하려는 굳센 의지로 가득 찬 대원들은 정말 멋져 보였다. 사실 카날리를 제외하고 모두 유럽 이외의 지역에서 첫 원정등반이었다.

▲ 안니발레 주키와 로마노 페레고가 리지로 이어지는 가파른 쿨르와르의 끝부분에서
  혼합등반을 하고 있다.

▲ 페레고와 주키가 쿨르와르의 오버행 구간에서 인공등반으로 왼쪽으로 전진하고 있다.
페레고의 왼쪽에 있는 오버행에 걸린 사다리를 보면 사진과는 다른 이곳의 진짜 경사를
알 수 있다.
▶ 정상으로 치고 올라가는 마지막 구간에 있는 혼합등반 지대.

▲ 캐신 리지 위쪽에 있는 전형적인 혼합등반 지대. 이 사진은 정상으로 치고 올라가는
   마지막 날 3캠프에서 찍은 것이다.

우리는 정상 부근의 돌출된 바위를 향해 스퍼를 직선으로 올라갔다. 그리고 잠시 쉬면서 루트에 대해 상의했다. 앞으로 나가야 할 길이 쉬운 구간이 없어, 마음이 쉽게 내키지 않았다. 내가 왼쪽 루트를 등반하기로 결정했는데, 그곳은 정상 부근의 바위지대로 이어지는, 눈과 얼음으로 이루어진 쿨르와르로 나아가는 등반 라인이었다. 해결의 실마리를 찾은 우리는 기뻐했으나 기술적인 어려움과 나쁜 날씨에 맞서 악전고투해야 했다. 눈이 내리는 날씨에 남동쪽에서 불어오는 강풍까지 더해져, 이상적인 루트인 리지를 따라 계속 올라가는 것이 불가능했다. 기온은 혹독했고, 차가운 싸락눈이 얼굴을 따갑게 때렸다. 이런 상황에서는 영화를 찍거나 사진을 찍을 수도 없었다. 하지만 우리는 정상 부근의 바위지대 아래쪽으로 계속 전진했다. 이제 고소증세까지 느껴져 등반이 몹시 힘들었다. 더욱이 우리가 맞닥뜨린 특별한 여러 형태의 지형으로 인해 피로가 가중됐다. 바위처럼 단단한 얼음이 나타나는가 하면, 딱딱하게 얼어붙은 눈 밑으로 발이 푹푹 빠지는 부드러운 눈이 나타나기도 했다. 이 때문에 언제나 불안했고 더욱 세심한 주의가 요구되었다. 우리의 등반은 이제 의지가 아니라 생존이 더욱 중요하게 되었다. 더욱이 정상 부근의 바위지대는 상당히 어렵기조차 했다. 우리는 지쳤고, 기온은 영하 30~35°C까지 떨어져 손발에 감각을 느낄 수 없었다.

그때 갑자기 정찰기 소리가 시끄럽게 들리더니, 우리 바로 위쪽을 두세 번 선회했다. 아마도 어려움에 빠져있는 우리를 위로라도 하려는 모양이었지만, 참을 수 없을 만큼 시끄럽다고도 생각되었다. 따따한 등산화로 인해 발이 얼어붙는 것 같았다. 카날리가 특별히 심했는데, 그는 발이 시리다며 불평 불만을 쏟아냈다. 하지만 고지가 바로 눈앞이었다. 그리하여 7월 19일 밤 11시, 우리는 마침내 데날리 정상에 올라섰다.

날이 차츰 어두워지고 있었다. 장갑을 벗는 것은 위험천만한 행동이었지만, 어쨌든 나는 알리피의 카메라로 사진을 두 장 찍었다. 물론 사진이 잘 나오리라고 기대하지는 않았지만…. 이 두 번의 촬영에서 비록 선명하지는 않지만 한 장의 사진은 우리가 정상에 올랐다는 증거가 됐다.

우리는 배낭에서 아이스스크루가 달린 깃발들을 꺼내 아주 힘들게 박았다. 바람이 심하게 불어 이탈리아, 미국, 알래스카 주, 레코 그리고 우리의 '거미' 깃발이 하나로 엉켰다. 그것은 마치 서로에 대한 우정의 초대장 같았다. 우리는 거의 말도 하지 못하고 감격에 겨워 서로를 껴안았다. 그때 우리는 각자 개인적인 생각에 빠져있었다. 얼굴에 환하게 빛나던 그 특별한 미소는 가슴 깊숙한 곳에서 우러나오는 것이었다. 우리들의 미소는 레코와 이탈리아 알피니즘의 아름다운

승리 그 자체였다.

　나를 놀라게 하고 싶었던 대원들은 우리 시市의 수호자인 성 니콜라스의 작은 조각상을 가져와 정상에 놓아두었다. 이제 우리는 곧 하산해야 했다. 추위가 더욱 맹위를 떨쳤고, 안

▲ 데날리의 정상 설원지대

전하게 돌아가는 것만이 진정으로 환영받을 수 있는 우리의 승리일 것이기 때문이었다.

우리가 정상 부근의 바위지대 아래에 도착하자 카날리가 메스꺼움을 호소했다. 처음에 나는 농담으로 토하고 싶으냐고 물었다. 우리는 17시간 동안이나 움직이고 있었지만, 오후에 과일 캔과 시럽을 하나씩 먹은 것이 전부였다. 그러나 우리가 몹시 가파른 쿨르와르에 도착했을 때 옆에서 이상한 소리가 들려 고개를 돌려보니, 카날리가 계곡 쪽으로 굴러떨어지고 있었다. 나는 재빨리 피켈 확보를 해서 가까스로 그의 추락을 막았다. 우리의 성공을 위해 혼신의 힘을 다한 이 온화하기 짝이 없는 친구는 끝없는 메스꺼움에 난파선

▲ 극심한 추위 속에 정상에 선 대원들

처럼 부서졌다. 그의 상태는 몹시 걱정스러웠다. 그래서 나는 가장 어려운 구간을 내려오는 동안 내내 그를 확보해주기 위해 그의 바로 뒤에서 움직였다. 그는 몇 번 더 넘어졌지만, 천만다행으로 그때마다 나는 그를 붙잡을 수 있었다. 트래버스 구간에 도착해서 우리는 이제 쓸모가 없어진 피톤과 카라비너들을 버렸다. 하산은 카날리에게 특히 더 고통스러웠다. 그는 — 약간 좋아지기는 했지만 — 발이 너무 시리다고 내내 호소했다. 바람은 멈추었지만, 눈이 내리기 시작해 우리의 하산은 점점 더 위험해졌다. 안전한 침니까지 내려서기 위해는 엄청난 노력을 기울여야 했다. 여기서 우리는 별 수 없이 로프 하강을 했다. 주키와 카날리가 먼저 내려갔고, 우리는 로프를 제대로 회수할 수 있도록 상당한 주의를 기울이면서 뒤따라 하강했다. 손과 발이 얼어붙은 우리에게 이런 동작은 쉽지 않았다. 발이 얼지 않은 사람은 순록 가죽으로 만들어진 등산화를 신은 알리피뿐이었다. 7월 20일 아침 6시 우리 모두는 3캠프에 안전하게 도착했다. 극도로 지친 우리는 2개의 텐트에 쓰러지듯 기어들어가 따뜻하게 먹을 수 있는 것을 만들었다.

카날리가 걱정된 나는 그의 발을 보습 크림으로 마사지하며 돌보았다. 우리는 그의 기분을 좋게 해주려고 많은 노력을 기울였다. 대원들을 놀라게 하고 싶지 않아 짐짓 걱정스러운 표정을 숨기고 있었지만, 알리피의 눈에서 내심 내가 하고 있는 걱정을 똑같이 하고 있음을 알 수 있었다. 이런 상태의 카날리를 데리고 어떻게 베이스캠프까지 내려가지? 그가 더 나빠진다면 어떻게 해야 하나? 텐트 밖은 여전히 눈이 내리고 있었다. 밤은 한없이 길었고, 텐트는 비좁았다. 게다가 카날리가 무엇인가 찾을지 몰라 나는 잠을 잘 수 없었다. 그는 끙끙 신음소리를 토해냈고, 혀가 꼬였다. 퉁퉁 부은 그의 발이 파랗게 변했다. 이 원정등반에서 나는 의료를 담당했기 때문에 내 동료의 걱정스러운 상태로 말미암아 심리적으로 상당한 압박감을 느꼈다. 하지만 시간이 지나자 육체적 피로를 이기지 못한 나는 결국 잠에 빠지고 말았다. 나는 발이 몹시 시렸지만, 내 동료를 방해할까 봐 움직이지 못했다. 결과적으로 이것은 내 양쪽 발가락에 가벼운 동상증세를 가져왔다.

우리가 내려가기로 결정한 것은 7월 21일 오전 11시가 다 되어서였다. 카날리는 발을 등산화 안으로 집어넣지 못했다. 우리들의 등산화는 모두 딱딱하게 얼어붙어 있었다. 하지만 어느 정도 노력을 기울인 끝에 모두 등산화를 신을 수 있었다. 카날리는 불가능했다. 마음이 여린 알리피가 자신의 순록 등산화를 그에게 주었다. 이제 그에게 남은 것이라고는 네 켤레의 양말과 한 켤레의 등산화 내피뿐이었다. 이것은 그가 크램폰을 착용할 수 없다는 의미였다. 이렇게 2캠프로 내려가는 것은 그에게 고문일 터였다. 얼음이 낀 바위사면에서 그는 등산화 내피가 터져 양말만 남았기 때문에 우리는 그의 체중을 고스란히 잡아주어야 했다. 빙하를 거의 반쯤 내려왔을 때 알리피가 계곡 쪽으로 추락했다. 페레고가 확보를 했지만 헛수고였다. 그때 내가 가까스로 그들의 로프를 붙잡아 멈춰 세울 수 있었다. 그러는 사이에 아이롤디는 베르크슈른트 너머에서 길을 찾느라 애를 먹었다. 진눈깨비와 짙은 안개로 인해 시야는 거의 제로였다. 마침내 그는 눈 바닥을 손으로 더듬다시피 해서 우리가 남겨놓은 확보물과 슬링을 찾았다. 알리피를 계속 도와주던 페레고까지도 이제는 지쳐 하늘을 나르듯 추락했는데, 다행히 베르크슈른트 밑의 눈이 쌓여있는 평편한 곳으로 떨어졌다. 우리는 모두 웃음을 터뜨렸다!

2캠프에 도착했다. 페레고, 아이롤디와 알리피는 그만 내려가기를 원했다. 하지만 나는 카날리의 상태가 심상치 않아, 주키와 카날리를 데리고 베이스캠프까지 가야 한다고 주장했다. 사실 나는 우리가 더 지체했다가는 훗날 카날리가 땅을 제대로 밟고 다닐 수 없을지도 모른다는 두려움에 빠져 있었다. 그리고 여전히 경사가 가파른 리지를 내려가야 하는데, 리지 위에서 환자를 데리고 내려가는 일이 불가능할지도 모르는 일이었다. 하산 길은 몹시 힘들었다. 우리는 여전히 짙은 안개와 점점 짙어져 가는 어둠 속에서 손으로 더듬다시 피 해 1캠프에 도착했다. 그리고 그곳에서 마침내 운행을 멈추고 잠을 잤다. 주키는 지칠 줄 모르는 체력을 자랑했고, 카날리는 자신의 상태에도 불구하고 정신적, 신체적으로 진정한 의지력의 전형을 보여주었다. 우리는 먹을 것도 연료 두 거의 없어, 체념하듯 녹은 눈에 설탕과 가루분유를 비벼 먹었다. 고도가 낮아지자 카날리의 상태가 호전됐다. 나는 젤로비트Gelovit 오일로 카날리의 발을 마사지했는데, 그는 몹시도 고통스러워했다. 우리는 끔찍한 밤을 보냈다. 그리고 새벽녘이 되어서야 조금 쉴 수 있었다. 밖은 여전히 눈이 내리고 있었다.

오전 11시경 우리는 내려가기로 했다. 고정로프는 온통 눈과 얼음으로 덮여 있었다. 작은 눈사태가 끊임없이 일어났지만, 다행스럽게도 눈이 부드러워 우리에게는 큰 문제가 되지 않았다. 화강암 슬랩 지대 위에서 내 아이젠 한 짝이 발에서 벗겨져 떨어졌다. 그러나 나는 그것을 잡을 수 없었다. 첫 번째 쿨르와르 끝 쪽으로 다가가다가 나는 큰 눈사태에 휘말려 눈 속에 완전히 파묻혔다. 높은 곳에서 떨어져 내린 그 눈사태로 나는 잠시 기절했지만, 끝까지 고정로프를 붙잡고 있었다. 그리고 눈이 가벼워서 아무 탈이 없기는 했지만 불행하게도 다른 한쪽 아이젠마저 잃어버리고 말았다. 따라서 하

▲ 서사시적인 하강을 통해 베이스캠프로 돌아온 주키와 카날리

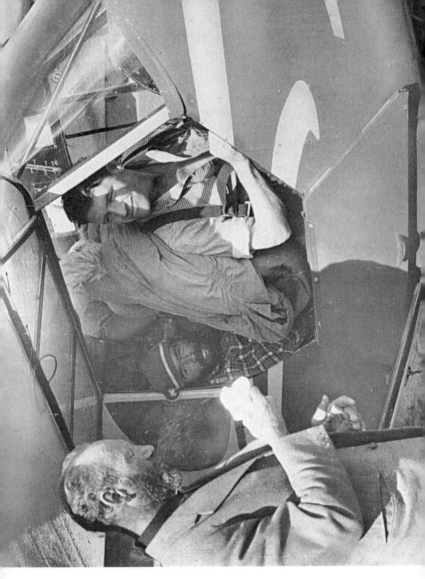

▲ 캐신과 비행 스케줄을 의논하는 돈 쉘든. 주키가 짐 속에 파묻혀 있다.

산이 훨씬 더 어렵게 되었다. 커다란 쿨르와르 끝에 이르자 눈이 부드럽고 깊었다. 눈 속에 빠져 수영하듯 허우적거려야 했다. 그리고 베이스캠프에 도착했다. 그때의 크나큰 안도감이란!

우리 셋에게는 또 한 번의 악몽과 같은 밤이었다. 카날리는 고통을 참지 못하고 밤새 신음소리를 토해냈다. 그 소리를 들어야 하는 우리 역시 괴롭기는 마찬가지였다. 75시간 동안이나 눈이 내렸는데, 7월 23일 오전이 되자 태양이 빛났다. 그러자 여기저기서 눈사태가 쏟아져 내리기 시작했다. 나는 아직도 위에 있는 친구들이 걱정됐다. 그날 저녁 우리는 베이스캠프에 모두 모일 수 있었다. 긴장의 끈을 늦출 수 없었던 날들을 뒤로 하고, 마침내 우리는 우아하면서도 편안한 마음을 가질 수 있었다. 우리는 이제 성공의 기쁨을 마음껏 음미했다. 우리는 천 조각 네 군데에 손잡이가 있는 임시 썰매를 만들어 용감했지만 불운했던 카날리를 가설활주로로 옮겼다. 그곳에는 이미 우리를 확인한 쉘든이 기다리고 있었다. 그는 우리 6명 모두가 정상에 오른 다음 안전하게 돌아온 것을 알고 무척 기뻐했다. 우리는 카날리를 곧바로 비행기에 태운 다음, 쉘든에게 우리의 승리를 알리는 전보를 쳐달라고 부탁했다.

다음 날 쉘든은 페레고와 아이롤디를 데리러 다시 왔다.

나는 알리피, 주키와 함께 장비를 최대한 회수하기 위해 하루를 더 남았다. 며칠 후 우리는 모두 앵커리지에 모였다. 아이롤디, 페레고와 나는 병원에서 가벼운 동상증세를 치료받았다. 나는 이참에 종합검사까지 받았다. 하지만 카날리의 치료는 길고 고통스러운 것이었다. 그럼에도 그는 완전히 회복됐다. 이것은 상당히 중요한 것으로, 산에서 가이드와 스키강사로 계속 일할 수 있다는 의미에서 더욱 중요했다. 내가 그때를 기억하며 이 글을 쓰고 있는 지금, 그는 이제 더 이상 이 세상 사람이 아니다.◆ 우아하고 차분한 그의 얼굴이 떠오르면서 그가 보여준 따뜻한 우정과 산에 대한 너그러운 열정이 그립기만 하다.

알리피와 아이롤디, 주키와 페레고는 나보다 먼저 이탈리아로 돌아갔다. 카날리를 데리고 고국으로 돌아가기 위해 기다리는 동안 나는 둘도 없는 친구 파드레 스폴레티니Padre Spolettini를 만나기 위해 코츠뷰Kotzbue로 갔다. 그곳에서 나는 에스키모인들의 생활양식을 보고 감탄했다. 그들의 단순한 생활양식은 매우 인상적이었다. 뉴욕으로 돌아와 옛 친구 에르나니 파에를 만났다. 그리고 9월 1일 마침내 고향 레코로 돌아왔다.

나는 그 먼 곳에 있는 친구들의 환대와 그곳의 아름다움,

◆ 잭 카날리는 최근 세스트리에레스Sestrieres에서 스키를 타다 죽었다.

고통스러웠던 등반의 순간들과 데날리 남벽의 정복이라는 놀라운 꿈을 실현하면서 겪었던 우정과 인간적 유대감이라는 참으로 아름다웠던 추억을 영원히 기억할 것이다.

레코 사람들에게는 최고의 승리였고, '거미'의 창립 15주년을 기념하는 경이로운 성공이었다. 이것은 또한 나의 긴 알피니스트 생애에서 가장 만족스러웠던 성과의 하나로, 젊은 대원 5명의 봉사와 희생정신, 규율 그리고 의심할 여지없는 능력이 가져다 준 선물이었다. 그들과라면 나는 언제나 어려운 원정등반을 함께할 준비가 되어있다.

이 등반은 우리의 고향을 넘어 전 세계에서 많은 칭송을 받았다. 내가 받은 축전 중에는 미국 대통령과 이탈리아 대통령이 보낸 것이 있다.

귀하와 원정대원들에게 따뜻한 축하의 말씀을 전합니다. 여러분들은 데날리 등정이라는 찬란한 성취를 이루었습니다. 매우 어려운 환경 속에서 이룬 이 탁월한 업적은 여러분들의 뛰어난 기술과 불굴의 정신이 빚어낸 결과입니다. 우리는 미국의 영토 내에서 이루어진 이 등반을 목도했으며, 이는 미국과 이탈리아의 양국 관계를 강화하는 것은 물론 전 세계로부터 찬사 받을 일입니다.

존 F. 케네디 *JOHN F. KENNEDY*

귀하와 귀하의 용감한 대원들은 모든 이탈리아 국민들로부터 존경의 박수갈채와 심심한 축하를 받을 것입니다. 또한 나 개인적으로도 이 성공적이고, 고난에 찬 등반의 업적에 찬사를 보냅니다.

조반니 그론키 *GIOVANNI GRONCHI*

18

엘브루스와 우슈바

이탈리아산악회와 러시아산악연맹 간의 친선교류 덕분에 1966년 나는 코카서스Caucasus를 방문할 수 있었다. 8월 10일 12시 30분, 안니발레 주키, 파올로 콘실리오Paolo Consiglio, 에밀리오 프리지아와 나는 밀라노 공항을 출발했고, 며칠 뒤 프랑코 알레토Franco Alleto가 우리와 합류했다.

그날 저녁 우리는 모스크바에서 러시아 산악계의 여러 인사들을 만났다. 그 자리에는 통역도 있었다. 다음 날 4시간 동안 비행기를 타고 조지아Georgia의 미네랄녜 보디Mineralnye Vody로 가서 승합차로 산간지방을 경유하여 해발 1,800미터의 아딜수Adyl-Su로 갔다. 그곳에는 우리가 등반 사이사이에 휴식을 취할 수 있는 특별한 캠프가 있었다.

코카서스에는 이런 캠프들이 아주 많았다. 이것은 러시아 산악제도의 한 중요한 형태로, 산악인들은 자신들의 휴가를 이곳에서 다양하게 즐길 수 있었다. 캠프 참가자들은 능력에 따라 다섯 등급으로 나뉘고, 루트 역시 똑같은 방법으로 결정된다. 만약 어떤 사람의 등급과 루트가 결정되면, 그는 그 등급보다 더 어려운 루트에 갈 수 없게 되어있다.

우리는 승합차를 타고 바크산Baksan 계곡에 있는 여러 지역과 호텔 그리고 온천 지역을 둘러보았다. 이 계곡에 들어서니 봉우리들과 빙하들이 조심씩 보이기 시작했다. 롤러코스터같이 생긴 궤도기차 푸니클라funicular를 타고 체게트 탄 차나Tcheget Tan Tchana(4,109m)의 사면을 한참 올라가니 휴게소가 있었다. 그곳에 이르자 장엄한 풍경이 펼쳐졌다. 왼쪽에는 바위와 얼음이 뒤섞인 1,500미터의 위압적인 벽을 자랑하는 동구소룸Dongusorum 산이 있었다. 그곳은 눈사태의 위험성이 매우 커 보였다.(그때까지 딱 한 번 등반됐다.) 체게트의 오른쪽으로 엘브루스가 장엄하게 솟아올라 있었는데, 그곳은 언제나 구름에 덮여 있었다. 하지만 나는 운이 좋게도 구름이 잠깐 갈라진 사이에 정상을 보고 사진을 찍을 수 있었다.

그날 저녁 늦게 캠프에 돌아오니, 프랑코와 토니 히벨러

Toni Hiebeler 부부가 그곳에 와있었다. 프랑코는 우리가 모스크바에 도착한 바로 다음 날 그곳에 도착했지만 우리를 만나지 못하고, 대신 자신의 차를 몰고 러시아의 수도 모스크바에 온 히벨러 부부를 만난 것이었다.

이틀을 보낸 후 아침 일찍 우리는 산으로 들어가는 첫 여행에 나섰다. 트럭 한 대가 우리를 싣고 대충 만들어진 도로를 따라 엘브루스로 향했다. 3,200미터부터 4,163미터에 있는 엘레벤Eleven 산장까지 2시간도 넘게 걸어 도착했다. 직사각형의 이글루처럼 생긴 이 산장은 규모가 상당히 컸는데, 외부는 전부 금속판으로 되어있었다. 1층 내부는 2개 층의 침상으로 이루어져 있었다. 200명까지 수용할 수 있는 규모였는데, 우리가 머문 3일 동안 단체가 끊임없이 바뀌며 언제나 사람들로 북적거렸다. 발전기 한 대가 전기를 공급하고 있었고, 식당은 없었지만 각종 주방기구와 나무로 때는 스토브가 있어 누구든지 돈을 내면 자유롭게 이용할 수 있었다. 관리인 한 명이 유지와 보수를 담당하고 있었다. 나의 친구들은 한 번에 한 사람씩 드나들었다. 우리 안내인이 먹을 것을 만드는 동안 나는 코카서스 산맥에 있는 봉우리들의 장엄한 풍경을 감상했다. 코쉬탄타우Koshtan-tau, 디크타우Dykh-tau, 쉬켈다Shkhelda, 우슈바 — 북벽과 서벽이 인상적이고, 우뚝 솟아오른 바위산이 특별히 우아해 보이는, 그러나 어려운 산

— 피크 쉬추로프스키Pik Shchurovsky, 돈거스오란Dongus-oran,
필츠 잘그밀Filtz Zalgmil, 자모크Zamok와 마구 뒤엉켜 지평선
위에 펼쳐진 많은 산들. 여기에 한껏 고무된 우리는 다음 날
아침 시간에 가능하면 엘브루스에 오르기로 결정했다.

이 산을 오르는 관례처럼 되어있는 새벽 1시, 우리는 안내
인 아나톨리Anatoli와 함께 산장을 출발했다. 그러자 다른 캠
프에서 온 많은 클라이머들도 길을 나섰다. 아나톨리는 페이
스를 조절하며 평소의 내 속도보다 느리게 걸었다. 나는 길
도 모르고 사방이 어두워 그와 함께 움직일 수밖에 없었다.
날씨가 아주 춥지는 않았다. 얼음장 밑으로 흐르는 물소리가
들렸지만 눈이 단단해 걷는 데 힘이 들지는 않았다. 새벽 4시
경 우리는 5,000미터 고도에 도착했다. 이 지점부터 내가 선
두로 나서 다른 사람들의 등반속도를 끌어올렸다. 이 속도를
따라오는 사람은 오직 한 사람 주키뿐이었다. 두어 시간이
지나 콜 위에 올라섰다. 그곳에는 영구적인 비박산장이 있었
다. 하지만 불행하게도 그곳은 문이 열려 있어 눈으로 가득
차있었다.

바람이 점점 강해지는 데다 짙은 안개로 길을 제대로 찾기
어려워서 다른 사람들을 기다리기로 했다. 주키가 두통을 호
소했지만 나는 괜찮았다. 프리지아와 아나톨리가 우리가 있

▶ 쉬켈다를 지나 엘브루스로 가는 도중 우슈바에서 바라본 코카서스. (왼쪽에서 오른쪽으로)
안니발레 주키, 소비에트 안내인 아나톨리, 파올로 콘실리오, 프랑코 알레토와 에밀리오
프리지아

는 곳으로 올라왔는데, 그들 역시 고소증세에 시달리고 있었다. 안내인 아나톨리가 우리에게 시야가 너무 나빠 돌아가는 것이 좋겠다고 말했다. 하지만 내가 앞장서서 올라가기로 했다. 상태가 좋아진 주키가 나를 따라왔고, 마지막 순간에 아나톨리와 프리지아도 합류했다. 프리지아는 배낭과 캠쿠더를 비박산장에 벗어 놓고 운행을 가볍게 했다. 한 시간 반쯤 지나자 파란 하늘이 드러났다. 주키는 설맹에 걸리는 것을 피하려고 데날리에서 썼던 고글을 찾았지만, 비박산장의 배낭 안에 두고 왔다는 사실을 깨달았다. 나도 내 고글을 그곳에 두고 왔다. 나는 고글들뿐만 아니라 반사광 측정기도 가져올 겸 해서 도로 내려가기로 했다. 나는 재빨리 비박산장으로 내려가 그것들을 갖고 우리 일행이 정상에 도달할 때쯤 돌아왔다. 그러다 보니 몸에 이상이 생겼고, 프리지아 역시 비틀거리며 끊임없이 어지러움을 호소했다.

나는 사진 몇 장과 영상을 조금 찍고 다른 사람들과 함께 내려갈 준비를 했다. 아나톨리는 프리지아와 로프를 묶었고, 나와 주키는 로프를 쓰지 않고 가파른 사면을 걸어 내려왔다. 눈은 아름다울 정도로 단단했다. 콜에 도착한 우리는 잠시 휴식을 취했다. 그러는 사이에 엘브루스 동봉을 오른 4명의 러시아인들이 내려왔다. 러시아인들과 이미 그곳을 오른 알레토가 바위지대에서 기다리고, 콘실리오가 산장에 있는 동안 우리는 하나의 독립봉인 서봉도 올랐다. 다음 날 아침 우리는 모두 계곡으로 내려왔다.

8월 17일, 우리는 캠프 리더들과 회의를 했다. 그들은 우슈바(4,650m)를 오르고 싶다는 우리의 계획에 동의했다. 우슈바는 코카서스의 마터호른이라고 불릴 정도로 아름다운 산으로, 마터호른보다는 더 어려운 산이며, 가장 쉬운 루트조차도 악명이 높을 정도로 어려운 곳이다. 등반에는 이틀의 어프로치가 필요해서 우리는 텐트 한 동과 식량 그리고 필수 장비 등을 챙겼다. 캠프 운영요원들은 우리가 걸어 들어가는 대신 헬리콥터를 타고 갈 수 있도록 주선에 나섰다. 헬리콥터를 기다리는 3일 동안 나는 우편엽서를 쓰고, 이 지역에 있는 캠프 이곳저곳을 둘러보았다. 이곳은 여성스러운 요소가 많이 눈에 띄었으나, 젊은 러시아인들은 — 적어도 내가 마주친 사람들은 — 운동선수 같은 훌륭한 몸매를 갖고 있었다. 교육 수준 역시 젊은이나 나이 든 사람이나 매우 높았다. 다만 그들의 옷차림은 초라했다.

토니 히벨러는 우슈바에서 아주 어려운 루트에 도전하고 싶어 했다. 하지만 그는 동반자를 찾지 못했다. 더군다나 그의 비자는 22일이 만료일이어서 대단히 유감스럽게도 그는 이제 곧 떠나야 했다. 반면 우리는 필요한 모든 것을 준비했다. 다음 날 헬리콥터가 와서 우슈바를 공격할 수 있는 벽 가까운 지점까지 우리를 데려다줄 예정이었기 때문이다. 그러나 날씨가 나빠져서 출발을 늦추어야 했다.

8월 21일 아침 두 번에 걸친 25분간의 비행으로, 헬리콥터는 우리를 2,500미터에 있는 목동의 오두막으로 실어다주었다. 축사가 딸린 2개의 오두막에는 대략 15명의 목동들이 거주하고 있었다. 그들 대부분은 여성으로 220마리의 소와 셀 수 없이 많은 돼지들을 키우고 있었다. 그들 중 일부는 거친 환경 속에서 소를 치는 사람들답게 긴 누더기 코트를 입고 있었고, 작고 피부가 까무잡잡한 다른 사람들은 마치 오소리처럼 보였다.

우리 모두는 짐을 잔뜩 짊어지고 오전 8시에 길을 떠나, 3시간 만에 우슈바 빙하의 모레인 지대에 도착했다. 오후 2시경 보통 이 지역을 찾는 사람들이 캠프를 치는, 샘물이 있는 아름다운 곳에 도착했다. 우슈바가 바로 눈앞에서 거대한 자태를 드러내었고, 우리는 쾌청한 날씨를 마음껏 즐기며 영상과 사진을 찍었다.

다음 날 아침, 공격에 나섰다. 먼저 가파른 설사면이 나타났지만, 우리는 크램폰을 신지 않고도 올라갈 수 있었다. 하지만 타워 같은 쉬켈다Shkhelda에서는 언제 낙석이 떨어질지 몰라 빠르게 움직여야 했다. 오른쪽으로 횡단하다가 아나톨리가 예기치 않게 미끄러져 30미터를 추락했다. 하지만 그는 절벽 바로 전에서 기적적으로 바윗덩어리에 걸려 100미터가 넘은 오버행 너머로의 추락을 모면할 수 있었다. 우리 모두 놀랐지만 그나마 다행이었다. 4시간 후, 우리는 더 이상의 어떤 어려움도 없이 쉬켈다와 우슈바 사이의 콜에 도착해 텐트를 치고 약간의 요기를 할 수 있었다. 날씨가 나빠지기 시작하더니 더욱 나빠져 급기야는 끔찍한 우박과 눈을 동반한 맹렬한 폭풍으로 변했다. 약 1시간 뒤 내가 텐트의 눈을 치우려고 밖으로 나갔더니 눈보라가 더욱 기승을 부렸다. 그날 밤은 확실히 안락한 밤은 아니었다. 텐트 안으로 물이 잔뜩 고여 들고, 밖에 있는 모든 것은 눈과 우박을 듬뿍 뒤집어쓰고 있었다.

아침에 하늘이 깨끗해졌다. 그러나 우슈바의 벽은 온통 하얀색이었다. 나는 사진을 몇 장 찍고 앞으로 어떻게 할 것인지 상의했다. 날씨가 안정을 찾은 것 같았다. 오후 1시쯤 우리는 벽 하단부를 향해 떠나서 2시간 뒤 그곳에 도착했다. 나와 주키가 벽의 첫 번째 구간에 고정로프를 설치하면서 등반하는 동안 다른 사람들은 텐트 칠 장소의 눈을 다졌다.

나는 벽을 트래버스 해 베르크슈룬트가 초승달같이 생긴 곳의 끝까지 갔다. 그런 다음 우리는 바위와 얼음이 뒤섞인 지대를 60미터 정도 올라, 불안정해 보이는 지점에 도착했다. 이제부터 왼쪽의 가파른 빙벽을 오르는 것은 좀 쉬워보였다. 그곳을 어느 정도 오른 다음 친구들이 먹을 것을 만들고 있는 텐트로 하강했다.

지금까지 등반한 것으로 볼 때 5명으로 한 팀을 이루어 등반한다는 것은 내가 예상한 것 이상으로 감당하기 어렵다고 판단되었다. 더구나 이런 날씨 속에서 모험에 나선다는 것은 무리인 듯싶었다. 다음 날 아침은 맑았지만 추웠고 서쪽에 검은 구름이 나타났다. 거기다 고도계까지도 대기가 불안정하다고 알려주었다. 우리 가이드들을 무전으로 불렀는데, 그들 역시 날씨가 확실히 더 나빠지고 있기 때문에 가능하면 빨리 내려오라고 조언했다. 우리는 넓은 지역으로 나와서 헬리콥터를 부를 수 있는지 무전교신을 시도했지만 교신이 이루어지지 않았다. 다음 날 아침, 우리는 먼 길을 되돌아 걸어가기로 하고 출발했다.

개인적으로 나는 걸어서 돌아가는 것이 좋았다. 우리는 곧 눈부시도록 아름다운 꽃들이 즐비한 계곡에 들어섰다. 그리고 산의 측면으로 올라섰는데, 그곳은 해발고도가 2,800미터였다. 우리는 캠프로 돌아와 샤워를 하고, 우리를 초대한 사람들과 함께 마지막 저녁으로 토스트를 먹으며 성공적인 캠프에 대한 덕담을 건넸다.

이탈리아로 돌아오기 전 나는 모스크바에서 3일간 머물렀다. 그 덕분에 유명한 관광명소들을 둘러볼 수 있었다. 붉은 광장과 웅장하고 아름다운 크레믈린 궁전, 인상적인 대학 캠퍼스, 박물관과 화려한 굼Gum백화점에 감탄했다. 소비에트 연방에서의 마지막 밤에 우리는 다시 러시아산악연맹의 주요 인사들이 참석한 환송 만찬에 손님으로 초대됐는데, 그중에는 유명한 클라이머 키릴 쿠즈민Kiril Kuzmin과 비탈리 아발라코프Vitali Abalakov도 있었다. 그들과 함께 나는 이탈리아와 러시아 클라이머들 사이에 앞으로도 우호관계가 더욱 확대되고 깊어지기를 바라는 마음을 담아 건배했다. 우리의 재미있었던 해외여행은 이렇게 끝났다.

19

히리샹카 서벽

1969년, 지금까지 내가 잘 알지 못하는 낯선 산들이 있는 안데스에 갈 기회가 찾아왔다. 나는 알파인 스타일 원정등반에 필요한 것들을 열정적으로 준비했다. 이미 페루의 산군에 갔다 온 안데스 전문가 주세페 디오니시Giuseppe Dionisi에게 여러 가지를 물어보았는데, 그는 내 뜻을 알아차리고 그 지역에는 아직까지 미등으로 남아있는 중요한 산은 없다고 알려주었다. 그래서 우리는 생각을 바꾸어, 레코의 클라이머들이 자부심을 가질 만한 가치가 있는 결과를 얻기 위해, 이미 등정은 되었지만 탐험이 되지 않은 곳이나 어려운 벽으로 눈을 돌렸다. 우리는 와이와시Huayhuash 산맥 최고봉인 예루빠하

Yerupajá(6,632m)의 동벽에 도전하기로 했다. 그것은 1,200 미터의 빙벽으로, 복잡한 아이스폴 위에 탑처럼 장엄하게 치솟아 올라 단번에 눈길을 사로잡았다.

대원은 8명으로 구성됐다. 그들 모두는 이미 유럽 이외 지역에서의 주요 원정등반에 참가한 경험이 있는 베테랑들이었다. 지지 알리피, 카시미로 페라리Casimiro Ferrari, 주세페 라프란코니Giuseppe Lafranconi, 밈모 란제타Mimmo Lanzetta, 안니발레 주키와 의사로 참가한 산드로 리아티Sandro Liati 그리고 나였다. 우리는 6월 6일 밀라노를 떠났다. 파리에서 비행기를 갈아타기 위해 잠깐 기다린 다음, 우리는 엔진이 4개나 달린 커다란 제트기에 올라탔다. 그리고 대서양을 밤새 건너 리우데자네이루에 새벽에 도착해, 그곳에서 리마Lima로 갔다.

리마에서 우리는 안데스 지역을 연구하고 있던 체사르 모랄레스 아르나오Cesar Morales Arnao 교수를 만났다. 물론 미리 그에게 우리의 프로젝트를 알렸었다. 그는 나에게 히말라야 등반 허가를 받지 못한 오스트리아 원정대가 느닷없이 페루에 와서 바로 우리가 목표로 하고 있는 예루빠하 동벽으로 향하고 있다고 말했다. 더군다나 그 북동벽은 이미 1년 전에 미국인들이 등반했다고 프랑스 잡지에 나와 있어, 우리는 다른 곳은 염두에 두지도 않았었다. 가는 날이 장날이라고…. 우리는 이 당황스러움에도 불구하고, 예루빠하 동벽 수준의 다

▲ 페루 안데스의 와이와시에 있는 히라샹카 서벽

른 대상지를 재빨리 알아보았다. 모랄레스 교수의 조언을 듣고, 우리는 와이와시에서 가장 아름다워 안데스의 마터호른이라 불리는 히리샹카Jirishanca(6,126m) 서벽에 도전하기로 했다. 그 산은 어느 쪽에서 보나 놀라울 정도로 인상적이고 장엄하며 매우 날렵한 피라미드였다.

이미 고인이 되어 너무나도 애석하게 생각하는 나의 친구이자 위대한 클라이머인 토니 에거Toni Egger가 1957년 이 산을 동벽으로 초등한 기록을 갖고 있다. 하지만 우리의 목표인 서벽으로 오른 사람은 아무도 없었다. 그곳은 등반은커녕 접근할 수도 없는 곳으로 인식되어 있었다. 이 벽 밑으로 가기 위해 — 접근로는 번득이는 얼음이 한 번에 쏟아져 내린 듯하다 — 우리는 한 번도 도전을 받아보지 않았던 빙하를 건너야 했다. 1954년의 클라이어Klier 원정대도 이곳은 불가능하다고 했었다.

12일 저녁 출발한 우리는 모랄레스 교수와 함께 트럭과 차를 번갈아 타고 갔다. 다음 날 아침 4,200미터의 코노시아 고개Conocia Pass에 도착했는데, 그 너머는 광활한 평원지대로 오리와 거위가 바글거리는 습지와 호수가 널려있었다. 평원지대를 건너가니 장엄한 예루빠하가 보였고, 그 왼쪽에 히리

◆ 토니 에거는 1959년 세로 토레에서 죽었다.
◆ 오스트리아 티롤지방에서 활동하던 알피니스트이자 기업인, 저술가인 Heinrich Klier를 말한다.

샹카가 있었다. 우리는 고도가 계속 낮아지는 길을 따라 다시 30킬로미터를 더 들어가, 해발 3,533미터의 치퀴앙Chiquián에 도착했다. 예상과는 다르게, 페루의 깊은 산간 오지인 이곳은 주민이 만 8천 명쯤 되는 비교적 큰 마을이었다.

치퀴앙에서 우리는 이 지역을 잘 알고 있는 현지 트레킹 대행사 사장 알도베스Aldoves를 만났다. 우리를 안내하기로 한 가이드 모랄레스가 4명의 포터를 우리에게 붙여주었다. 그들은 짐을 운반할 40마리의 당나귀와 우리들이 타고 갈 말을 끌고 왔다. 계획은 2박3일만에 베이스캠프로 들어가는 것이었다. 하지만 우리는 아침마다 당나귀를 찾느라 많은 시간을 낭비해야 했다. 이놈들은 밤이면 언제나 자리를 벗어나, 우리는 일찍 출발할 수 없었다. 이렇게 지연이 되어 우리는 4일째 저녁이 되어서야 베이스캠프 자리에 도착했다.

호수가 두 개 있는 베이스캠프 지대는 목가적인 곳이었다. 란제타는 도착하자마자 낚싯대를 꺼내더니 저녁거리로 먹음직스러운 송어를 여러 마리 잡았다. 나는 육안으로 거대한 봉우리들을 훑어보았다. 왼쪽에는 론도이Rondoy가 있었고, 거대하고 위협적인 히리샹카의 두 개 봉우리와 바위에 얼음이 붙어있지 않아 연분홍빛을 띤 모습이 돌로미테를 연상시

◆ 두 개의 봉우리 : 히리샹카 그란데(Grande)는 주봉, 히리샹카 치코(Chico)는 전위봉

◀ 론도이, 히리샹카와 예루빠하 치코. 엘 토로 고개(오른쪽 스퍼 뒤쪽)에서 빙하로 내려서는 루트는 앞쪽에 있는 빙하지대에서 볼 수 있는 것처럼 복잡하고 위험해서 대원들을 곤란에 빠뜨렸다.

키는 엘 토로El Toro의 정상에 이어, 끝 무렵에는 힘이 넘쳐 보이고, 압도적인 자태의 예루빠하가 눈에 들어왔다. 저마다 특성이 있는 이 산들은 4,000미터에 달하는 안데스 산군의 건조하고 상쾌한 공기를 뚫고 희미하지만 분명하게 솟아있었다.

우리가 이탈리아를 떠난 지도 어느덧 12일째였다. 지금부터는 시간을 낭비하면 안 돼, 나는 알리피와 함께 4명의 포터를 데리고 산 가까이 접근하기로 했다. 진을 쏙 빼는 상당히 가파른 지형을 4시간 동안 걸어 오르니, 물자를 보관하고 공급하기에 알맞은 임시캠프 터가 있었다. 텐트 한 동을 치고 나서 갖고 온 장비와 식량을 남겨두고 베이스캠프로 돌아왔다. 베이스캠프에서 트래킹 대행사 사장 알도베스와 운송비용을 정산하고, 마부들arrieros에게는 당나귀와 말 사용 대금을 지불했다. 4명의 포터는 마부들의 대장인 아르잘레스Arzales와 남았는데, 이 사람은 치퀴앙과 우리 사이를 오가며 연락하는 임무를 맡고 있었다.

그 다음 며칠 동안 대원들이 번갈아가며 임시캠프로 짐을 지어 날랐다. 19일은 카시미로 페라리, 나탈레 아이롤디, 주세페 라프란코니, 안니발레 주키 차례였는데, 그들은 계획보다 장비를 더 많이, 특히 텐트 한 동을 추가해서 올렸다. 페라리와와 아이롤디는 그곳에 머물렀고, 라프란코니와 주키는 내려왔다.

다음 날 아침 나는 지지 알리피와 함께 4명의 포터를 데리고 임시캠프로 출발해서 그곳에서 모랄레스와 함께 텐트를 썼다. 포터들이 내려간 후에 페라리와 아이롤디는 엘 토로 고개 쪽으로 정찰을 갔다 돌아왔다. 그들은 고개를 넘어가는 길을 찾지 못했고, 시간이 없어서 갖고 간 짐을 빙하의 적당한 곳에 두고 돌아왔다. 다음 날 우리는 고개를 넘기 위한 재시도를 한 끝에 고소캠프를 칠 수 있었다. 모랄레스는 27명의 승객을 태운 비행기 한 대가 히리샹카와 엘 토로의 봉우리 사이에 있는 콜에 부딪쳤는데, 비상 구조대는 사고 장소로 가는 길을 찾지 못해 4일 동안 헤매다가 수색을 포기했었다고 말했다. 따라서 알리피와 페라리는 왼쪽의 엘 토로 빙하와 히리샹카 빙하를 가르는 빙하 위의 바위까지 올라가서 그쪽으로 지름길이 있는지 알아보기로 했다.

조금 뒤 모랄레스와 나는 그들의 발자국을 따라 고개 쪽으로 올라갔다. 하지만 그들이 길을 찾기 위해 왼쪽으로 방향을 튼 빙하 밑에 이르렀을 때 나는 예루빠하 치코Yerupajá Chico 밑으로 곧장 가기로 결정했다. 왜냐하면 그곳에 더 좋은 길이 있을 것 같다는 예감이 들었기 때문이다. 하지만 우리가 페라리와 아이롤디가 장비를 놓아둔 높이까지 올라갔을 때 나는 우리가 있는 곳에서 그 장비들을 회수하는 것이 불가능하다는 것을 깨달았다. 그곳과 우리 사이는 여러 방향에서 흘러내리는 수많은 빙하에 의해 뭉개진 크고 가파른 얼음 사면으로 이루어져 있어서 이를 뚫고 갈 길을 찾는 것이 불가능해 보였다. 카라코람과 알래스카에도 가보았지만 이런 지형은 특이했다. 마치 덫과 함정이 가득한 환상적인 동토의 왕국을 미로 속에 헤매는 것 같았다. 아주 긴 크레바스의 중간에 가는 스노브리지가 눈에 띄었다. 나는 그것을 자세히 관찰했다. 아주 위험해 보였다. 모랄레스에게 조금 아래쪽으로 내려가 나를 확보하도록 한 다음 스노브리지 위로 올라섰는데, 생각보다 나를 훌륭하게 받쳐주었다. 모랄레스는 미심쩍어 하면서도 나의 든든한 확보를 믿고 위험을 무릅쓰고 건너왔다. 이후부터 우리 모두는 공격캠프로 물자를 나르기 위해 그곳을 여러 번 건너다녔다.

사면이 점점 더 가팔라졌다. 더 높이 올라갈수록 눈은 더 부드러워지고 고소순응이 덜 된 상태에서는 5,000미터의 고도가 아주 고통스러운 것이었다. 한 사람의 클라이머로 일생 동안 보거나 상상한 것보다 더 넓은 크레바스들을 피해가며 차례로 앞에 나서 길을 뚫고 나갔는데, 눈이 무릎 깊이까지 빠졌다. 우리가 마침내 엘 토로 고개에 도착하니, 인상적으로 치솟아 올라 우아한 자태를 뽐내고 있는 아름다운 히리샹카의 남서쪽 측면이 모습을 드러냈다.

정오에 나는 약속대로 무전기를 켰지만, 교신에는 실패했다. 그 후 모랄레스와 나는 히리샹카 쪽으로 내려갔고 드넓은 고원plateau에 도착했다. 이 지점은 까마귀들이 날고 있는 벽에서 200미터 거리도 되지 않는 곳이었다. 나는 어느 정도 가면 벽에 접근 가능한 곳이 나올지 모른다고 생각하며 오른쪽으로 크레바스를 끼고 내려갔다. 길을 찾게 된 우리는 그곳에 우리의 짐을 두고, 조금은 피곤해진 상태로 임시캠프로 돌아왔다. 그곳에는 주키와 라프란코니가 막 도착해 있었고, 페라리와 리아티 박사는 내려오는 중이었다.

다음 날 주키와 라프란코니는 장비를 회수하러 떠났고, 페라리, 아이롤디, 알리피와 금방 베이스캠프에서 올라온 치퀴앙 출신의 포터 2명은 고소캠프를 향해 떠났다. 힘들어하는 기색이 역력하고, 고글 쓰기를 꺼려해 눈이 부어오른 모랄레스에게 나는 베이스캠프로 내려가 쉬도록 조치했다. 한편 나는 임시캠프에 남아 장비와 식량을 재정비하고 편지를 썼다. 몇 시간 뒤 알리피가 2명의 포터와 함께 돌아와, 캠프를 구축했다고 보고하면서, 그 벽이 정말 인상적이라고 생각했던지 열변을 토했다.

며칠 동안 우리의 작업은 베이스캠프와 임시캠프 그리고 고소캠프를 오가며 물자를 나르는 힘든 행군의 연속이었다.

23일 아침, 나는 고소캠프에서 필요한 것들을 챙겨서 아이롤디와 함께 그곳으로 출발했다. 하지만 그곳에 도착하고 보니 주키와 라프란코니의 안색이 좋지 않았다. 사실 우리 모두 너무 빨리 고도를 높여서 설사와 구역질 그리고 두통 증세에 시달렸다. 나는 아래로 내려가서 쉬는 것이 최상이라고 생각했다. 그날 저녁 다른 사람들이 임시캠프에 머무는 동안 주키와 나는 우리가 갖고 있는 식량을 확인해보고, 아르잘레스로 하여금 치쿠앙에 가서 필요한 것을 사오도록 하기 위해 베이스캠프로 내려갔다. 그가 새끼 양 한 마리를 사갖고 와서 우리는 신선한 고기로 맛있는 요리를 만들어 먹었다.

6월 27일, 나는 고소캠프로 올라갔다. 페라리와 알리피가 벽에 붙어있었다. 나는 그들의 움직임을 300미터 떨어진 곳에서 지켜보았다. 오후 5시쯤 캠프로 돌아온 그들은 힘이 몹시 드는 곳이며, 얼음이 바위처럼 단단하다고 말했다. 그들은 또한 리지 위의 벽은 평균 경사도가 65~70도로 아주 어려워 보이며, 대부분의 구간이 수직에다 전체적으로는 거대한 얼음이 달라붙어 있어 공포감을 주는 오버행이라고 말했다. 결국 우리는 와이와시 산맥에서 가장 도전적인 곳을 선택한 셈이었다.

6월 28일, 우리 4명은 계속 공격에 나서기 위해 위쪽으로 올라갔다. 주키와 라프란코니가 전날 페라리와 알리피가 도달했던 지점을 지나 고정로프를 설치했고, 아이롤디와 나는 짐을 나르며 사진과 영상을 찍었다. 그러나 우리는 주키와 라프란코니로부터 로프 길이만큼 아래에 있었는데 위쪽에서 스텝 커팅을 하는 두 사람이 떨어뜨리는 얼음조각이 비처럼 끊임없이 쏟아져 내리는 바람에 어쩔 수 없이 내려가야 했다. 마침 필름도 다 되었고, 우리가 도와줄 일도 별로 없었다. 오후 6시 30분 칠흑같이 어두워진 다음에야 주키와 라프란코니가 돌아왔다. 그들은 벽과 우리를 내려다보고 있는 커다란 세락을 돌아, 리지에서 50미터를 더 올라갔다. 그들이 크게 위험해 보이지 않는다고 말했지만, 그것은 후에 사실이 아닌 것으로 밝혀졌다.

6월 29일 이른 새벽, 좋지 않아 보이는 날씨에도 불구하고 지지 알리피와 카시미로 페라리가 출발에 나섰다. 몇 시간 뒤에 하늘이 구름으로 완전히 덮이면서 히리샹카가 구름의 커튼 속으로 모습을 감추었다.

오전 9시 30분쯤 그들이 돌아왔다. 꼭 날씨 문제만은 아니었다. 날씨가 나빠지고 있었던 이유도 있었지만, 알리피가 내려가야 할 것 같다는 육감을 느꼈기 때문이었다.

그들이 이렇게 한 것은 행운이었다. 날씨는 확실히 나빠지고 있었으며, 그날 종일토록 눈이 내릴 태세였기 때문이다. 나는 그들을 안심시키려 노력했다. 하지만 마음 한구석으로는 악마가 우리에게 경고의 신호를 보내고 있는 것은 아닌지 두려웠다. 10시가 지나 올라온 포터들까지도 계속 '나빠지고 있어malo tiempo'라고 외쳤다. 그들의 말에 의하면, 이런 현상은 하루 종일 계속된다는 것이었다. 이런 고소캠프에서, 이린 환경 속에서 지내는 것은 인내하기 어려울 정도로 지루하기 때문에 나는 그들의 말이 틀리기를 바랐다. 텐트라는 아주 작은 공간에 갇혀 잠을 자거나 글을 쓰는 일 외에 달리 할 수 있는 일이 없었다. 불행하게도 우리는 4일 동안 악마와 같은 날씨에 갇혀 있었다.

7월 2일 밤 11시쯤, 취침을 하기 전에 나는 하늘을 살피러 텐트 밖으로 나갔다. 하늘은 마침 맑게 개어있었다. 그래서 다음 날 우리는 공격을 재개하기 위해 고소캠프로 떠날 수 있었다. 고소캠프는 텅 비어있었다. 나는 페라리와 리아티가 루트를 반쯤 덮은 눈을 뚫고 벽으로 갔을 것이라 추측했다. 날씨가 다시 나빠지고 있었지만 이들이 어느 정도 작업을 한 다음 돌아올 것으로 생각해서 크게 걱정하지 않았다. 아니나 다를까, 오후 5시 30분경 날씨가 갑자기 변하더니 눈이 내리기 시작했다. 얼어붙은 눈 알갱이들이 2시간도 넘게 쏟아졌다. 나는 이들이 주키와 라프란코니가 쳐놓은 텐트에 도착하지 못할까 봐 걱정되고 두렵기까지 했다. 이런 날씨에 고스란히 노출되면 살아남기 힘들다. 나는 평상심을 유지하려 노력했지만 근심걱정을 숨길 수는 없었다. 나쁜 날씨로 인해 우리 모두 가련한 처지에 놓이게 되었다.

정신적으로 불안해 잠을 못 이루는 긴 밤이었다. 이른 아침이 되자 하늘이 다시 개어 반짝반짝 환상적인 날씨가 되었지만 몹시도 추웠다. 그때 우리는 리지가 시작되는 곳에 텐트 한 동이 있는 것을 보았다. 페라리와 리아티가 그 안에 있는 것이 틀림없었다. 우리는 안도의 한숨을 내쉬었다. 날씨가 안정되자, 나는 주키와 라프란코니가 위로 올라가는 것을 허락했다. 그들은 무거운 짐과 신설로 인해 한걸음 한걸음이 쉽지 않을 것이다. 그들의 움직임 하나라도 놓치지 않으려고 주시해봤지만 리지에 있는 그 작은 텐트에서는 정오까지도 아무런 기척이 없었다. 아침에 그들이 무어라 외치는 소리를 들은 것이 전부였다. 그러나 오후가 되자 페라리와 리아티가 모습을 드러내더니 등반을 다시 시작했다. 그들은 등반을 계속해나가 오후 5시경에는 리지가 끝나는 캠프까지 2피치를 남겨두고 있었다. 주키와 라프란코니가 텐트에 도착했는데도 계속 리지 위쪽으로 올라갔다. 페라리와 리아티가 발견해놓은 동굴이 있는 크레바스 지대에 도착하면 그곳에서 밤을 보낼 수 있을 것이다.

알리피, 아이롤디와 나는 배낭을 미리 꾸려, 다음 날 아침 가능하면 일찍 출발할 준비를 했다. 우리가 잠에서 깨어났을 때 밖은 여전히 어두웠다. 우유를 한 잔씩 마시고, 아침 6시에 출발했다. 알리피가 맨 앞에 섰고, 다음에 내가, 그리고 마지막은 아이롤디였다. 식량과 장비가 무거워 어깨를 짓눌렀지만, 우리는 오버행을 넘어 등반을 계속해나갔다. 나는 위쪽과 아래쪽에 있는 니의 친구를 차례로 영상에 담기 위해 수시로 동작을 멈추었다. 이것은 시간도 많이 걸리고 신경도 몹시 쓰이는 작업이었다. 오후 3시경 우리는 리지 위로 올라섰다. 페라리와 라프란코니가 우리 있는 데까지 와 짐을 덜어주어서 큰 위안이 됐다. 우리는 모두 리지를 따라 크레바스까지 갔다.

우리는 그날 밤을 단테의 작품에나 나올 법한 크고 희한한 동굴에서 보냈다. 이곳은 우아한 천연의 건축물로서 얼음 종유석 천지였다. 마치 돔으로 된 성당 안에 있는 듯한 기분이었다. 순수한 아름다움으로 빛나는 이곳은 말로 표현할 수 없을 정도였다. 하지만 불행하게도 네팔 텐트는 두 동뿐이었고, 우리는 7명이었다. 따라서 우리 중 한두 명은 교대로 밖에 나가 잠을 자야 했다.

새벽에 페라리와 라프란코니가 먼저 출발했다. 그들은 처음 100미터를 전날 다져놓은 발자국을 따라 올라가 바위에 닿았고 그곳에 피톤 몇 개를 박았는데, 그런 모습은 아래에서도 훤히 보였다. 우리는 정상과 우리를 갈라놓는 이 마지막 구간을 넘어서느라 끝까지 노력을 하면서 모두 긴장했다. 리지를 지나 불안정한 눈으로 덮인 가파른 얼음 사면을 넘어서 우리는 오른쪽으로 이동해 작은 쿨르와르에 도착했다. 이곳 역시 불안정한 눈이 꽉 들어차 있었다. 작은 안부를 지나니 이제 히리샹카 정상에 있는 버섯 모양의 위쪽 부분이었다. 이곳은 바람이 표면을 쓸어버려 겉은 딱딱해 보이지만 속은 스펀지처럼 폭신폭신한 기만적인 얼음으로 뒤덮여 있었다. 피켈이 푹푹 들어갔다. 그리고 발은 밟는 대로 무너져서 도저히 앞으로 나아갈 수 없었다. 언제 무너져 내릴지 모르는 정상의 커니스는 이 6,126미터의 봉우리를 절대불가침의 영역으로 남기고 싶어 하는 것 같았다. 순간 페라리와 라프란코니가 보이지 않았다. 그들은 루트를 찾으려고 반대쪽으로 간 것이었다. 페라리는 라프란코니의 확보를 받으며, 피켈을 움켜잡고 장작을 패듯 집요하게 루트를 뚫고 있었다. 그리고 마침내 마지막 구간을 넘어서자, 그곳이 정상이었다. 오후 2시 30분. 곧이어 우리는 모두 정상에 섰다.

햇빛과 바람 그리고 끊임없는 눈 때문에 굳어질 틈이 없어서 금방이라도 무너질 것 같은 얼음 커니스가 우리를 지구와 연결하는 유일한 끈이었다. 벅찬 감동이 밀려왔다. 행복했다. 이미 여러 번 경험한 것처럼 말로 표현할 수 없는 순간이었지만, 산에서의 성공은 그때마다 다른 미묘하고 깊은 감동

▲ 히리상카 원정대원들.

1 나틸레 아이롤디 2 지지 알피피 3 안니발레 주키
4 임모 란제타 5 주세페 라프란코니 6 산드로 리아티
7 카사미로 페라리 8 리카르도 캐신

이 있다. 지난 60년의 세월을 뒤로 하고, 나는 내 옆에 있는 좋은 후배들과 함께 그 봉우리에서 세상을 내려다보았다. 나의 마음은 무한의 고요 속으로 빨려 들어가는 것 같았다. 우리는 말없이 서로를 껴안았다. 우리는 각자 우리 밑에 있는 산과 완전히 하나가 되어있었다.

우리는 배낭에서 레코의 거미들 그리고 여러 개의 깃발을 꺼냈고, 나는 애정과 우정을 상징하고 기록하는 의미에서 사진을 몇 장 찍었다. 하지만 여기서 이렇게 보낼 시간이 없었다. 서두르지 않으면, 비박할 곳도 없는 벽에서 밤을 보내야 할지도 몰라 우리는 가능하면 빨리 내려가야 했다. 알리피와 리아티가 먼저 하강했고, 그들이 저만큼 아래쪽으로 내려가면 페라리와 라프란코니가 뒤따랐다. 주키와 아이롤디 그리고 나는 천천히 움직였다. 우리 3명은 로프를 회수하며 내려가야 했다. 우리가 신이 만들어 놓은 크레바스에 내려섰을 때는 이미 어두워져서 친구들이 비춰주는 불빛의 도움을 받아야 했다. 크레바스에서의 비박은 성공에 도취된 분위기로 가득했다. 나는 다른 2명과 함께 작은 네팔 텐트를 썼지만 전날보다는 더 편했다. 바닥의 얼음도 이미 부드러웠고, 추위도 덜했다. 나의 신경은 지난 며칠 동안의 걱정과 희망, 강렬한 경험과 고통의 순간들로 뒤범벅되어 있었다.

아침에 우리는 벽 밑으로 내려갔다. 포터들이 올라와 우리를 환호하며 맞아주었고, 우리의 무거운 짐을 고소캠프로 날라다주었다. 비록 먼 길이기는 했지만, 베이스캠프까지 한 번에 내려가기로 했다. 나는 포터들에게 우선은 꼭 필요한 것만 갖고 내려가고, 나머지는 나중에 회수할 수 있도록 남겨놓으라고 말했다. 5시 30분경 우리는 임시캠프에 도착했다. 처음에는 몇몇이 그곳에 남아있고 싶어 하는 듯했지만, 결국 안락하고 넓은 베이스캠프로 모두 다 내려가기로 했다. 어스름이 내려앉을 때 우리는 베이스캠프에 도착했다. 그곳에서 큼직한 그릇에 가득 담긴 맛있는 스파게티를 화이트와인과 함께 먹고 나니, 피로와 와인이 불러오는 기분 좋은 도취감에 빠져 잠자리에 들었다. 우리는 조그만 당나귀들을 끌고 올 알도베스를 기다리며, 캠프를 철수하고 낚시도 하며 한껏 게으름을 피웠다. 그리고 치퀴앙을 거쳐 7월 11일 마침내 이탈리아로 돌아왔다.

극한의 어려움 속에서 신 루트를 개척했다는 것, 그리고 특별나게 신비스러운 히리샹카 서벽을 등반했다는 데 나는 만족했다. 이것은 순전히 젊은 후배들의 용기 덕분이다. 인간이 다시 한 번 자신이 가진 능력을 최고로 발휘하며, 얼음과 눈보라 그리고 극심한 추위와 맞서 싸워 이긴 것이다.

20

로체 남벽

1973년 5월 27일 밀라노에서 열린 이탈리아산악회 총회에서 나는 '유럽 밖에서의 원정등반'이라는 주제를 발표했다. 나는 K2와 가셔브룸4봉 그리고 남극대륙 이후 국가적 차원의 원정등반이 없다는 점에 유감을 표명하고, 세계 제4위의 고봉인 로체(8,501m)를 다음 목표로 삼자고 제안하면서 의회와 중앙위원회 그리고 이탈리아 정부의 지원을 요청했다. 그러면서 나는 1975년 봄 시즌의 로체 남벽 등반 허가서를 받아놓았다고 밝혔다.

이 무렵 유럽 밖으로 나가는 원정등반은 이미 오래전에 알프스에서 그랬던 것처럼 혁신적으로 진행되고 있었다. 그 당시는 미지의 세계에 대한 탐험시대가 마무리되면서 더욱 어려운 능선과 벽 그리고 암릉arête이 사람들의 관심을 끌었었다. 로체 남벽은 최후의 대과제였다. 결국 이탈리아산악회 총회는 이 극도로 어려운 벽의 등반을 승인하고, 전폭적인 지원을 약속했다. 이 원정등반은 이탈리아산악회가 국가적으로 벌이는 네 번째의 과학 원정등반이 될 터였다.

1974년 봄, 나는 첫 정찰등반을 하기 위해 네팔에 있었다. 나는 벨루노Belluno 출신의 친구 로베르토 소르가토Roberto Sorgato와 함께 로체 남벽 밑까지 들어갈 계획이었다. 그 결과 5,300미터에서 여러 장의 로체 사진을 찍었고, 남벽 밑에서 베이스캠프를 설치할 만한 장소를 점찍어둘 수 있었다.

그곳은 앞선 4개 원정대의 베이스캠프 자리로, 필요한 요소들을 골고루 갖추고 있었다. 더구나 그곳은 수직으로 3,000미터에 달하는, 훌륭하고 거대한 로체 남벽에서 이루어지는 등반 모습을 육안으로 볼 수 있는 곳이기도 했다. 하지만 등반은 거의 불가능에 가까울 정도로 아주 힘들고 어려운 작업이 될 것으로 예상되었다. 벽 밑에 눈사태의 잔해가 없어, 눈사태의 위험성을 의심할 만한 어떤 흔적을 찾기는 어려웠다. 나는 1973년의 일본 팀 도전을 알고 있었다. 그들은 남벽에서 7,000미터까지 올라갔었다. 하지만 내가 보기에는 너무 왼쪽으로 치우친 것 같았다.

이 등반은 시도해볼 만한 가치가 충분했다. 그리고 결과가 어떻게 되든 우리 이탈리아인에게 초등의 기회가 온 것이다. 윔퍼Whymper와 머메리Mummery에 대한 생각이 떠올랐다. "두 번째로 오르는 것보다 미답봉을 오르다가 실패하는 것이 훨씬 더 영광스럽다."

그해 10월 항공으로 정찰할 기회가 있었는데, 이 남벽은 극도로 어려워 보였다. 그러나 아무도 도전하지 않았다면 풀어야 할 숙제의 해답은 반드시 있을 것이라고 혼자 생각했다. 만약 행운의 여신이 우리 편이 되어 날씨만 좋다면, 최종적으로 우리가 이 숙제를 풀게 될지도 모를 일이었다. 이탈리아로 돌아가기 전에 나는 이탈리아산악회의 베르가모 원정대가 우리에게 넘겨준 장비들을 확인했다. 그리고 뜻밖에도 프랑스 원정대로부터 가스와 산소통을 얻을 수 있었다. 그들은 에베레스트 서릉 완등을 노렸지만, 원정대장인 제라르 드보수Gérard Devoussoux와 셰르파 5명이 거대한 눈사태에 휘말려 희생당하는 사고가 발생해서 원정을 포기했다.

나는 이탈리아 클라이머들 중 정예멤버 15명을 선정해 원정대원으로 초청했다. 그 가운데 몇 명이 개인적인 일로 합류하지 못했지만, 결국에는 나를 대장으로 한 매우 강력한 팀이 결성됐다. 프랑코 키에레고Franco Chierego(의사), 주세페 알리피(별명: 데트Det), 알도 안길레리, 조반니 아르카리Giovanni Arcari, 지지 알리피, 세레노 바르바체토Sereno Barbaccetto, 마리오 콘티, 마리오 쿠르니스Mario Curnis, 알레산드로 고냐Alessandro Gogna, 프랑코 구지아티Franco Gugiatti, 알도 레비티Aldo Leviti, 파우스토 로렌치Fausto Lorenzi, 라인홀드 메스너Reinhold Messner와 이냐치오 피우시Ignazio Piussi. 이들은 모두 사나이다운 훌륭한 클라이머였다. 우리는 투철한 의무, 복종, 목표에 대한 집념을 가진 강력한 팀으로서 거기에다 인간적 유대까지 겸비할 수 있다면, 이 난관을 잘 헤쳐 나갈 것으로 확신했다.

1975년 3월 10일, 우리는 C130 허큘리스 군용기 두 대로 이탈리아를 떠났다. 한 대에는 장비와 식량을 싣고, 다른 한 대에는 대원들이 탔다. 다만 몇 달 전 아내와 함께 유고슬라비아에서 기차를 타고 이란에 갔던 알레산드로 고냐는 파키스탄을 거쳐 이미 네팔의 카트만두에 와 있었다. 나는 지난 세월 원정등반에서 얻은 경험을 출발 몇 달 전에 남김없이 쏟아 부었다. 다시 한 번 나는 유럽을 벗어난 원정등반의 대 과업을 위해 일단의 젊은이들을 이끌게 됐다. 나는 흥분함 없이 차분했다. 나는 이 도전의 성공을 위해서 신속함과 세심함의 중요성을 충분히 인식하고 있었을 뿐만 아니라 필요한 모든 것을 철저히 준비했다는 자부심이 있었다. 산과 거칠게 투쟁해야 하는 새로운 모험에 나설 때마다 나는 살아있다는

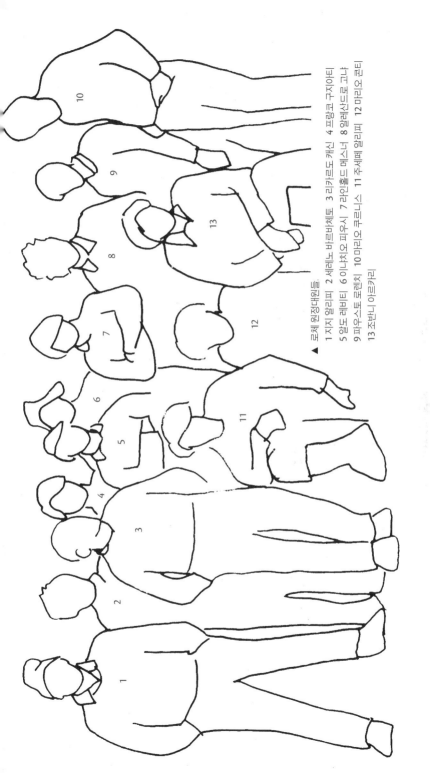

▲ 도체 원정대원들.
1 지지 얄리피 2 세레노 바르바체토 3 리카르도 캐신 4 프랑코 구지에티
5 알도 레베티 6 이나치오 피우시 7 라인홀드 메스너 8 일레산드로 고냐
9 피우스토 도렌치 10 마리오 쿠르니스 11 주세페 얄리피 12 마리오 콘티
13 조반니 아르카리

생생한 열정을 느낄 수 있었다. 정말로 어려운 일에 도전해 성취를 이루는 것이야말로 우리가 존재하는 가장 큰 이유가 아닐까?

우리는 중간 기착지인 뉴델리를 거쳐 12일 오전 카트만두에 도착했다. 공항에는 고나 부부 외에도 이탈리아 대사관의 고위 인사인 피미아니Fimiani 박사와 루클라까지 우리를 데려다주고, 베이스캠프까지 물자 수송을 담당하기로 되어 있는 온지Ondgi 대령이 마중 나와 있었다. 다음 날 아침 나는 트레킹 허가를 받기 위해 외무성으로 갔다. 그곳에서 나는 매우 공손한 관료인 카날Khannal 박사와 오랫동안 이야기를 나눌 수 있었다. 그는 자신의 권한 내에서 내가 직면한 여러 가지 문제를 해결할 수 있도록 최선을 다해 도와주었다. 그런데 불행하게도 이탈리아와 직접 햄 통신을 하려는 계획이 외무성의 엄격한 금지 규정에 의해 무산되고 말았다. 하지만 나는 눕체에 있는 영국-네팔 눕체 원정대를 경유하는 방식의 무전기 사용 허가를 편법이지만 가까스로 받아냈다. 따라서 우리는 이틀에 한 번씩 카트만두로 소식을 보낼 수 있게 됐다. 그러나 실제로는 양 캠프 간의 거리에 따른 무전기 채널의 잡음으로 인해 어쩔 수 없이 옛날 방식으로 돌아가, 전통적인 메일러너를 쓸 수밖에 없었다.

카날 박사는 별다른 문제없이 장비와 식량의 통관을 승인해주었다. 그는 또한 히말라야 등산클럽이 생겼다며 충고와 제안을 바랐다. 그들은 셰르파들을 위한 등산학교를 세우고, 유럽에서 하는 것처럼 진정한 아웃도어 스포츠를 이끌 조직을 만들고자 했다. 나는 기꺼이 협조할 의사가 있으며, 만일 필요로 한다면 강사 한 명을 파견할 수 있는지 검토해보겠다고 화답했다. 그는 나에게 우리의 연락장교가 될 나티 초타레Naati Chottare 셰르파를 소개시켜주었다. 나티는 카트만두 출신으로 여러 원정대에 참가한 경력이 있었고, 일본 원정대에서는 사다로 에베레스트 정상을 밟기도 했다. 그는 특별한 등반기술을 인정받아 연락장교로 승진됐다. 나는 고냐, 죠르제타Giorgetta와 함께 외무성 사무실로 가 통관 비용을 지불했다. 그들은 영어로 된 장비 목록을 박스마다 5부씩 요구했다. 우리가 갖고 있는 이탈리아어 서류 뭉치 속에 영어로 된 것은 고작 3부뿐이었다. 카트만두에는 복사할 곳이 없어, 우리는 이 관료주의적 장벽을 넘어서는 데 소중한 시간을 낭비해야 했다. 온지 대령의 지원은 우리에게 큰 도움이 됐다. 그는 모르는 곳, 모르는 사람이 없었다.

3월 15일, 라인홀드 메스너와 마리오 콘티, 알도 안길레리로 구성된 선발대가 루클라로 떠났다. 그리고 다음 날 지지 알리피, 세레노 바르바체토, 알도 레비티, 이냐치오 피우시와 주세페 알리피가 그 뒤를 따랐다. 나와 다른 사람들은 며칠을 더 기다려야 했다.

경사가 진 데다 흙먼지까지 날리는 것으로 유명한 루클라 비행장에 착륙했을 때 나는 우리의 사다 앙 체링Ang Tsering으로부터 다른 대원들은 이미 남체 바자르Namche Bazar로 떠났다는 보고를 받았다. 아침에 우리는 포터 몇 명과 함께 일부 믈자와 장비를 갖고 길을 떠났다. 제일 먼저 도착한 팍딩 콜라Phakding Khola는 아름다운 침엽수림으로 둘러싸인 곳이었다. 깨끗하고 시원한 강물을 보자 그 속으로 풍덩 뛰어들고 싶은 욕망이 강하게 일어났다. 우리가 지나가는 곳곳이 정말 매력적이었다. 다양한 형태의 다리들, 빽빽한 침엽수의 계곡들과 원시적인 마을들. 높은 고도와 이른 계절임에도 비바람이 세게 들이치지 않는 곳에는 우리 고향에 있는 것들과는 다른 종류의 수많은 로도덴드론이 벌써 꽃망울을 터뜨리고 있었다.

3월 20일, 우리는 남체 바자르에 도착해 대원들과 재회했다. 그리고 다시 두 팀으로 나뉘어 텡보체Thyangboche를 향해 떠났다. 소르가토와 나는 1년 전 정찰등반을 왔을 때 만났던 셰르파 푸르부Phurbu와 함께 갔다. 메스너는 우리의 짐을 실은 야크 떼가 떠나는 것을 감독한 다음 우리를 뒤따라왔다. 텡보체까지 걸음을 재촉해, 대여섯 명의 라마승이 거주하고 있는 사원을 방문했다. 다음은 페리체Pheriche였다. 하지만 대원 몇 명이 기침에 시달리고 있는데도 약이 들어있는 짐이 도착하지 않았다. 의료담당 대원인 의사 키에레고에게 자문했는데, 약을 먹지 않고 떠나는 것은 위험하며 자신은 책임을 질 수 없다고 단호하게 이야기 해주었다. 그래서 프랑코 구지아티와 두 명의 포터를 남체로 보내 필요한 약을 갖고 오기로 했다.

월요일인 3월 24일, 프랑코 키에레고, 알도 안길레리와 나는 팡포체Panpoche로 가, 1973년 그곳에서 죽은 파올로 콘실리오를 추모하기로 했다. 그의 묘지는 딩보체Dingboche에서 위 쪽으로 1시간 거리인 추로Tsuro에 있었다. 아쉽게도 하늘은 흐렸고 봉우리들은 구름에 덮여 있었다. 저녁이 되자 눈이 내리기 시작하면서 온 세상이 하얗게 변했다. 우리는 4,300미터의 고원지대에 있는 한 농가 옆에 캠프를 쳤다.

다음 날 일어나니 눈이 10센티미터나 쌓여 있었다. 우리 트레킹 조의 사다가 남녀를 막론하고 포터들이 적합한 장비가 없다며 모두 내려가고 싶어 한다고 전해주었다. 그럼에도 불구하고 우리는 쿡과 주방보조를 데리고 앞장서 나아갔다. 눈은 하루 종일 내렸다. 다음 날 아침 11시경 구름이 갈라지기 시작하더니 봉우리들이 하나둘 모습을 드러냈다. 쿠르니스와 나는 오른쪽의 아마다블람Ama Dablam(6,119m) 앞에 있는 산에 올라갔다. 눈에 익은 장엄한 산들이 우리 눈앞에 나타났다. 여기서 보니 사뭇 달랐다. 쿠르니스와 나는 가파른 사면으로 4,800미터까지 올라갔다. 나는 아마다블람 앞쪽에 있는 장엄한 탐세르쿠Thamserku(6,608m), 타보체Taboche(6,542m), 캉테가Kangtega(6,782m)와 쿰부Khumbu 계곡 왼쪽에 우뚝 서 있는 로부체Lobuche(6,119m)를 사진에 담았다.

목요일인 3월 27일, 날씨가 아름다웠지만 우리는 딩보체로 출발하지 못하고 짐과 장비가 올라올 때까지 기다려야 했다. 로체는 전체가 거무스름했다. 대자연이 만들어낸 압도적인 그 남벽을 서쪽에서 바라본 대원들은 깊은 인상을 받았다. 그전 해 4월 내가 정찰을 할 때는 그렇게 음산하게 보이지는 않았었다. 그리고 내가 소르가토와 함께 그곳에 있는 동안은 날마다 눈이 내렸었다. 10월의 항공 정찰에서, 비록 내가 언제나 너무 어려워 보인다고 말을 해왔었지만, 그 남벽은 등반이 불가능하다고 생각하지는 않았다.

모레인이 시작되는 곳에 있는 베이스캠프 자리는 훌륭했다. 대원들이 삼삼오오 도착했는데, 키에레고는 초주검이 다되어 맨 나중에 도착했다. 나는 그를 즉시 텐트로 데려가 눕히고 뜨거운 차를 마시게 했다. 그는 아무것도 먹으려 하지 않았다. 나는 그에게 억지로 음식을 먹게 하고 우리 텐트로 돌아왔다. 하지만 키에레고의 상태는 전혀 호전되지 않았다. 그에게 나는 필요한 약을 말해달라고 한 다음, 마리올리노Mariolino와 함께 짐 꾸러미를 뒤졌다. 그날 밤 그는 계속 메스꺼움과 구토에 시달렸다. 나는 다른 사람들과 상의한 끝에 상태가 좋아지지 않으면 그를 아래로 데리고 내려가기로 했다. 그러는 동안 그에게 인공산소를 마시게 했다. 하지만 그것도 소용이 없었다. 다음 날 우리는 간이 들것을 만들었다. 의료 장비들은 여전히 올라오고 있는 중이었다. 우리는 신설로 덮인 어려운 지형을 겨우겨우 통과해, 이 불운한 의사를 딩보체로 데리고 내려갔다. 그곳에서 그는 영국계 네팔인 의사로부터 치료를 받고 카트만두로 후송되었지만, 결국은 이탈리아로 돌아가야 했다.

불행하게도, 우리가 베이스캠프에 짧게 머무는 동안 로체 남벽은 눈이 아니라 바위와 얼음덩어리들을 쏟아내기 시작했다. 거대한 낙하가 한 번 발생하자 남벽은 완전히 검은색으로 변했다. 벽에서 쏟아져 내리는 것들은 모두 그 밑에 있는 수많은 크레바스의 입 속으로 사라졌다. 따라서 도대체 얼마나 많이 떨어졌는지 가늠할 수가 없었다. 이 거대한 벽 앞에 선 우리의 현실은 실로 가혹했다! 나의 추측과는 다르게, 로체 남벽은 무섭도록 기만적이었다. 이런 상황에서 그곳에 도전한다는 것은 자살행위나 다름없었다. 따라서 우리는 벽의 왼쪽 편에서 사선으로 치올라 있는, 얼음으로 뒤덮인 많은 스퍼 중에서 어느 곳으로 올라갈지 결정하는 회의를 가졌다. 결국 가장 만만한 곳은 이미 일본 원정대가 도전했던 루트였다. 그들은 그곳으로 7,000미터까지 올라갔었다.

대원들은 1차 정찰에 필요한 장비를 챙겼다. 4월 1일 아침, 메스너와 고냐, 안길레리가 벽으로 출발했다. 그사이에 구지아티와 나는 중앙에 있는 스퍼가 등반 가능성이 조금이라도 있는지 마지막으로 확인해보고 싶어서 그곳으로 갔다. 그러나 남벽은 얼마 전에 내린 눈으로 하얗게 변해있었다. 가까이 다가가서 쌍안경으로 살펴본 나는 특히 아래쪽에서의 캠프 설치가 무척 어렵다는 사실을 알아냈다. 전날 내린 눈으로 인해 눈사태가 굉음을 내며 끊임없이 떨어져 내리고 있었는데, 거의가 다 바닥까지 닿지 않고 희박한 공기 속으로 흩어졌다. 그러니 가벼운 눈사태라 하더라도 부딪치는 모든 것을 쓸어내렸다.

구지아티와 나는 5,600미터까지 올라가, 등반을 하고 있는 친구들을 보려고 오른쪽으로 이동했다. 우리는 그들이 나누는 이야기 소리와 피톤을 박는 소리를 들었지만, 그들을 볼 수는 없었다. 우리는 도로 내려왔다. 그러고 나서 12시 30분, 나는 그들과 무전을 교신했다. 그들은 5,800미터까지 전진했으며, 모든 것이 잘되어가고 있고 일본 팀이 버린

◆ 1981년 5월 알레스 쿠나베르Ales Kunaver가 이끄는 유고슬라비아의 강력한 원정대가 로체 남벽을 정상 150미터 아래까지 등반하는 데 성공했다. 이들은 포위전법을 썼는데, 그 이상의 등반은 아주 어려운 것으로 판명됐다.

▲ 네팔 히말라야의 대과제 중 하나였던 3,000미터의 로체 남벽. 이와 비슷한 히말라야의 벽이 등반되기 전에 이 남벽을 목표물로 삼은 것은 상당히 미래지향적이었다. 캐신의 원정대는 벽이 너무나 위험하다고 판단해 왼쪽 라인을 공략했다. 마칼루와 에베레스트에서 이미 비슷한 경험을 쌓은 1981년의 유고슬라비아 원정대는 중앙의 바위지대로 곧장 치고 올라가는 라인으로 등반했다.

로프를 발견했지만 얼음에 파묻혀 쓸모가 없다고 말했다. 오후 2시의 교신에서는 5,950미터에 도달했으며, 조금 더 위쪽 스퍼에 있는 바위 밑이 1캠프 자리로 적당하다고 말했다. 1차 정찰은 성공적이었다. 저녁을 먹기 위해 모두 모였을 때 포터들을 데리고 올라가 1캠프를 설치할 선발대를 결정했다. 알레산드로 고냐는 다시 파우스토 로렌치와, 프랑코 구지아티는 주세페 알리피와 짝을 이루어 1캠프를 구축하고, 알도 레비티는 셰르파 3명과 함께 1캠프를 지나 최대한 간 다음 다른 사람들보다 먼저 1캠프로 돌아와서 다음 날 1캠프에서 라인홀드 메스너와 함께 머물기로 했다.

4월 2일, 메스너와 로렌치가 1캠프를 세우기로 한 곳까지 루트를 개척했다. 다른 사람들은 그 뒤를 따라 고정로프를 설치하고 무거운 짐을 져 나를 셰르파들을 위해 스텝 커팅 자리를 넓히는 작업을 했다. 이들은 오후 늦게까지 임무를 수행한 다음 베이스캠프로 내려왔다. 그날 저녁 많은 눈이 내려 다시 온 세상이 하얗게 물들었다. 하지만 대원들이 모두 텐트 안에 들어가 있어 나는 크게 걱정하지 않았다. 오히려 아직도 도착하지 않은 나머지 장비들에 대해 더 많이 걱정했다. 우리는 각자의 텐트로 흩어져 저녁을 먹었다. 식당으로 쓸 큰 텐트가 아직 도착하지 않았기 때문이다.

다음 날 아침 메스너와 레비티가 비교적 이른 시간에 출

▲ 로체 남벽의 1캠프에 설치한 박스 형태의 윌런스 텐트. 뒤쪽에 아마다블람이 보인다.

발했다. 그리고 후에 셰르파 4명이 그 뒤를 따랐다. 그들은 6,000미터에 1캠프를 설치한 다음, 셰르파들이 내려가는 동안 텐트 안으로 들어가 쉬었다. 나는 구지아티와 둘이서 물자 수송상황을 알아보기 위해 추쿵Chukhung으로 내려갔다. 그러면서도 베이스캠프는 물론이고 남벽에 붙어있는 친구들과도 무전교신을 유지했다. 페리체에서 영국의 눕체 원정대원들과 만났는데, 그들은 아주 친절했다. 특히 그들은 우리에게 의사가 없다는 말을 듣고, 베이스캠프가 가깝기 때문에 필요하면 언제든지 도와주겠다고 약속했다. 다음 날 이른 아침, 짐을 실은 야크를 몰고 여러 계곡과 고개를 넘어온 포터들이 도착했다. 그리하여 오전 10시경 우리는 장비를 갖고 다시 베이스캠프를 향해 갈 수 있었다.

한편 1캠프에서 잔 메스너와 레비티는 그다음 300미터 구간에 고정로프를 설치했다. 로렌치와 쿠르니스가 바통을 이어받아 다시 추가 400미터에 고정로프를 설치하고 나서 1캠프로 돌아와 셰르파 2명과 함께 휴식을 취했고, 그 사이에 메스너와 레비티는 베이스캠프로 돌아왔다.

4월 5일, 날씨가 이번만은 우리 편인 것같이 여전히 맑았다. 고냐와 바르바체토가 세락 밑까지 고정로프를 연이어 설치했지만, 그곳에서 루트를 찾는 데 애를 먹었다. 나는 베이스캠프에 도착했고, 모든 짐들도 하나둘씩 도착했다. 하지만 짐 꾸러미 하나와 대형 식당 텐트가 오리무중이었다. 오후에 우리는 짐 꾸러미들을 정리하며 꼭 필요한 장비와 물자들을 챙겼다. 비록 짐마다 명세표가 달려 있기는 했지만, 700개의 짐 꾸러미들이 여기저기 쌓여 있는 곳에서 필요한 것들을 찾는 일은 결코 쉽지 않았다. 작업을 끝내니 어느새 날이 저물었다.

다음 날 아침 쿠르니스와 안길레리가 두 명의 알리피와 함께 2캠프를 향해 출발했다. 그들 중 2명은 고냐, 바르바체토와 교대하기로 되어있었는데 교대도 하지 않고, 2캠프 자리로 점찍어 놓은 곳까지 가지도 못한 채 내려왔다. 그러는 동안 우리는 베이스캠프에서 뒤늦게 도착한 짐들을 정리했다. 식당 텐트를 찾자마자 곧바로 설치했다. 식당 텐트 안 한가운데에 테이블을 펼치고 짐도 들여놓았다. 우리는 언제나와 마찬가지로 우편물을 애타게 기다렸는데, 무엇이라도 받은 사람은 쓰윽 만족한 미소를 짓고, 그렇지 못한 사람들은 실망스러워했다. 게다가 우편물을 받아 기분이 좋아진 대원들은 마치 아이들이 노는 것처럼 아무것도 받지 못한 대원들을 놀려댔다!

셰르파들과 자주 언쟁을 벌이는 것 중 하나가 에어 매트리스나 그 비슷한 것이 없다는 것이었다. 그런데 이것은 대체로 의사소통이 안 되는 데서 기인했다. 서로의 언어를 이해하지 못하는 간극이 너무나 컸다. 물론 그들 중 몇몇은 영어를 약간 알아듣기는 했지만, 그들은 자주 자신들이 알고 있는 몇 개의 단어들을 잘못 해석해서 고집을 피웠다. 다행히 우리는 양보를 하는 편이어서 그들이 원하는 것을 받아들여 대부분 합의에 이르렀다. 다음 날부터는 2캠프를 설치하고 교대로 물자를 운반함으로써 작업이 빨라졌다. 모든 대원들이 어떤 난관에 부딪치게 되면 수단과 방법을 가리지 않고 해결하려 노력했으며, 맡은 바 임무를 열정적으로, 그리고 요령 있고 진지하게 수행했다. 나는 등반 능력뿐만 아니라, 우리와 같이 대단한 모험을 감행하는 원정대에서 매우 중요한 요소인 팀워크를 보여주는 대원들을 보고 흐뭇했다. 오직 안길레리만이 더 이상 머무르기를 원치 않고 이탈리아로 돌아가고 싶어 했다. 나는 무척 실망했다. 우리에게는 의사도 없었다. 의료담당 대원인 의사 키에레고는 건강 문제로 자신의 의지와 상관없이 원정대를 떠나야 했다. 그리고 이제 느닷없이 또 한 사람이 원정대를 이탈한다면, 우리에게는 큰일이었다. 물론 안길레리의 의사를 존중해야겠지만, 또 그가 맡은 임무를 대신할 재능 있는 다른 클라이머의 유무와 상관없이 나는 그의 마음가짐에 대단히 실망했다. 또한 이것은 강인한 이탈리아 알피니즘에 대한 신뢰를 떨어뜨리는 행위였다.

4월 8일 밤, 눈이 왔다. 아침에 일어나니 눈이 20센티미터나 쌓여 있었다. 하지만 눈이 바람에 날려 정확히 얼마나 왔는지는 알 수 없었다. 더군다나 날씨가 좋아질 낌새를 보이지 않아 우리는 1캠프와 무전교신을 한 끝에 모두 베이스캠프로 내려오는 것이 좋겠다고 말했다. 우리는 편지를 쓰거나 이 텐트 저 텐트를 돌아다니며 단조롭고 꿈같은 하루를 보냈다. 젊은 대원들은 서로 잘 어울렸고, 자신들의 일을 하면서도 잠깐씩 노닥거렸다. 즐겁고 편안한 분위기였다.

다음 날 아침 날씨가 다시 좋아졌지만, 몹시 추운 데다 바람까지 강하게 불었다. 우리는 올라가기로 결정했다. 구지아티와 데트(주세페 알리피)는 6명의 셰르파들과 함께 1캠프로 올라갔고, 오후에 레비티가 그들을 따라붙었다. 4월 11일 메스너와 안길레리가 6,600미터의 2캠프에 도착했다. 그들은 수직빙하가 시작되는 곳에 박스 형태의 윌런스Whillans 텐트를 치고 그날 밤을 그곳에서 보냈다. 하지만 라마 경전을 믿는 셰르파들은 내일이 좋지 않은 날이라며 더 이상 올라가지 않겠다고 고집을 부리고, 다음 날 1캠프를 거쳐 베이스캠프로 내려왔다. 나는 사다를 설득했다. 그는 개인적으로 셰르파 셋을 데리고 메스너와 레비티에게 필요한 물자를 져 나르겠다고 약속했다.

그날 밤은 몹시 추운 데다 강풍까지 불어댔다. 오전 7시 30분, 나는 위쪽에 있는 2개의 캠프에 무전을 보냈다. 무전교신은 우리에게 아주 소중했다. 필요한 것이 있으면 즉시 해결했고, 벽에 있는 대원들은 자신들이 지원을 받고 있으며, 우리와 아주 가까운 곳에 있다는 느낌을 받을 수 있었다. 한편 나는 다양한 움직임을 조정할 수 있었고, 필요할 때마다 충고를 해줄 수 있었다. 1캠프에 있는 구지아티와 대화를 나누었는데, 그는 올라갈 만반의 준비가 되어있으며, 셰르파들만 오면 된다고 자신 있게 말했다. 나는 2캠프의 메스너를 무전으로 불렀다. 그는 밤새도록 울부짖는 강풍으로 인해 자신들은 뜬눈으로 밤을 새웠다고 말했다.

그다음의 무전교신은 12시 30분에 있었다. 나는 1캠프에 있는 레비티의 말을 듣고 안심했다. 우리가 있는 곳과는 달리 그 위쪽은 바람이 거의 멈추었고, 모든 것이 잘 진행되고 있어, 자신들은 이른 오후에 2캠프 위쪽까지 정찰을 나갈 예정이라고 말했다. 지금은 박스 형태의 텐트와 로프, 보급물자를 갖고 올 셰르파들을 애타게 기다리고 있는 중이라고 했다. 오후 6시의 마지막 교신을 통해, 나는 셰르파들이 도착해서 2캠프에도 박스 형태의 텐트가 쳐졌고 2캠프 위쪽으로 가봤는데, 그곳은 아래쪽의 리지와 비교하면 그렇게 어려워 보이지 않는다는 사실을 알았다.

1캠프에 머물렀던 셰르파 둘이 젊은 대원 한 명을 그곳에 남겨두고 베이스캠프로 내려왔다. 나는 앙 체링을 나무랐다.

▶ 로체 남벽 1캠프 위쪽의 설릉

그는 대원들과 같은 시간에 2캠프에 도착하기 위해 아침에 대원들보다 먼저 출발할 것이라고 나에게 공언했었다. 4월 12일 밤, 2캠프에 엄청난 바람이 들이닥쳤다. 메스너는 사정없이 후려치는 바람이 텐트를 날려 보낼 기세라고 말했다. 나는 두 명의 세르파가 일찍 출발했고 쿠르니스와 로렌치가 오전 8시에 올라갈 것이라고 말해 그들을 안심시켰다. 메스너는 당장은 움직이지 않고 시간이 조금 지난 뒤에 상황을 살펴보겠다고 말했다. 12시 30분의 무전교신에서, 나는 위쪽은 여전히 강풍이 불고 있고 그들은 텐트 안에서 꼼짝도 하지 못하고 있다는 사실을 알았다. 나는 쿠르니스와 로렌치가 캠프에서 2시간 거리에 있다고 전했다.

메스너와 레비티는 내려오면서 1시간 만에 쿠르니스와 로렌치를 만났다. 그들은 5시 30분에 무전을 교신하기로 약속하고, 늑대처럼 굶주린 모습으로 베이스캠프로 돌아왔다. 약속된 시간의 무전에서, 나는 시야가 극히 불량하고 바람이 여전히 날뛰고 있다는 말을 들었다. 그들은 앞으로 전진 베이스캠프 노릇을 할 그곳에 꼭 필요한 물자들을 요청했다. 이런 상황으로 인해 피우시 대원은 보급물자를 실어 올릴 윈치winch 설치의 가능성을 검토하기 시작했다. 이곳은 세르파들이 물자 일부를 루트에 내버려둘 정도로 굉장히 가팔라 운송이 힘들었고 어려웠다. 오후 6시경, 1캠프에서 다음날 아침 2캠프로 올라가기로 되어있던 셰르파 2명이 내려오고 있다는 사실을 알았다. 사다에게 말하니, 자신이 다른 셰르파 2명을 데리고 그들 몫을 대신하겠다고 나를 안심시켰다.

밤이 되자 바람이 다소 잠잠해지면서 추위까지 누그러졌다. 하지만 위쪽은 여전히 강풍이 불어대고 있는 것을 우리는 눈으로 확인할 수 있었다. 문제는 눈이었다. 이 사실은 2캠프에 있는 로렌치와 나눈 7시 30분의 무전교신에서 확인할 수 있었다.

"여기는 바람이 정신없이 불어대고 눈도 여전히 내리고 있습니다. 지난밤은 특히 더했습니다. 텐트가 찢어져 날아가려 했습니다. 우리는 내려가서 날씨가 좋아지기를 기다리겠습니다."

나는 그들에게 텐트를 최대한 단단히 고정시켜 놓고 빨리 내려오라고 지시했다. 1973년 몬치노Monzino가 이끄는 에베레스트원정대에 참가했던 쿠르니스, 로렌치와 레비티는 그곳의 베이스캠프와 고소캠프에서도 이런 날씨는 겪어보지 못했다고 말했다. 태양이 얼굴을 내밀면 그들은 거의 반나체로 텐트 밖으로 나와 지냈었다고 한다. 우리도 처음 10여 일 동안 날씨가 좋았을 때는 그랬었다. 하지만 지금은 날씨가 몹시 심술을 부리고 있다.

4월 15일 아침, 하늘은 여전히 흐렸다. 지난밤에 바람이 세게 불면서 베이스캠프에 눈이 내렸다. 한 조의 셰르파들이 1캠프를 향해 떠났다. 고냐와 바르바체토가 나중에 뒤따라가기로 했지만, 1시간이 지나자 날씨가 나빠졌고 정오가 되기도 전에 눈이 내리기 시작했다. 따라서 이 둘은 예정된 출발을 늦추었다. 피우시는 데트와 알리피, 아르카리의 지원을 받으며, 윈치 설치에 필요한 자재들을 한군데에 모으면서 작업에 들어갔다. 우리는 그것을 1캠프와 2캠프 사이에 설치할 계획이라서 고소 캠프에 필요한 장비들을 최대한 많이 1캠프로 올리려 노력했다.

마침내 조용한 하룻밤을 보내고, 아주 환상적인 날씨를 이용해 8명의 셰르파가 윈치 설치에 필요한 케이블과 부속 자재들을 갖고 목요일인 4월 17일 1캠프로 올라갔다. 피우시, 아르카리, 데트와 알리피는 작업을 돕기 위해 이들을 뒤따라갔다. 전날 오후 1캠프에 도착한 고냐와 바르바체토도 다음 날 3캠프로 가는 루트를 뚫기 위해 2캠프로 올라갔다. 콘티는 나와 함께 움직였다. 나는 무거운 무비 카메라와 2대의 스틸 카메라, 물통과 다른 것들까지 잔뜩 짊어졌다. 나는 아주 환상적인 파노라마와 지평선을 영상에 담고 있었는데, 오전 11시경 안개가 몰려와 유감스럽게도 촬영을 그만두어야 했다. 1캠프는 주위의 풍경을 호사스럽게 내려다볼 수 있는 아름다운 곳에 있었다. 어스름이 몰려올 즈음, 우리는 사진 몇

장을 찍고 내려갈 길을 재촉했다.

금요일 아침은 말로 표현하기 어려울 정도로 환상적인 날씨였다. 대원들 모두는 각자 주어진 다양한 임무를 수행하기 위해 일찍부터 부산하게 움직였다. 한 그룹은 루트를 담당하고, 다른 그룹은 윈치 설치를 맡았다. 베이스캠프에서 쉬고 있던 구지아티와 레비티가 오후에 2캠프까지 진출하기 위해 1캠프를 향해 떠났다. 메스너와 로렌치는 곧장 2캠프로 올라갔다. 바르바체토와 고냐가 2캠프 위쪽 아주 높은 곳에 붙어 있는 것이 보였다. 오후 3시의 무전교신에서, 고냐는 자신들이 7,100미터의 고도에 도달했다고 말했다.

그날 밤 눈이 왔다. 2캠프의 고냐와 교신해보니, 신설이 25센티미터나 쌓였다고 말했다. 그들은 3캠프로 루트를 뚫고 있었다. 하지만 그들은 전날의 최고점에조차 도달하지 못했다. 1캠프에 도착한 셰르파들까지도 자신들이 해야 하는 일을 하지 못하고 있었다. 사실 그들 중 3명은 레비티, 구지아티와 함께 2캠프로 올라갔어야 했다. 하지만 그들은 시간만 보낸 채 짐을 두 캠프 사이에 놓아두었다.

저녁의 무전교신에서 나는 그날의 상황을 종합적으로 파악할 수 있었다.

"여기는 베이스캠프. 들리면 응답하라. 이상."

1캠프에 있던 피우시가 대답했다. "잘 들립니다. 이상."

"오늘 윈치 설치는 어떻게 됐나? 모든 상황을 보고해라."

"오늘은 잘 됐습니다. 도르래pulley를 리지에서 1캠프 밑의 윈치 설치지점으로 간신히 올렸습니다. 하지만 어제는 문제가 조금 발생했습니다. 등에 지고 오르다 떨어뜨리는 어처구니없는 사고가 발생했습니다. 도르래가 크레바스 안으로 떨어져 꺼낼 수가 없었습니다. 하지만 오늘 사고를 수습했고, 도르래를 단단히 설치했습니다. 말씀드린 것처럼 1캠프 밑에 임시 텐트를 하나 세우겠습니다."

"좋다. 대단한 뉴스다."라고 말하고 나는 무전기를 껐다. 우리는 지금까지의 결과에 만족해, 아주 행복해하며 잠자리에 들었다. 4월 19일 밤 9시였다.

자정쯤, 무엇인가가 구르고 부딪치는 소리가 들리더니 엄청난 폭풍이 뒤를 이었다. 누군가가 부르는 소리가 들렸다. 텐트 안에 있는 등을 켜고 보니 텐트가 폭삭 주저앉아 있었다. 텐트를 짓누르는 눈의 무게가 엄청났다. 나는 밖으로 나갔다. 옷을 반만 걸친 메스너가 눈 더미에 깔려 있었다. 로체의 벽에서 발생한 눈사태로 폭풍과 눈이 날리면서 그의 텐트를 쓸어버렸고, 셰르파들의 텐트와 나의 텐트에도 피해를 입힌 것이었다. 메스너는 콘티의 텐트로 피신했고, 나는 나의 텐트로 돌아왔다. 텐트의 지붕을 받치는 폴이 부러졌지만, 아침에 고치기로 했다.

아침 6시경, 텐트 밖으로 기어 나와 밝은 햇빛 아래서 피해 상황을 조사했다. 주위를 둘러보았다. 바닥에 널브러져 있는 메스너의 텐트가 보였고, 피해를 입은 다른 장비들도 눈에 들어왔다. 나는 눈사태가 어디서 떨어졌는지 알아내기 위해 벽을 죽 훑어보았다. 하지만 눈이 가볍게 내리고 있어 그 장소를 정확히 집어낼 수 없었다. 나는 다시 텐트로 돌아와 쉬었다. 시간이 얼마나 흘렀는지 모르겠는데, 반쯤 잠이 들었을 때 땅이 크게 흔들리면서 커다란 굉음과 함께 무엇인가가 부딪치는 소리가 들렸다. 그러더니 사나운 폭풍이 모든 것을 휩쓸었다. 내 위로 큰 무게를 가진 어떤 것이 휙 하고 지나가는 것 같았다. 본능적으로 나는 팔로 머리를 감싸 나 자신을 보호했다. 그리고 일어서려고 했지만, 그 자리에서 다시 쓰러졌다.

나는 이 대재앙이 얼마나 계속되었는지 기억하지 못한다! 모든 상황이 끝났을 때 텐트에서 힘들게 빠져나왔다. 끔찍한 광경이었다. 소중한 텐트들이 하나도 눈에 보이지 않았다. 마치 괴물 불도저가 싹 밀어버린 것처럼 모든 것이 사라지고, 두꺼운 눈 더미들이 그 자리를 대신했다. 처음으로 내 눈에 띈 것이 메스너와 콘티였는데, 그들은 머리부터 발끝까지 온통 하얗게 눈을 뒤집어쓰고 있었다. 그들과 함께 셰르파 텐트들이 있던 곳으로 가니 신음소리가 들렸다. 우리는 피켈과 칼을 써서 눈에 파묻힌 셰르파들을 꺼냈다. 한 사람이 기침을 심하게 하고, 몇몇이 다치기는 했지만 다행스럽게도 그리 심각하지는 않았다. 그들은 눈에 파묻혀 젖어있었기 때문에 수건으로 그들을 닦아주었다. 그리고 침낭들을 모아 그들을 덮어주었다. 날씨는 몹시 추웠다.

장비와 물자들이 담긴 박스들과 30킬로그램이 나가는 연료통들이 우리가 텐트를 쳤던 곳으로부터 반경 1킬로미터에 걸쳐 흩어져 있었다.

나는 1캠프와 2캠프에 있는 대원들과 교신을 시도했지만, 교신 약속이 된 7시 30분까지 어떤 소식도 들을 수 없었다. 마침내 무전교신이 됐을 때 그들 모두 이 소식을 듣고 엄청 놀라했다. 심지어 맨눈으로 베이스캠프를 볼 수 있는 1캠프 사람들까지도, 베이스캠프의 상황을 까맣게 모르고 있었다. 눈이 가볍게 내리고 있었기 때문에 저 위쪽의 텐트에서 보면 사방이 하얗게 보여 아무 일도 없었다고 생각하는 게 당연한 일이었다. 그들에게 모두 즉시 하산해 우리를 도우라고 말했다.

태양이 얼굴을 내밀며 기온이 따뜻해지자, 대원들 모두 자신의 물건들을 찾아 나섰다. 우리가 빙하 여기저기에 흩뿌려진 옷가지와 개인의 사물을 찾는 데는 3일이나 걸렸다. 다행히 베이스캠프에는 대원 5명과 15명 정도의 셰르파 그리고

▶ 눈사태로 엉망진창이 된 베이스캠프

쿡과 주방보조들만이 있었다. 만약 그렇지 않았더라면 훨씬 더 심각한 상황이 벌어졌을지도 모른다.

1캠프에 있던 친구들이 9시 30분경에 내려왔다. 우리는 혹시 셰르파들이 원정대를 떠날까 봐 걱정했다. 하지만 그들은 계속 등반하기를 원하는 것 같았다. 그래서 베이스캠프에 모이게 된 우리는 원정등반을 계속할지 아니면 등반을 중단하고 이탈리아로 돌아갈지 결정하기로 했다. 하지만 이 자리에는 아직 2캠프에서 돌아오지 못한 4명의 대원이 빠져있었다. 그렇다 해도 결정은 내려야 했다. 만약 우리가 이탈리아로 돌아가기로 결정한다면, 임시 베이스캠프를 계곡에 설치해야만 할 터이고, 등반을 계속하기로 결정한다면, 새로운 베이스캠프를 위험하지도 않으면서 편리한 어느 장소에 다시 설치해야만 되었다. 먼저 남아있는 장비들을 조사했다. 그리고 모두 모여서 거의 만장일치로 계속하기로 결정했다. 텐트를 모두 점검했다. 어떤 것들은 할 수 없이 버려야만 했지만, 고쳐 쓸 만한 것들도 꽤 있었다. 저녁이 다 되어갈 때까지 우리는 새로운 베이스캠프 자리로 쓸 만한 텐트를 옮기고, 텐트 몇 개를 추가로 쳤다. 새로운 베이스캠프는 남벽의 버트레스 밑 왼쪽이었다.

우리가 받은 상처가 조금 아물었다. 다음 날 오후 새로운 베이스캠프로 장비를 옮기기로 되어있는 이 지역 포터들이 올라왔다. 그동안 좀 나아진 줄 알았던 콘티의 기관지염이 이번 눈사태에서 눈을 엄청 뒤집어써서 다시 나빠졌다. 심한 변비로 고생하던 로렌치는 호흡곤란까지 겪었다. 그래서 나는 이 둘을 남체 바자르로 내려 보내기로 했다. 그러는 동안 눕체 원정대의 영국인 두 명이 그들 의사의 메모를 갖고 왔다. 자신들의 산소통이 아직 세관에 있는데, 치료용으로 쓸 산소통 몇 개가 필요하다는 것이었다. 나는 그들이 보여준 호의에 조금이라도 보답해줄 수 있어서 기뻤다. 그래서 자동 마스크가 달린 미제 산소통들을 내주었다. 프랑스제와는 달리 이것은 치료받는 환자의 상태에 따라 산소농도 조절이 가능하다는 것이 장점이었다. 몇 시간의 고된 작업을 끝내고, 저녁에 우리는 피우시의 생일 축하파티를 벌였다. 밖은 여전히 눈이 오고 있었다. 대원들의 노고를 위로하기 위해 조촐하게 시작했던 생일 축하가 결국 떠들썩한 파티로 발전해, 막판에 가서는 내가 대장의 엄중한 권한으로 소동을 가라앉히고 모두에게 취침 명령을 내려야 했다.

4월 22일 아침의 날씨는 환상적이었다. 하지만 그러다가도 오후가 되면 거의 언제나 눈이 내렸는데, 매일 규칙적으로 반복되어서 날씨 예측이 가능할 정도였다. 아침 식사 후, 1캠프로 올라가 등반을 재개하기로 되어있는 팀의 셰르파들이 라마승이 나쁜 날이라고 했다며 함께 따라나서기를 거부했다. 따라서 우리는 하는 수 없이 모든 일을 다음 날로 미루어야 했다. 참으로 짜증나는 일이었다. 왜냐하면 우리는 몬순이 다가오기 전의 소중한 날들을 낭비하고 있었기 때문이다. 하지만 저녁때쯤 산소통과 아직 찾지 못한 것들을 제외한 모든 장비들이 새로운 베이스캠프로 옮겨졌다. 그것들은 우리가 고소캠프로 올라가면서 필요하면 가져갈 생각이었다. 23일은 갖고 가야 할 물자들을 정리·구분하고, 대원들과 함께 올라갈 셰르파들에게 짐을 배분하느라 분주했다. 오후에 메스너, 쿠르니스와 피우시가 1캠프로 떠났다. 메스너와 쿠르니스는 다음 날 2캠프로 올라가, 3캠프까지 진출할 예정이었다. 한편 피우시는 윈치 위쪽에 있는 도르래를 수리하기로 되어있었다.

다음 날 아침, 위쪽 캠프들에 필요한 물자를 진 셰르파들과 함께 데트와 알리피, 아르카리는 윈치 수리작업을 돕기 위해 떠났다. 일부 셰르파들이 베이스캠프로 돌아오고, 마지막으로 아르카리가 내려왔다. 데트와 알리피는 다음 날 더 위쪽 캠프로 올라가려고 1캠프에서 대기했다. 내가 무전기를 틀자마자 2캠프의 쿠르니스가 나왔다. 그곳에는 80센티미터의 신설이 쌓여 있었다. 밑에 있던 사람들이 그가 있는 곳까지 가는 데는 8시간이나 걸렸다. 그것도 셰르파는 4명 중 2명만이 그곳에 도착했고, 나머지 2명의 셰르파는 내려와야 했다. 저녁 7시경 피우시가 1캠프에 도착하고, 그는 내가 거의 알아들을 수 없을 정도의 쉰 목소리로, 모든 것이 잘 되기만 한다면 윈치는 내일부터 쓸 수 있을 것이라고 말했다.

4월 25일 아침 역시 날씨가 화창했다. 나는 날씨가 계속 좋아져서, 우리가 원하는 대로 모든 일이 잘 되기를 기도했다. 첫 무전교신에서 알리피는 윈치를 몇 번 손보고, 데트와 함께 2캠프로 올라갈 계획이라고 말했다. 하지만 그는 눈의 상태를 더 잘 판단할 수 있는 메스너, 쿠르니스와 그 문제를 상의해야 할 터였다. 메스너는 2캠프에 혼자 있는 것이 매우 위험하다고 생각해서, 그날 3캠프로 올라갈 수 있는지, 아니면 눈이 안정되거나 바람에 날려가기를 기다리는 것이 현명한지 알고 싶어 했다. 사실, 그는 몇 시간 이내에 등반을 개시하는 것에 대해 무척 회의적이었다.

고냐와 바르바체토가 했던 말이 떠올라, 나는 그에게 각별히 조심하라고 충고했다. "잘 살펴라. 특히 사면을. 경사가 매우 세서 언제 눈사태가 텐트를 엄습할지 모른다." 나는 메스너와 교신을 유지할 수 있도록 무전기를 켜놓은 채 수화기를 바르바체토에게 넘겨, 둘이 직접 교신하도록 했다. 선후배를 막론하고 우리 모두가 갖고 있던 이런 책임감과 우정 그리고 형제애에 대한 느낌이 서로를 따뜻하게 격려해주었으며, 이는 우리 원정대의 아주 중요한 면모였다. 비록 내가 너무 부드럽고 친절해서 현대적인 원정대의 대장으로서는 적합하지 않다는 비난의 중심에 서 있기는 했지만, 과거의 경험으로 보면 원정대를 이끌면서 어느 정도 형제애를 보여줬던 나의 태도가 위대한 승리만큼이나 기쁨도 주었다는 사실을 지적하고 싶다. 다른 무엇보다도, 이것은 우리가 고국으로 돌아왔을 때 끝내는 서로 원수지간이 된 다른 많은 원정대와는 다르게 대원들 간의 우정을 깊게 만드는 데 든든한 바탕이 되었다는 것을 알 수 있었다.

아침의 그 좋던 날씨가 어느새 실종됐다. 정오에 하늘이 구름으로 뒤덮이더니 오후 2시가 되자 눈이 내리기 시작했다. '만약 날씨가 계속 이렇게 된다면, 그들이 과연 어떻게 텐트에서 나올 수 있을까?' 하고 나는 생각했다. 저녁때쯤 피우시와 데트가 도착했다. 그들은 지쳐있었지만 내려오기 전에 윈치로 필요한 것들을 처음으로 올려 보내놓을 수 있었다며 만족감을 나타냈다. 우리에게 이것은 커다란 진전이었다. 하지만 눈이 잦아들기를 기다려야 했다. 그러는 동안 좋은 날씨에 대비하기 위해 필요한 물자를 2캠프로 올렸다. 26일도 날씨는 똑같은 패턴을 보였다. 아침에 구름이 끼고 오후에 여지없이 눈이 내렸다. 2캠프에 있던 쿠르니스가 메스너의 몸이 좋지 않다고 알려왔다. 따라서 나는 구지아티의 조언에 따라 셰르파 한 명을 통해 필요한 약을 1캠프까지 올려 보냈다. 그러면 지지가 그 약을 윈치를 이용해 2캠프로 올려 보낼 예정이었다. 몇 시간 휴식을 취한 메스너는 상태가 좋아졌다. 하지만 나는 그에게 가능하면 빨리 아래로 내려오라고 말했다. 그러면서 그가 혼자 내려오지 못할 경우를 대비해 레비티와 고냐, 바르바체토를 베이스캠프에서 출발시켰다. 후에 메스너는 상태가 훨씬 더 좋아져, 쿠르니스와 함께 비교적 빠른 시간 안에 깊은 눈을 뚫고 1캠프 윈치 위에 도착했다. 남체 바자르에서 5일 동안 푹 쉰 콘티와 로렌치 역시 건강을 되찾았다. 그러나 많은 눈이 내리는 기상악화는 계속됐다.

4월 27일, 날씨가 호전되었지만 강풍과 벽을 끊임없이 쓸어내리는 눈사태가 계속됐다. 1캠프와 2캠프에는 먼지를 날리는 강풍이 불어닥쳤다. 고냐와 함께 윈치 아래쪽으로 올라가고 있던 레비티는 위쪽은 눈이 오고 있지만 자신들이 있는 곳은 구름만 끼어있다고 말했다. 밤새 바람은 더욱 거세져 사정없이 먼지를 날렸다. 나는 로체의 벽에서 쏟아져 내리는 눈사태가 일으키는 굉음을 본능적으로 들을 수 있었다. 아침이 되자 날씨가 다시 아름다웠다. 그러나 저 위쪽의 벽은 휘몰아치는 눈으로 완전히 모습을 감추었다. 사실 위쪽에 있는 캠프들과의 첫 교신에서 바르바체토는 밤새 우박이 쏟아졌으며, 바람이 텐트 밑에 있는 눈을 쓸어가 버려서 그들도 다른 것들과 함께 언제라도 휙 하고 날아갈지 모른다는 불안감에 떨었다고 한다. 반면 윈치가 있는 아래쪽 텐트에 있던 고냐와 레비티는 조용한 밤을 보냈다. 그곳은 비교적 편안한 장소였다. 오전 11시쯤 바람이 잦아들자 항상 윈치를 조작하던 셰르파가 없기는 했지만, 그들은 즉시 장비를 위로 올려 보내는 작업에 착수했다.

4월 30일, 1캠프 근처의 바람은 잠잠했지만, 2캠프 쪽은 여전히 강풍이 몰아치고 있었다. 고냐와 레비티는 텐트가 반쯤 묻혔으며, 눈을 치우려면 하루가 꼬박 걸릴 것이라고 말했다. 사실 4월 20일부터 5월 2일까지의 날씨는 우리를 꼼짝 못하게 만들면서 언제나 나빴다. 매일 밤 눈이 내려, 우리는 2캠프 이상 전진하지 못했다. 5월 3일의 아침은 날씨가 좋은 것 같았다. 화창한 날씨에 저 위쪽도 바람이 없었다. 첫 교신에서 2캠프는 자신들이 대원 숫자만큼의 셰르파를 데리고 3캠프를 향해 떠날 계획이라고 말했다. 1캠프의 로렌치는 목이 다시 아파 고생하고 있었다. 따라서 아르카리가 그를 대신해 윈치로 계속 짐을 올리기 위해 1캠프로 내려갔다.

오전 8시, 약속대로 무전기를 켜니 메스너의 목소리가 들렸다.

"셰르파 한 명을 올려 보내지 못했습니다. 서 있을 수도 없다고 합니다. 텐트 한 동과 필요한 것들을 갖고 우리가 올라가도록 하겠습니다. 하지만 셰르파 3명으로는 내일 작업할 장비와 캠프에 필요한 식량을 올리기가 힘듭니다."

"알았다. 맞는 얘기다." 하고 내가 대답했다. "그 상태에서 최선을 다해라. 현재로서는 3명의 셰르파밖에 없으니 지금 돌아오고 있는 셰르파 2명이 내일 필요한 것들을 갖고 올라가도록 하겠다."

"좋습니다. 내일 올라오는 두 명은 윈치가 있는 곳에 머물러도 되지만, 무전기를 갖고 있는 셰르파를 올려 보내주셔야 합니다. 그렇지 않으면 2캠프에는 무전기가 하나도 없게 됩니다." 하고 메스너가 말했다.

"알았다." 나는 확실하게 대답했다. "지금부터는 이렇게 하자. 너는 내일 계획대로 3캠프로 올라가라. 무전기를 가지고 가면 계속 연락을 취하겠다. 3캠프를 구축할 수 있다면, 내가 고냐와 바르바체토, 레비티를 즉시 올려 보내 3일간 머무르도록 해서 네가 쉴 수 있도록 하겠다. 이 계획이 좋은지 확인해 달라."

메스너는 즉시 응답했다. "만약 오늘 우리가 3캠프에 도착하면, 그들도 즉시 2캠프를 향해 떠날 수 있도록 해주시면 됩니다."

오전 8시 30분경 그들은 2캠프를 떠나 등반을 시작했다. 그리고 오전 11시에 바위지대 가까운 곳까지 도달했다고 알

▲ 2캠프 위쪽의 가파른 빙벽을 셰르파 한 명이 고정로프로 오르고 있다.

▲ 로체 남벽 3캠프 위쪽 바위지대를 오르는 라인홀드 메스너

려왔다. 그들은 150미터를 더 올라가면, 곧 3캠프 자리에 도착할 수 있을 것으로 기대하고 있었다. 실제로, 오후 12시 30분 그들은 목표지점에 도달했으며, 뒤에 처져있는 셰르파들을 기다리고 있다고 말했다. 전진이 순조로운 것을 보고, 나는 이미 약속한 대로 고냐와 바르바체토, 레비티로 하여금 셰르파 한 명을 데리고 첫 번째 팀을 안심시키기 위해 3캠프를 향해 떠나도록 지시했다.

오후 6시 30분 나는 다시 메스너와 교신했는데, 그는 셰르파들이 어려운 구간에서 고정로프를 다 써버렸다면서 고정로프가 추가로 필요하다고 말했다. 고냐와 바르바체토가 지난 18일 설치한 고정로프는 전부 눈 속에 묻혀 있었다. 이 무전교신에서 메스너는 3캠프까지 루트를 뚫은 데트의 작업이 얼마나 훌륭했는지 장황하게 설명했다. 그는 데트가 평소 보여준 뛰어난 기술 덕분에 자신들의 목표를 완수할 수 있었다고 덧붙였다. 그리고 데트는 2캠프를 무전으로 불러, 다음 날 필요한 장비목록 — 티타늄 피톤, 가스 카트리지와 로프 — 을 알려주었다. 데트는 식량을 요구하는 그의 젊은 후배들에게 흥분을 가라앉히고, 자신들도 식량이 거의 다 떨어져간다며 활기찬 목소리로 무전기에 대고 이렇게 말했다.

"너희들은 지금까지도 잘 먹지 못하면서 지내왔잖아? 그

▶ 로체 남벽의 이탈리아 루트. 4캠프까지 표시되어 있지만, 실제로는 3캠프까지만 설치됐다. 이탈리아 원정대는 4캠프를 기점으로 길게 스카이라인을 이룬 능선을 돌파한 후 정상에 오르고자 했다.

렇다면 앞으로 일주일을 버티는 데는 아무 문제가 없을 걸."

동시 무전교신을 통해, 나는 데트와 콘티가 있는 2캠프를 불렀다. 그러자 데트가 나에게 열변을 토했다. "리카르도, 내가 7,000미터까지 갔다 와서 얼마나 기쁜지 몰라. 조금 지치기는 했지." 4일 오전 7시의 교신을 통해 나는 1캠프뿐만 아니라 3캠프도 바람이 너무 강해 그곳에 있는 사람들이 텐트 밖으로 나오지 못한다는 사실을 알았다. 후에 바람이 조금 잦아들자 앙 체링과 셰르파 둘이 식량과 200미터의 고정로프를 갖고 3캠프로 올라갔고, 그곳에서 쿠르니스와 메스너가 오후에 작업에 나서 고정로프를 설치하며 4캠프로 가는 루트를 뚫었다.

5월 7일, 쿠르니스와 메스너를 교대한 고냐와 바르바체토가 3캠프 위쪽의 사면을 공격하고 있는 모습이 베이스캠프에서 목격됐다. 그들은 피라미드 꼭대기까지 올라갔다. 그러더니 뒤에 있는 사람이 왼쪽으로 방향을 확 틀어 모서리 뒤쪽으로 사라졌다. 우리는 후에 고냐와 바르바체토가 3캠프 위쪽의 사면에 고정로프 대부분을 설치하면서 리지에서 불과 30미터 정도 아래인 7,500미터까지 도달했다는 사실을 알았다. 이것은 우리가 도달한 가장 높은 고도였다.

그날 저녁 레비티가 3캠프에 도착해, 바르바체토와 함께 머물렀고, 고냐는 레비티와 교대하고 2캠프로 내려갔다. 레비티와 바르바체토는 메스너가 나를 포함한 모두에게 보낸 무전에서 바르바체토와 고냐가 텐트를 세락 밑에 너무 억지로 구겨 넣다시피 했다는 의견에 따라 텐트 한 동을 조금 왼쪽에 쳤다. 6시 30분의 교신에서 바르바체토는 눈이 벽을 타고 계속 밀려 내려와 텐트에 둥글게 쌓인다고 말했다. 우리는 저녁 8시에 다시 교신하기로 했다. 하지만 내가 본부 텐트에서 무전기를 켜자 2캠프에 있는 고냐의 목소리가 들렸다. "대장님, 3캠프가 사라졌습니다!"

그 말에 우리는 바싹 겁에 질렸다. 일단 충격이 가시자 나는 2명의 대원들에게 소식을 보내라고 요구했고, 레비티와 바르바체토가 안전하다는 말을 듣고 크게 안도했다.

"눈이 20센티미터나 왔지만, 바람은 없습니다."라고 고냐가 말을 이었다.

"그게 문제였군." 하고 내가 말을 받았다. "바람이 불었다면, 눈이 조금씩 날려가서 텐트를 파묻지는 않았을 텐데. 눈을 파고 텐트를 꺼내서 좀 더 여건이 좋아 보이는 안전한 곳에 다시 치기 바란다."

"이런 일이 일어나면 안 되는데요." 하고 고냐가 끼어들었다. "바람이 불어야 하는 밤에 바람이 분 적이 없습니다."

나는 3캠프와 직접 교신을 시도하면서 대화를 이어갔다. "단지 운이 나쁜 거야. 우리는 처음부터 운이 좋지 않았어.

그런데 끝까지 이렇게 물고 늘어지네. 대원들의 목숨을 위태롭게 하면서까지 이렇게 밀어 붙일 필요가 있을까?"라고 나는 말했다.

"대원들이 어떻게 생각하는지 모르겠습니다만, 저 위쪽은 그런 악조건도 없습니다." 고냐가 말을 받았다. "그리고 이런 일이 일어나지 않았다면, 우리는 계속 전진할 수 있었을 겁니다. 우리는 희망에 넘쳐있었습니다. 보시는 바와 같이 아쉽지만, 이제 결정을 내려야 합니다. 날개가 있어 날아갈 수 있다면 얼마나 좋을까요?"

이들 젊은 대원들이 어렵기로 소문난 이곳에서 보여준 기백은 경탄할 만했고, 깊은 감동을 안겨주었다.

고냐는 만약 레비티와 바르바체토에게 필요한 것이 있다면 자신이 올라가겠다고 말했다. 하지만 나는 쓸데없이 움직여 위험을 자초하지 말라고 설득했다. 아니, 사실은 명령했다. 오히려 고냐에게 2캠프에서 동료들을 기다렸다가 함께 내려오라고 충고했다. 마침내 무전기에서 바르바체토의 목소리가 들려 나는 크게 안도했다.

"대장님, 모든 게 잘 되고 있습니다. 우리는 삽으로 눈을 파내 복구하려고 애쓰고 있습니다. 우리는 안전하니 걱정하실 것 없습니다." 그리고 그간의 일을 보고했다.

눈사태는 7시 30분경에 일어났다. 텐트 안에서 먹을 것을

▶ 눈사태로 꺾인 3캠프의 텐트 폴. 바르바체토와 레비티가 이 눈사태로 하마터면 죽을 뻔했다.

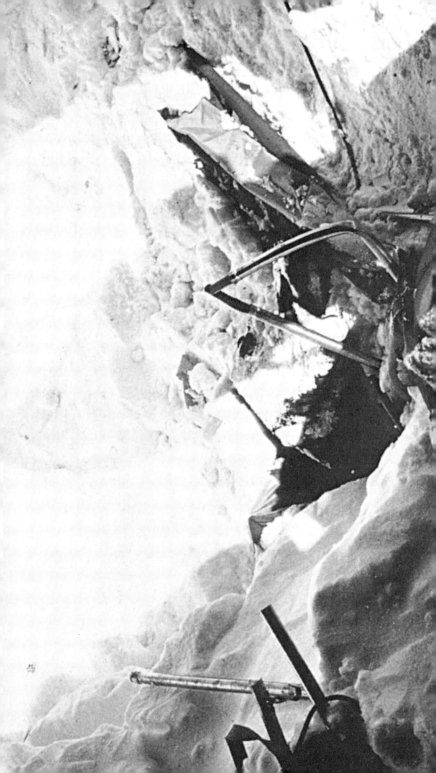

만들고 있던 대원들은 세락 더미에 짓눌리며 갑자기 동료들과 '입과 입'이 마주 닿을 정도로 작은 공간에서 쪼그라들고 있다는 사실을 깨달았다. 주방기구는 텐트 밖으로 튕겨 나갔지만, 열려 있는 가스통에서 가스가 계속 새어나오고 있었다. 그들은 눈 밑에 깔려 있어 그것을 잠글 수 없었다. 그들은 결국 작은 가스실에 갇힌 신세가 됐다. 레비티가 아주 침착하게, 안경을 깨트린 렌즈 조각으로 텐트 왼쪽을 찢었다. 왼쪽에 눈이 덜 쌓여 있을 것으로 짐작했기 때문이었다. 그는 작은 구멍을 만들 수 있었고, 그곳을 통해 간신히 텐트 밖으로 탈출했다. 그들 중 한 명이 아이젠을 신고 있었는데, 다른 사람들이 그 위에 앉아있었다는 것은 천만다행이었다. 침낭은 여전히 눈에 파묻혀 있었다. 그들은 갖고 있던 장갑 하나를 나눠 끼고 먼저 눈을 파내 무전기와 배터리를 찾아 고냐와 교신을 시도했고, 8시 30분경 우리와의 교신에 성공했다. 그리고 간신히 침낭을 찾아내서 눈구덩이를 파고 그날 밤을 그곳에서 보냈다.

우리는 그들이 비박에 필요한 것들을 전부 찾아낼 때까지 교신을 유지했다. 그리고 또한 그들이 어떤 식으로든지 우리의 애정과 존재를 느낄 수 있도록 했다. "될 수 있으면 좋은 밤을 보내게."라고 나는 말했다. 그러면서 내가 알려주고 도와줄 수 있는 것은 무엇이든 다 했다.

아침이 되어 우리는 약속된 시간에 무전을 교신했다. 들려온 소식은 좋았다. 다행스럽게도 바람이 평소의 패턴과는 다르게 그날 밤은 불지 않았다는 것이다. 그렇지 않았다면 재앙을 불러왔을지도 모를 일이었다.

"쓸 만한 것들을 모두 챙기고, 우리가 올라가 가져올 수 있는 것들이 남아있는지 목록을 만들어라. 그리고 될 수 있는 한 빨리 하산하라. 태양이 떠오르면 곧 몸이 따뜻해질 것이다."라고 나는 말했다. 그리고 고냐에게는 2캠프에서 그들을 기다리라고 지시했다. 그러자 레비티 역시 나의 마음을 진정시키려고 그 상황을 즐기고 있는 듯이 경쾌한 어조로 말했다.

"여기서 일광욕을 즐기고 있습니다. 그리고 우리는 지난밤에 아주 잘 지냈습니다. 제가 노래까지 멋들어지게 불렀습니다. … 어쨌든 잠까지 잘 잤습니다. 밤하늘의 야경까지는 몰라도, 우린 그냥 좋았습니다." 그리고 그는 이렇게 덧붙였다. "하지만, 솔직히 말하면 이곳에 있는 모든 것이 파괴됐습니다. 텐트 폴을 보니 그중 몇 개는 90도로 두 번이나 꺾였습니다." 나는 이 말을 듣고 이 두 명의 대원이 자신들의 곤경을 얼마나 줄여 말했는지 정확하게 추측할 수 있었다.

메스너의 말대로, 지붕처럼 생긴 세락 밑에 텐트를 치는 것이 얼마나 중요한지 나는 깨달았다. 그렇지 않았다면 그들은 쓸려 내려갔을 것이다. 나는 또한 텐트 안에 가스가 흘러나오는 상황에서 그들에게 닥친 위험에 대해 생각해보았다. 그러한 혼란 속에 만약 바르바체토가 산소통을 열었다면, 단한 번의 불꽃으로도 치명적인 폭발을 일으켰을 것이다.

그 사이에, 이 뜻하지 않은 충격을 어떻게 수습해야 할지를 결정하기 위해 우리는 베이스캠프에 모였다. 이제는 시간도 텐트도 충분치 않으니 정상에 오를 가망이 없어진 셈인가? 결국 정상에의 대안으로 능선을 넘어 쿰부 빙하로 내려가자는, 즉 거대한 눕체-로체 성벽을 최초로 넘자는 계획으로 의견이 모아졌다. 텐트, 침낭, 매트리스 등 필요한 장비들을 계산해보았는데 쓸 만한 것들이 꽤 있었다. 우리는 셰르파와 포터들에게 필요한 물자들을 지고 1캠프로 올라가도록 했다. 베이스캠프에 있는 사람들은 모두 자신들의 경험에 따라 윈치를 손보고, 필요한 캠프를 재가동하러 나섰다. 협동의 정신이 새로운 프로젝트의 성공을 위해 한 번 더 살아났다. 이들은 충성심이 있고 능력이 있는 좋은 젊은이들이었다. 모두 각자가 맡은 바 임무를 다했다. 나는 이들을 이끈 것에 자부심을 느낀다고 진심으로 말할 수 있다.

그러나 날씨가 우리 편이 아니었다. 사실 날씨는 우리가 등반을 시도할 때마다 맑은 날과 폭설을 오가며 우리와는 정반대로 움직였다. 5월 10일, 3캠프에 물자를 운반하기 위해 그곳으로 올라가야 했던 데트와 콘티, 로렌치가 2캠프에 묶이고 말았다. 25센티미터나 되는 눈이 내린 것이다. 나는 그들에게 또 다른 눈사태가 일어나기 전에 하산하라고 말했고, 그들은 그날 저녁 베이스캠프로 돌아왔다. 마치 하늘이 뚫린 듯 밤새 눈이 내려 아침이 되자 로체 남벽은 60센티미터의 신설을 온통 뒤집어쓰고 있었다. 우리는 포기할 수밖에 없었다.

5월 12일, 날씨가 잠깐 좋아지는가 싶더니 다시 불안정한 상태로 접어들었다. 다음 날 쿠르니스와 데트가 2캠프로 올라가 회수할 장비들이 있는지 알아보기로 했다. 그러는 사이에, 네팔의 공영 라디오 방송은 영국-네팔 눕체 원정대의 대원들 중 영국인 대원 2명이 10일에 있었던 마지막 공격에서 돌아오지 못했다고 알렸다. 후에 우리는 이어진 구조작업 중 또 2명이 눈사태에 휩쓸려 사라졌다는 사실을 알았다. 우리는 실종된 그들 넷을 알고 있었다. 그들과는 딩보체에서 만났고, 등반을 준비하는 과정에서 우리는 자주 서로의 캠프를 방문했었다. 그들은 우리의 의사 키에레고를 돌보아준 진정한 친구들이었다. 그들의 등반은 능선을 내내 따라 올라가는, 그렇게 어렵지 않은 무난한 루트의 등반이었던 것 같다.

◆ 게리 오언스Gerry Owens와 리처드 서머튼Richard Summerton이 결국은 무산된 정상 공격 중 죽었고, 데이비드 브리스터David Brister와 셰르파 파상Pasang이 후퇴하는 과정에서 추락사했다.

메스너가 1972년 마나슬루 남벽에서 성공을 거둔 이후 3년 동안 어떤 원정대도 — 노멀 루트를 제외하고 — 엄두도 못낼 날씨로 인해 목표를 달성하는 데 성공하지 못했다. 게다가 가슴 아픈 많은 인명의 손실까지 있었다.

13일 아침, 구름이 두꺼워졌다. 그럼에도 데드와 구르니스는 1캠프로 떠났다. 오후 2시경 눈이 오기 시작했다. 후에 쿠르니스는 그곳에 10센티미터의 눈이 쌓였지만, 간신히 옛 1캠프 자리에 도착했다고 알려왔다. 그들이 그날 저녁 베이스캠프로 돌아왔을 때 이곳 역시 25센티미터의 적설량을 기록하고 있었다. 피우시와 메스너는 우리가 셰르파들에게 임금을 지불했다는 것과, 돌아가는 길에 고용할 포터 비용으로 쓸 돈을 보내달라는 메시지를 온지 대령에게 전달하기 위해 남체로 내려갔다. 그런데 메스너는 자신을 보러 올라오고 있던 아내를 만나 베이스캠프까지 데리고 왔다. 게다가 처제와 처제 친구 한 명도 있었다.

나는 잠깐 배신감에 빠지기도 했다. 개인의 목표를 달성하기 위해 어려움을 극복하고, 성공을 위해 투쟁하고, 실패의 고통을 감내하는 것이 인간의 본성 아닐까? 훗날 메스너가 자신의 책『도전The Challenge』에 쓴 것처럼 나는 결코 '좌절'하지 않았었다. 우리의 원정등반에 대한 그러한 기술은 — 내가 읽어본 바에 의하면 — 본질이 아니라 겉으로만 본 것에 지나치게 의존한 것 같다. 나는 산에서 겪은 온갖 경험 덕분에 이제는 보다 더 차분한 태도로 슬프거나 행복했던 사건들을 미소 지으며 되돌아볼 수 있다. 그럼에도 불구하고, 이것은 내가 실패한 첫 등반이었다. 최선을 다했던 이 원정은 솔직히 받아들이기 힘들었다. 하지만 나는 친구 키에레고, 이탈리아산악회를 대표하는 에밀리오 오르시니Emilio Orsini와 로도비코 가에타니Lodovico Gaetani 형제의 마중에 감동받았다. 더욱이 조르지오 티라보시Giorgio Tiraboschi는 이탈리아 대통령 조반니 스파뇰리Giovanni Spagnolli의 이름으로 우리를 맞이하기 위해 카트만두까지 왔다. 이것은 쉽지 않은 섬세한 배려이며, 우리를 전적으로 신뢰하는 사람들이 이런 모험을 감행하는 우리가 행하고 고통 받고 결정한 것을 이해하고 고맙게 여긴다는 표시였다.

제6부

에필로그

21

겨울 산

등반과 스키를 열렬히 사랑했는데도 나는 이 책에서 겨울 산에서의 등반 활동에 대해 별로 이야기하지 않았다.

나는 어렸을 때부터 스키 활강에 빠져들었다. 점프 연습도 많이 했다. 1930년대에는 활강과 슬라롬을 하는 사람이 많지 않았다. 내 기억으로는, 간단한 방법의 프리 스타일 활강시합이 아주 일찍부터 있었다. 출발 지점과 종료 지점 그리고 신설이 전부였다. 따라서 이것은 슬로프를 벗어나 그냥 내려오는 것이었다. 오늘날 스키는 단순한 즐거움뿐만 아니라 시합으로도 많은 사람들이 즐기는 스포츠가 됐다. 하지만 그 기원은 ─ 아주 오래되었다고 하는데 ─ 눈 위를 쉽게 이동하기 위한 필요에 의해 시작됐다. 결국 이 스포츠는 원시적인 설피를 대신하면서 교통수단으로 태어난 것이다.

1935년까지 스키 리프트 시설이 없었기 때문에 교통수단으로서의 스키에서 겨울과 봄에 산을 모험적으로 탐험하는, 놀랍도록 즐기운 스포츠로서의 크로스컨트리 스키가 대중화되었다. 즉 건강한 경쟁을 하면서 산을 올라간 다음, 아름다운 자연과 신설 위를 내달리는 무한의 기쁨을 만끽하는 것이다.

처음으로 장만한 씰 스킨 세트(이것은 실제 동물의 가죽으로 만들어진 것이지만 오늘날에는 합성수지로 된 것을 쓴다.)와 지금으로부터 아주 오래전에 있었던 첫 스키 여행은 잊을 수 없고 언제나 기억에 새롭다.

기술의 발전과 더불어 산을 올라가는 다양한 시설을 갖춘 겨울 스키장의 꾸준한 증가는 주로 재미를 위주로 하는 스키 대중화를 촉진시켜 크로스컨트리 스키를 거의 사장시키는 결과를 가져왔다. 사실 제2차 세계대전이 끝난 다음, 이런 종류의 크로스컨트리 스키는 오직 마니아들의 열정 하나로 유지되어 왔으며, 스키장을 자주 찾는 스키어들이 향수 속에 연습하는 형태로만 존재했다. 그럼에도 불구하고, 슬로프 위에서 즐기는 다운힐 스키의 과도한 발전과 슬로프에 길게 늘어선 사람들을 보면서 진정으로 열정적인 스키어들은 스키

등산 시절에 대해 향수를 떠올린다. 이것은 교통수단과 스포츠라는 두 가지 목적의 완전한 조합으로, 한겨울에도 오염되지 않은 산으로 가까이 다가갈 수 있는 동기를 부여해준다.

나는 겨울과 봄에 언제나 스키를 타러 다녔을 뿐 등반은 열심히 하지 않았다. 나에게 겨울철의 벽은 여름철의 그것과는 사뭇 다른 특징을 가진 것으로 기억에 남아있다. 북벽의 겨울은 언제나 춥고, 경사가 가팔라도 눈으로 덮여 있다. 햇빛이 닿지 않기 때문인데 상태가 변하면서 난이도가 올라간다. 반면 남벽은 추운 날씨와 일조량이 적다는 것을 빼면 태양에 노출되기 때문에 여름이나 겨울이나 거의 비슷하다. 햇볕은 그다지 뜨겁지 않지만 눈이 녹아 수직의 벽 밑으로 떨어진다. 겨울철의 벽은 홀드가 흔들리지 않고 낙석의 발생이 줄어들기 때문에 때로는 여름보다 더 좋을 수 있다. 경사가 덜 심한 적당히 어려운 루트에는 눈이 더 오래 붙어있다. 낮에는 눈이 부분적으로 녹아 벽을 축축하게 만들고, 추운 밤에는 살얼음이 끼기도 하는데, 이것은 등반을 어렵게 할뿐더러 때로는 불가능하게 만들기도 한다.

다른 사람들이 이루어낸 동계등반의 성과나 가치를 폄하하려는 것이 아니다. 내가 말하고자 하는 것은 나는 겨울 동안 스키 활동을 좋아했는데, 이것은 나를 만족시켰을 뿐만 아니라 산악 훈련이 되기도 했고, 알프스와 프레 알프스의 전통적인 루트를 스키로 돌아다닐 수 있게도 해주었다는 것이다. 산악스키는 준비가 중요하다. 또한 산에 대한 충분한 이해와 눈에 대한 지식이 필요하다. 더불어 눈의 두께와 설질과의 관계를 의식하면서, 지금 움직이고 있는 곳에 쌓여 있는 눈의 상태를 잘 판단해야 한다. 사실 이런 것들은 지질 형성, 노출, 일조시간, 특정한 계절과 고도에 따라 매우 다양하다. 눈사태에 휩쓸리는 위험을 피하기 위해서는 이런 중요한 요소들을 항상 마음에 새기고 있어야 한다.

눈사태를 생각하면, 1960년에서 1961년으로 넘어가는 겨울, 피에리노 잔가Pierino Zanga와 함께 피아니 디 아르타바지오Piani di Artavaggio에서 피아니 디 보비오Piani di Bobbio까지 가는 어렵지 않았던 스키종주 모험이 생각난다. 단단하고 안정된 눈을 이용해 보케타 데이 무기Bocchetta dei Mughi까지 간 우리는 그 반대쪽 사면을 이용해 보비오 쪽으로 내려가기 시작했다. 나는 친구보다 앞서나가며 스키로 딱 두 번 회전을 했는데, 갑자기 몸이 뒤쪽으로 끌려 내려가는 기분이 들었다. 처음에는 어찌된 영문인지 상황을 판단하지 못했다. 그런데 순식간에 눈 속을 구르며 그 안으로 빨려 들어가고 있었다.

나는 눈 속에 파묻히지 않으려고 '눈에서 헤엄치는' 식으로 빠져나왔다. 이 방법은 상당히 힘이 들기는 했어도 효과가 있었다. 그러나 한 순간이라도 동작을 멈추면 즉시 밑으로 가라앉을 위험이 있었다. 두세 번 시도를 하자, 문자 그대로 눈의 표면 위로 던져지다시피 나올 수 있었다. 운이 좋게도 발을 디디고 서자 머리가 눈 밖으로 나왔다. 움직이지 않으면 눈이 굳어져 꼼짝 못하게 된다는 사실을 알고 있었기 때문에 나는 빠른 몸놀림으로 몸을 앞뒤로 움직여 구멍을 넓혔다.

나는 눈구덩이에서 빠져나오려 몸부림쳤다. 하지만 한쪽 발은 스키에 안전띠로 묶여 있어, 스키가 떨어져 나간 발만이 자유롭게 움직일 수 있을 뿐이었다. 이전에 만들어 놓은 공간 덕분에 나는 한 손으로 안전띠를 풀 수 있었고, 불편한 자세지만 곧장 눈 밖으로 빠져나올 수 있었다. 그리고 친구를 불렀는데, 그는 내가 눈사태에 휩쓸려 간 것으로 생각하고 있었다. 어렵게 한쪽 스키만 이용해, 나는 피아니 디 보비오에 도착했다.

다행히 해피엔딩으로 끝났던 이 모험 역시 내가 오랫동안 의지해온 필수적인 경험의 일부분이었음을 깨닫게 해주었다. 그리고 나는 산악스키라는 훌륭한 스포츠에서 아직까지도 그때의 경험에서 교훈을 얻고 있다.

22

산악 구조작업

살아있는 사람은 구조하고, 죽은 사람은 후에 수습하도록 일
단 내버려둔다. 레코 주위의 산에서 흔히 일어나는 구조 요
청 뒤에는 이 비극적 양자택일이 자리 잡고 있다. 구조 요청
이 접수되면 일분일초가 중요하다. 그러면 시간에 쫓기면서,
그리고 자주 끔찍한 날씨와 싸우면서 자기 자신에게 부과한
임무, 즉 인간의 양심에 대한 자발적 호응을 수행하기 위해
산길을 뛰어올라가거나 바위를 등반해야 한다.

　내가 참가한 산악 구조를 모두 기억하거나 열거하는 것은
사실상 불가능하다. 따라서 나는 내 기억에 깊은 충격으로
남아있는 것들만 이야기하고 싶다. 많은 사고 중에서 부상자

를 벽 밑으로 옮기는 순간이라든가, 아니면 처참하게 훼손된 시신과 잔인하게 만나야 하는 끔찍한 순간들만이 기억에 남아있다.

나의 최초 산악 구조작업은 1928년의 파사나 벽Fasana Wall으로 거슬러 올라간다. 그때 첫 동계등반에 나선 카타네오Cattaneo와 베로넬리Veronelli가 비극적인 죽음을 맞이했다. 나는 누가 체르비니아Cervinia에 연락해 시신을 수습하라고 했는지는 알지 못한다. 그들의 시신은 여러 날 동안 벽에 매달려 있었다. 그 당시 나는 매우 젊은 데다 경험도 없었다. 하지만 나와 나의 동료들은 다른 지역에서 온 팀이 사고를 수습하는 것을 보고 창피했다. 그런데 그들은 시신을 계곡으로 내리지 않고 그냥 떨어뜨렸다. 나는 큰 충격을 받았고, 잔인하게 느껴질 정도로 냉정한 이 행동을 보고 공포에 떨었다. 사실 그들은 이미 생명이 끊어진 시신을 다루고 있었지만, 이런 방법은 우리에게 반감을 불러일으켰다. 이런 행동은 우리 정신세계의 일부도 아니며, 산악구조 팀의 행동이 될 수도 없는 것이었다.

제2차 세계대전이 한창이던 1943년 가을, 일단의 젊은 클라이머들이 — 그들 중 한 명은 여성이었는데 — 우리 지역에 있는 그리네타의 세간티니Segantini 리지에서 돌변한 날씨에 갇히고 말았다. 그때 일행 중 가장 경험이 많은 리더가 추락으로 부상을 당했다. 나머지 사람들은 끊임없이 내리는 눈으로 인해 인내심을 완전히 잃고 우왕좌왕했다. 길을 잃은 그들은 악천후 속에 악몽과 같은 밤을 밖에서 보냈다.

다음 날 나는 친구들(고향에 남아있는 사람들이 거의 없었다. 일부는 전쟁터에 있었고, 또 일부는 도망자로 산 속에 있었다.)과 함께 그리네타의 '디레티시마'를 향해 올라가던 중 한 소년을 만났다. 사고 팀의 일행 중 나이가 가장 어린 그는 혼자 내려오고 있었다. 우리는 그로부터 상황을 전해들을 수 있었다. 그리 멀리 떨어지지 않은 곳에 세 명이 있고, 세간티니 리지에는 한 명이 부상을 당해 다른 한 명도 같이 꼼짝도 하지 못하고 있다고 말했다. 우리는 그에게 먹을 것을 주며 보살펴주었다. 그리고 곧장 계곡으로 내려가라고 말했다. 우리는 너무 많이 내린 신설로 상당한 어려움을 겪으면서도 위험에 빠진 이 사람들을 찾으러 나섰다. 곧 두 명의 남자와 소녀 한 명인 첫 번째 그룹을 발 테사Val Tesa 쿨르와르 직전에 있는 또 다른 쿨르와르 안에서 만났다. 최대한 용기를 북돋아주며 그들을 안심시켰다. 그들은 옷이 온통 젖어 감각이 없었다. 두 남자는 정신을 차리지 못했지만, 소녀는 상태가 좋아 보였다. 완전히 젖어 있는 소녀에게 내 스웨터를 벗어 덮어주었다. 그리고 우리는 우리가 갖고 있는 방한장비로 세 명을 감싸주었다. 나는 친구들에게 그들을 데리고 계곡으로 내려가라 하고, 리지에 있는 두 명을 구조하기 위해 먼저 길을 떠난 델오로Del'Oro(보가Boga)와 지지 비탈리Gigi Vitali를 도우러 위쪽으로 올라갔다.

눈이 너무 많이 내리고 있어 앞서간 동료들의 발자국이 보이지 않았다. 나는 발 테사 쿨르와르를 올라 굴리아 안젤리나 밑까지 최대한 바짝 다가가 친구들을 여러 번 불렀다. 하지만 대답이 없었다. 사실 내 목소리가 강풍에 날려 그들이 전혀 듣지 못한 것이었다. 그리고 여전히 눈이 내리고 있었다. 그러나 결코 포기하지 않은 나는 마침내 친구들과 의사소통을 하는 데 성공했다. 그들은 리지에 있는 그 두 명의 목소리를 듣고 의사소통을 했지만, 흉포한 날씨와 눈사태가 일어날 가능성 때문에 더 이상 전진을 하지 못하고 있었다. 나는 그들에게 내려오라고 말했다. 그때쯤 위쪽으로부터 더 이상 소리가 들려오지 않자, 나의 친구들도 그들이 이미 죽었다고 판단하고 로프 하강을 통해 내려왔다.

우리는 어렵사리 첫 번째 그룹의 조난자들을 찾았는데, 안타깝게도 그들은 나와 헤어진 곳에 그대로 있었다. 놀랍고 경악스럽게도 두 남자는 숨을 거두었고, 소녀는 매우 나약해져 혼수상태에 빠지기는 했지만 아직 숨을 쉬고 있었다. 우리는 산이라는 조건뿐만 아니라 다소 적합하지 않은 장비를 갖고 절망적으로 위태로운 상황에 빠진 그녀를 옮기기 위해 최선을 다했다. 100미터도 채 못 내려갔는데, 이 불쌍한 영혼은 숨을 거두고 말았다. 우리는 그녀의 시신을 바위에 동여매고, 위험에서 벗어나기 위해 서둘러 하산했다. 훗날 많은 구조대가 동상의 초기증상을 치료하지 못한 우리를 비난했다.

우리는 피아니 데이 레지넬리Piani dei Resinelli에서 SEL (Società Escursionisti Lecchesi) 산장으로 가서 옷을 말리고 몸을 덥혔다. 몇 시간 후 태양이 질 무렵, 아는 사람이 '디레티시마'에서 사람 살려달라는 소리를 들었다며 우리를 부르러 왔다. 어안이 벙벙해진 우리는 그 말을 도저히 믿을 수 없었다. 방금 전 우리가 바로 그 벽에서 내려오지 않았는가? 나는 갖고 있는 것 중에서 그래도 어느 정도 마른 옷으로 갈아입고, 나무로 만든 신을 신고 사실 확인을 위해 키에세타 Chiesetta로 서둘러 갔다. 그런데 내 귀에도 구조를 요청하는 소리가 들렸다.

나는 친구 쿠에라Cuera로부터 등산화와 양말을 빌려 신고, 시야가 불량한 상황에서 방향을 유지하기 위해, 그리고 그곳에 있을 위급한 사람에게 정신적 위안을 주기 위해 간간이 소리를 지르며 '디레티시마' 쪽으로 올라갔다. 그가 있는 곳을 확인해보니, 그는 '디레티시마' 루트에 있지 않고 나무들이 일렬로 서 있는 곳으로 내려가 있었다. 나는 그와 여전히 멀리 떨어진 곳에 있었다. 그가 소리쳤다. "캐신, 캐신, 날 좀 살려줘. 그럼 내가 500리라lire를 줄게."(그 당시로는 큰돈이었다.) 나는 속으로 웃을 수밖에 없었다. 그리고 안전하게 데리고 내려갈 테니 걱정하지 말라고 그를 위로했다.

목소리를 따라 그에게 다가간 나는 먹을 것을 주고, 내려가자고 말했다. 하지만 이제 안전하다는 사실을 안 그가 긴장을 풀고 주저앉았다. 나는 그의 뺨을 때렸다. 스스로 설 수도 걸을 수도 없는 그는 온몸에 상처를 입은 자신의 신세에 넋두리를 늘어놓았다. 나는 그를 어깨로 부축하며 내려가지 않을 수 없었다. 그는 정신착란의 상태에 빠져 그곳에서 죽게 해달라고 소리를 지르기도 하고 살려달라고 애원하는 등 난리를 피웠다. 레지넬리 위쪽의 동굴이 있는 곳으로 내려오자 농부 한 사람이 나타났다. 나는 농부의 도움으로 그를 쿠에라 산장으로 옮기고 나서 그를 마사지하고 필요한 것을 주었다. 약속된 돈에 대해 ─ 물론 나는 받을 생각이 전혀 없었지만 ─ 그는 일언반구도 하지 않았다. 훗날 그를 우연히 몇 번 만났는데, 그는 나를 의도적으로 피하거나 모르는 척했다.

그다음 날, 날씨가 좋아져 우리는 세 구의 시신을 수습했다. 그리고 며칠 후 리지에서 한 구의 주검을 찾아냈다.

1949년 여름, 내가 알고 있는 프랑스의 한 산악회가 내 가게에 와서 장비를 사겠다고 해 바빴는데, 피아니 데이 레지넬리로부터 한 통의 전화가 걸려왔다. "캐신, 머쉬룸Mushroom(푸뇨Pungo)에 사람이 있어. 슬랩 밑에 매달려 있는데, 여기서도 보여. 그의 동료는 구조를 요청하려고 혼자 내려왔어." 나는 친구들을 불렀다. 두세 명의 프랑스인들도 함께 가고 싶다는 의사를 밝혔다. 우리는 즉시 레지넬리로 떠났고, 어스름이 질 무렵 푸뇨 밑에 도착했다. 델오로, 두 명의 프랑스인과 함께 나는 트래버스가 시작되는 푸뇨의 첫 구간을 등반했다. 우리는 램프를 입에 물고 등반해야 했다. (그 당시에는 헤드램프가 없었다.)

나는 그 불쌍한 친구가 매달려 있는 피톤에 도달했다. 그는 말을 할 수 있을 정도로 정신이 멀쩡했다. 나는 그의 몸에 카라비너를 걸고 로프를 이용해 아래로 내렸다. 하지만 불행하게도 그는 카라비너를 뺄 수 없었다. 그래서 나는 슬랩을 다운클라이밍으로 내려가, 몸이 더 가벼운 델오로를 위로 올린 다음, 그가 로프를 타고 내려가 그 불쌍한 젊은이와 카라비너로 연결하도록 했다.

엄청난 노력을 기울인 끝에 우리는 그를 밑으로 내렸고, 푸뇨의 안부로 데리고 갔다. 우리는 흥분제를 넣은 음료수를 그에게 먹여 활기를 주려 했으나, 그는 의식이 없었다. 호흡과 맥박은 정상이었다. 그러나 그의 상태는 매우 심각해 보였다. 친구들이 나를 확보 보는 가운데 나는 그를 어깨에 걸머메고 그곳에서부터 란치아Lancia와 토레Torre의 분기점까지 하강했다. 그런 다음 다시 계곡 밑으로 데리고 가, 그를 들것에 올려놓고 담요를 덮어주었다. 하지만 사나운 폭풍과 어둠으로 인해 그를 계곡 입구로 데려갈 수 없었다. 아침이 되었을 때 우리는 마침내 이송에 성공을 거두어 상당히 만족했다. 약과 치료 덕분에 환자는 상태가 좋아졌고, 우리보다도 더 편하게 휴식을 취했다. 우리의 구조대원들이 이 사건을 특별히 기억하는 것은 구조한 날이 오면 이 청년의 아버지가 즐거운 술자리를 갖도록 몇 년 동안 우리에게 돈을 보내준 때문이었다.

오랫동안 구조작업을 책임져온 이탈리아산악회 레코 구조대는 그 당시 외부로부터 도움을 받지 못했다. 한참 후에야 시 당국이 우리의 존재를 인정해, 일부나마 비용을 지원해주었다. 일을 하지 못하는 손해를 포함한 나머지는 모두 우리 스스로 해결해야 했다.

23

과거와 현재

지금까지 산과 내가 나눈 50년간의 대화를 기록한 이 책을 마무리 지으려 하니 만감이 교차한다.

이 책은 등반행위를 하면서 가장 확실하게 기억나고 뛰어났던 일들을 중심으로, 시간 순서대로 달리기를 하듯 쓴 것이다.

금세기에 들어오며 사람들은 등반을 용이하게 하는 장비의 사용과 시스템의 적용을 사실상 받아들이기 시작했다. 그런데 알피니즘의 선구자들까지도 목적을 성공적으로 달성하기 위해 인위적 수단에 의존하는 것을 거리끼지 않는 경향을 보이고 있다. 드 소쉬르de Saussure가 몽블랑에 사다리를 가져왔고, 틴달Tyndall이 이것을 마터호른으로 가져갔으며, 다시 카렐Carrel과 윔퍼Whymper가 쇠못과 갈고리처럼 생긴 훅hook을 마터호른에서 사용했다는 사실을 기억하는가? 이런 것들은 의심할 여지없이 원시적인 수단이었다. 하지만 이런 것들로 인해 클라이머들의 본성, 즉 의도한 목적을 달성하기 위해서는 지능과 함께 이용이 가능한 것은 무엇이든지 이용한다는 본성이 드러났다.

인공등반의 발전 과정은 집요한 저항에 부딪쳤는데, 진정한 의미에서 보면 이에 반대한 유일한 사람이 파울 프로이스Paul Preuss였다. 이 위대한 알피니스트는 인위적인 방법이라면 확보용으로조차 쓰지 않았는데, 불행하게도 그는 스물일곱이라는 젊은 나이에 추락사하고 말았다.◆

나는 개인적으로 자유등반으로 등반을 시작했다. 그리고 처음에는 피톤을 오직 확보용으로만 썼지만, 곧 인공등반용으로도 쓰게 됐다. 하지만 이중 로프와 사다리는 오직 자유등반으로는 등반이 불가능한 그리네타와 알프스의 루트에서만 사용했다. 아주 오래전인 그 당시에 많은 사람들이 나에게 박수갈채를 보냈지만, 더 많은 사람들이 나와 내 동료들을 '철물상'이라 부르며 폄하하기도 했다.

◆ 프로이스는 1913년 고사우캄Gosaukamm에 있는 만들코겔Manndlkogel 북벽을 단독으로 등반하던 중 추락사했다.

어떤 사람들은 이제 진정한 등반은 끝났다고 말한다. 이런 말은 피톤과 펜듈럼 그리고 이중 로프를 이용한 하강이 등장한 20세기 초에도 나돌았다. 하지만 아직까지도 위대한 정복이 이어지는 것을 볼 때 이런 예언이 얼마나 멀리 벗어났는지를 여실히 보여준다. 코미치 시대부터 시작된 인공등반 시스템이 오늘날에 이르러서는 매우 세련됐다. 클라이머에게 유리한 쪽으로 진보와 혁신이 계속된 것이다. 예를 들면, 이제 나는 과거보다 시간과 힘을 덜 들이고 등반을 끝낼 수 있다. 그리고도 정상에 도착하면 내 나이에도 불구하고 여전히 쌩쌩하다. 이는 어느 정도는 경험 덕분이기도 하지만, 대부분은 현대의 기술과 장비 덕분일 것이다. 그리고 누구라도 인공등반 시스템으로 등반하는 사람은 피톤의 사용에 대해 고민하지 않는다.

그러나 진심으로 내 의견을 밝히자면, 나는 또한 확장볼트를 사용한 등반은 특정한 바위에서의 해결책일 뿐 진정한 클라이머들의 흥미를 유발하지는 못할 것이라고 말하고 싶다. 이것을 사용하면, 아주 작은 약점을 찾아내는 비밀 — 신루트 개척에서 유일한 열쇠가 될지도 모를 비밀 — 을 더 이상 다룰 수 없다. 한편 알프스에서 새롭고 중요한 루트를 등반할 수 있는 가능성이 잠정적으로는 현저히 줄어든 것 같다. 그리고 이제 조금 남아있는 곳은 클라이머들이 다른 방법을 사용해야 하는 자연이다. 그리하여 점차적으로 극도의 기술적 동작에 의존할 수밖에 없다. 그러나 이렇다고 해도 등반 그 자체가 종언을 고하는 것은 아니다. 이것은 그냥 필요에 따라 만들어진 현대적 스타일일 뿐이다.

진보는 모든 분야, 모든 스포츠에서 이루어진다. 따라서 등반에서도 변화가 없으리라는 법은 없다. 클라이머들은 누구나 자기 방식대로 산에 갈 권리가 있다. 그래서 그런지 나에게 오늘날의 등반은 거의 방종에 가깝게 보인다. 그렇다고 아무생각 없이 단순하게 등반만 하거나 편의만을 추구하는 식으로 타락하지는 말자. 또한 바위나 얼음에 맞서는 극한의 어려움을 극복하고자 하는 것은 성공 여부에 관계가 없는 것이다. 때로는 힘들지만 위험한 도전을 통해 건강한 기쁨과 정신적 수양을 고취하도록 하자. 그러면 등반은 성취감과 어떠한 형태의 간단한 보상 — 진정한 클라이머라면 틀림없이 혐오할 메달이나 상은 아닐지라도 — 을 해줄 것이다.

이제부터는 건강이 허락할 때까지 등반을 계속한다는 생각을 가지면서 어떠한 예단도 없이 산에 갈 것이다. 뛰어난 성과의 결과물인 위대한 정복의 이면에는 우리가 생각하는 것과 달리 불가능에의 도전과 같은 열정이 아닐 때도 있었다. 그럴 때에도 산은 우리에게 정신적 풍요를 주었고, 심미적이었으며 윤리적이었다.

결국 어떠한 의미에서 보면, 산과 나의 대화는 아직 끝나
지 않았다.

~~~~~~

부록

250년 등반사의
공백이 메워졌다

가스통 레뷔파가 쓴 『별빛과 폭풍설』에 리카르도 캐신 일행 셋이 느닷없이 르캉 산장에 나타나, 그랑드 조라스 가는 길을 묻는 장면이 나온다. 그랑드 조라스가 알프스 3대 북벽 최후의 과제로 남아있던 1938년 이야기다.

『별빛과 폭풍설』은 산악인들이 즐겨 읽는 책이지만, 특히 이 장면의 묘사는 극적이어서 잊히지 않는다. 근자에 캐신이 남긴 오직 한 권의 책인 『리카르도 캐신 – 등반 50년』을 우리말로 옮기며, 나는 캐신 일행이 미답의 그랑드 조라스를 오르던 모습을 자세히 알았다.

이제 리카르도 캐신에 대해 새삼 이야기할 것도 없다. 그가 지난 세기 중반, 돌로미테를 중심으로 얼마나 어려운 개척등반을 했는지는 널리 알려져 있기 때문이다. 그러나 한 가지 분명한 것은 캐신의 그러한 등반 세계가 실은 우리에게 거의 알려져 있지 않았다는 것이다. 그 기록을 담은 책이 우리에게는 지금까지 없었다는 이야기다. 나 자신 암벽 세계를 모르디기 이번에 캐신의 책을 옮기며 바로 감정이입이 되어 그 웅장하고 거대한 돌로미테를 캐신을 따라 오르게 됐다. 이른바 추체험追體驗 하게 된 셈이다.

근년에 발터 보나티의『내 생애의 산들』과 리오넬 테레이의『무상의 정복자』를 옮기며, 이것으로 외국의 등반기 번역을 끝낼 생각이었다. 그런데 여기 하나의 공백이 있는 것을 미처 알지 못했다. 바로 리카르도 캐신이다. 비교적 일찍 책과 만나면서 이 세 선구자를 뒤늦게 펼친 것은 하필 그들의 책만 우리 주변에 없었기 때문이다.

보나티, 테레이와 캐신은 모두 이탈리아와 프랑스사람들이다 보니 그들의 책은 오랜 세월 우리로서 접하기가 쉽지 않았다. 그러다가 뒤늦게 독일어판이나 영어판을 입수하게 되어, 이만하기도 다행으로 생각하며 그것들을 옮기기 시작했던 것이다. 그리고 이제 내가 할 일은 다했다는 생각이다. 늦어도 이만저만 늦은 것이 아니지만, 그들의 책이 우리 산악계에 없었다는 것은 분명한 수치이고, 우리 등산문화의 후진성 외 아무것도 아니다.

보나티, 테레이와 캐신은 그 눈부신 생애에 비해 오직 한 권의 책을 남겼는데, 그중에서도 캐신의 경우는 사뭇 돋보인다. 그는 이 책을 쓰며 이렇게 말하고 있다. 자기는 책벌레가 아니고 시詩를 읽는 편도 아니라고. 그러던 캐신이 뒤늦게 로체 남벽에 도전했다가 실패해(1975년), 긴 세월 클라이머로서 살아오며 일찍이 느껴본 적이 없는 허탈감에 빠졌는데, 마침 친구들로부터 그 화려한 등반기록들을 남겨야 할 것이 아닌가 하고 권고를 받았다고 한다. 그렇게 되어 이 책이 햇빛을 보게 되었다.

그러나 캐신에게는 클라이머로서 타고난 인간성과 지적이며 시적인 감성이 있다. 그는 이 책 서두에 "클라이머는 시인이나 선원처럼 타고나는 것이며, 산이 그리운 사람은 언젠가는 거부할 수 없는 유혹에 이끌리는 자신을 발견하게 된다." 라고 했다. 캐신은 아이거 북벽을 초등한 프리츠 카스파레크 Fritz Kasparek와 돌로미테의 시인이라 불리던 에밀리오 코미치 Emilo Comici를 그 좋은 예로 들었다.

리카르도 캐신은 산자락에서 태어나지 않았으나 좋은 일터를 찾아 레코에 갔다가 거기서 비로소 암벽과 만났다고 스스로 회상하고 있다. 캐신은 자기 말대로 책과 거리가 멀게 살아왔지만, 그의 등반기에는 감성이나 시정의 천부적 요소가 엿보인다. "시인은 재미없는 일상에서 벗어나 생생한 창의력에 의해 창조되는 세계로 탈출하는 몽상가나 다름없다."
라며 이런 시적 감수성이 없는 클라이머는 거대한 벽에서 겪
게 되는 불안과 탈진, 위험을 견뎌낼 수 없다고 했다.

　캐신이 산에서 느끼는 감정, 산을 바라보는 눈초리는 그야
말로 예민하고 날카로우며 빈틈이 없다. 암벽등반을 즐기는
사람은 많아도 이런 감정을 토로하는 클라이머는 보기 드물
다. 그런 모습이 그의 책 군데군데에 나온다. 그의 책이 단순
한 등반기록이 아니라는 이야기다. 캐신은 자기 자신 공부를
못했다며 평생 책 같은 것을 쓸 생각을 하지 않았다고 하지
만, 현실은 달랐다. 세계 등반의 역사를 기록한 선구자들 가
운데 그런 인물들이 종종 있다. 헤르만 불이나 발터 보나티
가 그 대표적 인물이며, 그들이 남긴 『8000m의 위와 아래』
와 『내 생애의 산들』은 그것을 잘 보여주고 있다.

　"산에는 헤아릴 수 없을 만큼 많은 모습이 있다. 감수성이
조금 부족한 사람이라 할지라도 그 모습 앞에서 놀라지 않을
수 없다. 태양 앞을 지나가는 구름은 금빛을 두르고, 구름을
뚫고 나오는 햇빛은 날카로운 검처럼 바위를 내리치며, 산을
변화무쌍하게 수놓는다. 바람에 쿨르와르 위쪽으로 밀려 올
라가는 안개는 독특한 내음을 남기기도 한다. 광활한 지평선
에 수많은 봉우리들이 줄지어 뻗어있고, 모든 것을 빨아들일
것 같은 돌로미테 분지의 밀실공포증과 벽에서의 비박이 산

에는 있다."

리카르도 캐신은 이런 말도 했다. "비박을 준비하는 데는 시간이 걸린다. 때로는 어둠에 맞서 싸우는 전투이기도 한데, 일단 모든 준비가 끝나면 누구나 더 편한 잠자리를 만들려 한다. 물론 비박은 거의 언제나 불편하다는 것을 하늘은 알고 있다. 산의 내밀한 모습이 자신 앞에 펼쳐지고 있다는 느낌을 받게 되면, 그는 비로소 산의 일부가 된다. 이것이 바로 시詩다."

헤르만 불은 어려서 집이 가난해, 등산화도 제대로 사지 못했고 때로는 양말만 신은 채 산을 오르내렸다고 하는데, 캐신 역시 몹시 가난했다. 열두 살 때 대장간에서 풀무질을 하다가 새로운 일터를 찾아서 친구 따라 레코에 간 것이 그의 운명을 결정짓고 말았다. 그때 눈앞에 암벽의 세계가 나타나며 캐신은 그 속에 빠져 들어간다.

당시 그는 샛별이 아직도 떠있을 때 남에게서 빌린 배낭에 낡은 옷을 걸치고 처음 보는 산의 정상을 향해 시간 가는 줄 모르고 올라갔다. 이렇게 해서 알게 된 산에 대한 감정과 접근은 그의 말대로 산의 미치광이가 되면서 평생 불치병을 앓게 된다.

캐신의 등반기록은 하나하나 열거하기도 힘들다. 그는 돌로미테에 수많은 루트를 내고, 일찍이 선구자들이 갔던 데를 다시금 자기 식으로 재등하는 등, 그가 암벽에 남긴 궤적은 단순한 루트가 아니다.

클라이머로서 캐신의 경력에서 유난히 돋보이는 것이 있다면, 일찍이 에밀리오 코미치의 등반 파트너였던 마리 바랄레Mary Varale와 함께 돌로미테를 누빈 일이다. 또한 등반 중 어려운 곳에서 이따금 주스토 제르바수티Giusto Gervasutti, 1909~1946와 만나는 이야기도 매우 인상적이다. 제르바수티는 캐신과 같이 1930년대에 활약한 선구자로, 특히 당시의 돌로미테와 서부 알프스 사이에 가로놓인 깊은 현격懸隔을 극복해나간 불세출의 클라이머였다.

오늘날 우리 산악계는 뒤늦게 눈을 뜨며, 너무 앞만 보고 달린 감이 있다. 물론 그런 과정에서 우리는 남달리 얻은 것이 많지만 반면 잃은 것도 적지 않다. 인간은 사회적 동물이면서 역사적 동물이다. 등산가에게 특히 역사란 바로 '알피니즘의 역사'일 터인데, 그 250년의 흐름 속에 지금까지 우리에게 공백으로 남아있던 것의 하나가 이제 비로소 밝혀지고 메꾸어졌다고 생각한다. 이 책은 그런 책이라고 나는 생각한다.

참고로 'Riccardo Cassin'이라는 인명 표기에 대해 말하자면, 그는 이탈리아에서 '리카르도 카신'인데 우리나라에서는 '리카르도 캐신'으로 널리 알려졌다고 한다. 나는 울주세계산악영화제에서 마침 이탈리아 거주 지인을 만나 이 문제를 확인했다. 그러나 나는 우리나라에서 통용되는 대로 출판사측의 견해를 존중하기로 했다는 점을 여기 부언하고 싶다.

　이 책의 원본은 『50 YEARS OF ALPINISM』by RICCARDO CASSIN, translated by RENATO SOTTILE, 1981년판이다.

■ 리카르도 캐신의 초등 기록

연도	대상	산군	동반자
1931	굴리아 안젤리나 동벽 시가로 도네스 북쪽 리지 코르나 디 메달레 남동벽 토리오네 팔마 남서벽	그리냐	마리 바랄레 조반니 리바 마리오 델오로 리카르도 레다엘리
1932	사소 데이 카르보나리 남동벽 피초 델라 피에베 북동벽 피초 데겐 서벽 굴리아 안젤리나 서벽	그리냐	마리오 델오로 마리오 델오로, 주세페 코미 카를로 코르티 마리오 델오로, 마리 바랄레
1933	토리오네 마냐기 남동벽 코르노 델 니비오 동벽 토레 코스탄자 남벽 사소 카발로 남벽 토레 코스탄자 동벽 코르노 델 니비오 동벽	그리냐	카리보니 리지에리 안토니오 필로니, 아우구스토 코르티 안토니오 필로니, 도메니코 라체리 아우구스토 코르티 마리오 델오로, 마리 바랄레 마리오 델오로, 판제리
1934	피초 델라 피에베 북동벽 치모네 델라 바고차 북쪽 리지 치마 피콜리시마 남동벽	그리냐 카미노 돌로미테	아우구스토 코르티 알도 프라티니, 로돌포 바랄로 지지 비탈리, 루이지 포치
1935	몬테 치베타 북벽(변형루트) 토레 트리에스테 남동벽 치마 오베스트 북벽	돌로미테	마리오 델오로 비토리오 라티 비토리오 라티

연도	대상	산군	동반자
1937	피츠 바딜레 북동벽	브레갈리아	비토리오 라티, 지노 에스포지토 (몰테니와 발세티와도 등반함)
1938	그랑드 조라스 워커 스퍼	서부 알프스	지노 에스포지토, 우고 티조니
1939	골렘 동벽	콘카레나	피에리노 카타네오
1940	에귀 뒤 레쇼 북벽	서부 알프스	우고 티조니
1947	트레 소렐레 디 소라피스 북서벽 토레 델 디아볼로	돌로미테	펠리체 부티 카를로 마우리
1961	데날리 남벽	알래스카	지지 알리피, 로마노 페레고, 잭 카날리, 안니발레 주키, 루지노 아이롤디
1969	히리샹카 서벽	안데스	밈모 란제타, 산드로 리아티, 카시미로 페라리, 주세페 라프란코니, 안니발레 주키

■ 리카르도 캐신이 이끈 주요 원정등반

연도	대상	결과	기타
1957	가셔브룸4봉	성공	발터 보나티와 카를로 마우리 정상 등정
1975	로체 남벽	실패	7,500미터까지 도달

Some relevant books and articles in English:

American Alpine Journal 1963, 1970, 1976

Bonatti, Walter, *On the Heights* Diadem Books, London 1978

Desio, Prof. Ardito, *The Ascent of K2* Paul Elek, London 1955

Gervasutti, Giusto, *Gervasutti's Climbs* Diadem Books, London 1978
The Mountaineers, Seattle 1979

Harrer, Heinrich, *The White Spider* Granada Publishing, London 1976

Heckmair, Anderl, *My Life as a Mountaineer* Victor Gollancz, London 1975

Mountain 25 *Grandes Jorasses Commentary* by Alessandro Gogna

Mountain 28 *Piz Badele Commentary* by Colin Taylor

Mountain 32 *Interview with Riccardo Cassin*

Mountain 45 *The World's Highest Mountains: Nuptse* by G. O. Dyhrenfurth

Mountain 49 *The World's Highest Mountains: Gasherbrum IV* by G. O. Dyhrenfurth

Mountain 66 *The World's Highest Mountains: Lhotse* by G. O. and N. Dyhrenfurth

Mountain 70 *The World's Highest Mountains: K2* by G. O. and N. Dyhrenfurth

Noyce, Wilfrid, and McMorrin, Ian, *World Atlas of Mountaineering*
Thomas Nelson, London 1979

Jones, Chris, *Climbing in North America* University of California
Press, 1976, Diadem Books, London 1979

Messner, Reinhold, *The Challenge* Kaye and Ward, London 1977;
Oxford University Press, New York 1977

Mariani, Fosco, *Karakoram; The Ascent of Gasherbrum IV*
Hutchinson, London 1961; The Viking Press, New York 1964

Rebuffat, Gaston, *Starlight and Storm* Kaye and Ward, London 1969;
Oxford University Press, New York, 1969

Scott, Doug, *Big Wall Climbing* Kaye and Ward, London 1974; Oxford
University Press, New York, 1974

Pause, Walter, and Winkler, Wolf Jürgen, *Extreme Alpine Rock* Granada,
1979

444